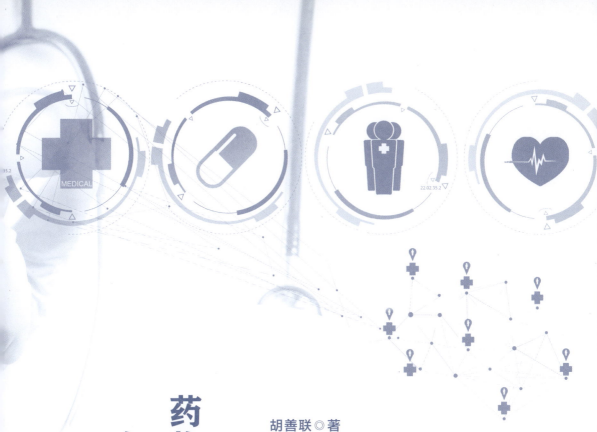

药物经济学知识传播

胡善联 ◎ 著

Knowledge Transfer in Pharmacoeconomics

复旦大学出版社

序言

药物是卫生技术评估的一个部分。药物研究中有5个坎，那就是安全性、临床疗效、真实世界的效果、经济性和可负担性。药物经济学与药物流行病学、卫生技术评估、循证医学等相关学科关系十分密切，相辅相成、共同发展。

近年来，我国药物经济学学科在党和政府的领导下、三医联动的指导下，在基本药物目录、医疗保险药品目录的遴选和动态调整中，在仿制药品的带量采购以及创新药的准入价格谈判、制定支付标准、医疗机构的临床综合评价中越来越多地发挥着重要的作用。在药物经济学全体专家和同道们的积极努力下，正在为发展和繁荣我国药物经济学的理论和实践，为世界和亚洲药物经济学做出应有的贡献。

本书是基于作者2012—2020年间在《医药经济报》"药物经济学专栏"发表的部分文章和报道汇编而成。其素材主要来自美国、欧洲和亚洲药物经济学和结果研究协会（ISPOR）的年度系列大会和国际卫生技术评估大会（HTAi）专题研究论坛上报告的一些内容，根据我国医药卫生体制改革实践需要，借鉴一些国家和地区的经验和研究进展以及个人体会撰写而成。此外，还补充了作者同期在相关杂志上发表的一些药品政策的研究论文，供从事药物经济学和卫生技术评估的同道、临床和药学专家、政府官员参考。

本书收集的文章承蒙《医药经济报》慕欣编辑，《卫生经济研究杂志》徐芸副主编，《卫生软科学杂志》王晓锋副主编、胡焕庭主任助理的修改润色，礼来中国的郭俊团队和复旦大学出版社为本书的正式出版给予大力支持并承担了繁重的收集和汇编工作,在此一并表示衷心的感谢。

复旦大学公共卫生学院卫生经济学教授

2020 年 11 月

目录

第一篇　卫生经济与结果研究

卫生经济学与结果研究 2018 主旋律　_ 002
2019 卫生经济与结果研究十大趋势　_ 009
2020 卫生经济与结果研究十大趋势　_ 017
抗击疫情　医保如何发挥作用
　——关于新型冠状病毒肺炎救治保障的 4 点深思　_ 026

第二篇　仿制药

促进仿制药应用的国际经验　_ 030
基本药物是否应该免税　_ 035
改进药物可及性的各国经验　_ 041

第三篇　创新药

寻找最重要、最好的药物——解读世界卫生组织应用比较成本-效果
　方法遴选基药和医保报销目录　_ 046
卫生保健价值演变路径　_ 050
热议价值评价框架证据基础　_ 055

高价特殊药应用的理想与现实 _ 061
购买有价值的医疗卫生服务 _ 065
用速度与创新颠覆传统医疗 _ 073
孤儿药定价方法新进展 _ 077
高值创新药医保报销亚洲经验 _ 087
解开国产创新药医保支付疑团 _ 094
2020 细胞与基因疗法：可及性挑战与机遇 _ 101

第四篇　药品定价

世界卫生组织：对药品价格需要干预 _ 108
药物定价的考量因素 _ 111
世界卫生组织：药品定价须透明 _ 114
世界卫生组织推崇外部参考定价 _ 117
HTA 推动药物补偿和定价 _ 121
中国台湾地区新药价格评审 _ 126
新药定价策略 _ 128
药品价格谈判 _ 131
欧洲药品的差别定价 _ 133
美国药品价格改革的新动向 _ 138
讨论药品定价，躲不开公平与公正 _ 144
CAR-T 细胞治疗定价报销策略思考 _ 148
亚太高价药定价和支付方式参考 _ 156

第五篇　医保药品管理

药品购销"两票制"政策的理论和实践 _ 162

带量采购的经济学理论基础和影响分析　　　_ 168

数字医疗医保关注点明确　　　_ 174

药价谈判讨价还价背后　　　_ 179

6方面入手，建立科学规范的医保药品管理制度　　　_ 183

关于医保目录动态调整问题的回答　　　_ 187

第六篇　药物经济学评价

中药药物经济学评价建议　　　_ 192

罕见病定义不同挑战异曲同工　　　_ 196

比起各行其道，联合临床评价更需要协同作战　　　_ 202

药物经济学评价方法论　　　_ 206

肿瘤免疫疗法经济学评价思路　　　_ 211

抗新冠肺炎药物经济学评价释疑　　　_ 216

第七篇　卫生技术评估

医疗器械的经济学评价　　　_ 222

HTA：弥合知识与行动间的差距　　　_ 226

从证据到行动HTA要跨"三道坎"　　　_ 231

三大案例透视HTA评价效用　　　_ 235

日本HTA一叶知秋　　　_ 242

药物经济学讨论重点悄然转变　　　_ 249

热议医疗器械创新与规制　　　_ 252

迎接新10年，HTA准备好了吗　　　_ 258

第八篇　医保补偿

健保新药给付评审　_ 266
哪些证据和过程适用于医保补偿　_ 269
算好社会意愿支付价这道题　_ 276
进不进医保，性价比和支付能力说了算　_ 280

第九篇　真实世界研究

真实世界大数据分析已成未来研究方向　_ 284
真实世界证据拐点？数字健康的作用　_ 289

第十篇　卫生事业改革

三大主题透视亚太卫生保健现状　_ 296
新医改 10 年的回顾与展望——战略、政府、市场、激励　_ 303
爱国卫生运动是永不过时的传家宝　_ 312

第一篇

卫生经济与结果研究

卫生经济学与结果研究 2018 主旋律

国际药物经济学与结果研究协会（ISPOR）在 2 月初发布了"卫生经济学与结果研究十大趋势"报告（Top 10 HEOR Trends），提出了 2018 年最具有影响力的研究主题。

在日新月异的今天，全球医疗环境发生了巨变，卫生经济与结果研究领域正在与政府和医疗保险部门共同寻求以合理的成本提供最佳的健康结果，在卫生决策中发挥着越来越大的作用。十大趋势的选择，是通过 ISPOR 的卫生科学政策委员会成员的评估、主题审查和专家选择排序，以及通过深入的调查研究，最后在 2017 年 11 月的第 20 届欧洲药物经济学和结果研究大会上确定的。

多年来，围绕这十大主题已有大量的文献研究和会议专题报告，希望在 2018 年还将有更加深入的研究。

一、药品价格和支出

药品的价格和支出费用备受关注，涉及价值与成本之间的平衡。

近 10 年来，各界对以价值为基础的定价方法（value-based pricing）进行了广泛的讨论，如以绩效为基础（或以结果为基础）的风险分担协议（risk-sharing agreement）。在这种情况下，药企的收益取决于药品的治疗效果，使药费支出获得更大的治疗收益。为此，有些组织进一步建议并提出采用按特异性的治疗指证定价（indication-specific pricing，ISP）。

所谓按疾病特异性的治疗指证定价,并不是按传统的剂量单位来定药品价格,而是按不同临床治疗指证或明确的不同治疗患者亚组来定价,根据相对疗效确定药物的不同价格。当一个药物的剂量同时存在高价和低价的情况时,这种按治疗指证具体定价的方法能更灵活地调整药品价格。这种药品定价方法是由美国临床和经济学评价研究所(Institute for Clinical and Economic Review, ICER)于 2015 年提出。

在社会、健康计划和患者方面,决定一个特殊药物的治疗价值基本还是考虑"以价值为基础"的定价。近年来,已提出很多不同的"价值评价框架",探讨应用不同的价值评价方法是必要的,期待 2018 年在这个领域出现系列的研究、过程和政策的效果。

二、创新的治疗方法

目前,已有很多创新的治疗方法进入市场。创新治疗方法是指一些转化医学的治疗方法,具有个体化治疗的特点。这些创新药物,如治疗丙型肝炎、罕见病和肿瘤的一些药物往往会给患者带来更好的临床治疗效果。这些创新药物无论是研发,还是治疗领域,费用都非常高,给药品预算带来很大压力,最终可能会对创新药物发展的可持续性产生影响。

推动这些特殊药物的价格因素主要是制造、流通及配送,且管理过程和剂量疗法也比较复杂,不容易被仿制或者患者群体很少。也就是说,为少量患者的研发和制造的过程固定成本较高,且需要相关的诊断、监测和附加的临床管理服务,要对患者需要进行风险评估,且患者服药的依从性会影响治疗效果、缺乏销售网络等因素造成这些创新药物的价格奇高难以承受。随着医学、基因学和药学科学的发展,重大治疗手段的成本会越来越高。

现实的目标是,需要在医疗保险支付方、卫生技术评估者、药品制造商、政策决策者、患者团体、卫生经济学家和结果研究者之间进行合作,建立创造性的思维方式,共同鼓励创新以实现尚未满足的医疗需要,减轻患者的经济压力。

三、加快药品审批

近年来,许多国家的药品监管部门正在努力加速新药或新适应证的批准,以满足未满足的医疗需要。不同观点者之间开展了激烈的争论:有人认为研究的药物要更快地进入市场;有人警告说首先要确保药品的安全性。审批速度和安全费用之间是一个难以捉摸的平衡。

2012 年,美国 FDA 引进了新的加速审批的快速通道,以及突破性药品的认证。2014 年,欧洲 EMA 开始了新的试点,在传统审批过程基础上,又设置了一条有条件的适应性通道。日本宣布开设一条"先行者"的快速通道,使得患者能更快地获得药物:一方面加快审批,另一方面加快医保补偿,这就产生了压力和创造不断发展的局面。

不同国家采用不同的方法,而公众注意的则是新药的临床实际可用性和定价问题。ISTOR 寄希望于更多地推行"以结果为基础"的风险分摊合同和发展循证的证据,也希望能应用更多的替代指标来反映临床和经济学的结果。为了药品补偿,需要正确应用真实世界的证据,根据真实世界的数据去模拟临床试验的结果。

四、全民健康覆盖

全民健康覆盖(universal health coverage,UHC)亦称全民卫生保健(universal healthcare),其起始于欧洲。第二次世界大战后不少国家建立了本国的健康保险体系。全民健康覆盖已被欧洲等国家列为规范,但美国和许多发展中国家还需要更多的时间去引入。

近年来,世界卫生组织成为全球推广全民健康覆盖的主要支持者。2011 年,世界卫生组织通过了"可持续性卫生筹资和全民覆盖"的决议。执行全民健康保险涉及基金的性质,是单一的支付者,还是混合的支付者,并涉及保险覆盖的项目、需要的卫生资源和治理的组织机构等。不同的国家其情况也不同,这与该国的文化、伦理、政治及经济等关,也与卫生经济学和结果研究学科的发展有关。2014年,世界卫生组织又通过"卫生干预和技术评估"的决议来支持全民健康覆盖。

2018年,全民健康覆盖将获得进一步发展。ISPOR支持卫生技术评估(HTA)的发展和教育,尤其集中在卫生经济学和结果研究的方法学,它所领导的84个地区性的分会在各自国家层面上支持UHC并将做出更大的贡献。

五、人口老龄化

研究人口老龄化的目的是关注控制医疗费用的增长,同时要维持医疗服务的质量。

按照世界卫生组织2010年的《全球卫生和老龄化》报告,全球人口正在老龄化,估计65岁以上的人口已达5.24亿人,占全球人口的8%。到2050年,老年人的数量预计将增加3倍,达到15亿人,占全球人口的16%。虽然发达国家有更多的老年人口,但大部分的老年人口和快速增长的老年人口还是在欠发达国家。2010—2050年,预测欠发达国家老年人口将增加250%;相反,发达国家老年人口的增长率只有71%。

世界卫生组织认为,人口老龄化将影响发达国家和发展中国家的卫生保健的费用。费用增长压力需要对患者和社会提供更好的健康结果。随着人口老龄化问题日益凸显,卫生经济学和结果研究可以提供更有效的卫生保健费用配置,为患者提供更有价值的服务,特别是在生命的终末期阶段。因此,对一些特殊的服务开展经济学评价是非常重要的。系统评价临床诊疗路径可以更有效地整合卫生保健服务,帮助制订治疗方案、预防和减轻一些最流行的慢性病,如糖尿病等,促进健康老龄化,减少医疗费用。

六、移动医疗

移动医疗包含应用智能活动设备(fitbits)、手环、健康APPs和真实世界资料。

如 MyFitnessPal 这款生活实用类软件，包括营养热量计数器、膳食和运动日志、血糖检测仪等信息与手机连接，可直接将患者的健康数据上传到国家项目或远程健康平台、远程医疗。

移动医疗（mHealth 或 mobile health）是一种具有成本效果、改善患者健康的方式。移动医疗可以产生大量的真实世界的资料，如何更好地运用真实世界的资料并进行评价。有关药品和其他医疗产品和服务的效果、安全性和移动医疗的成本效果正在被临床医生、患者和医疗保险部门关注，需要考虑是否应用这些新技术并给予补偿。移动医疗的评价是一个正在快速发展的领域，需要卫生经济学和结果研究的介入。

七、诊断

这里的"诊断"包括伴随诊断方法（companion diagnostics）和补充诊断方式（complementary diagnostics）。

随着更先进的诊疗技术的发展，特别是在肿瘤学领域，需要联合发展诊断方法，确保选择正确的患者受益于这些治疗药物。适宜的处方和使用伴随诊断有助于准确诊断、早期治疗、微创治疗及恢复快、不易复发，能预防疾病或延缓进展，减少并发症等优点。

根据预测，2022 年，全球伴随诊断的市场规模将由 2017 年的 26.1 亿美元上升到 65.1 亿美元。诊断的费用只占 2%卫生保健费用，却能影响 70%的卫生保健决策。通过适宜的诊断，估计每年可以节省 9 亿美元。

一种诊断方法要被允许报销补偿，需要经过多方面的同意，并提供诊断方法应用的一系列效益和成本数据。这方面卫生经济学和结果研究可以发挥显著的作用。医保部门往往偏好以资料为基础的结果，对短期的效益和直接成本考虑较多，对诊断方法缺少综合的"以价值为基础"的决策。ISPOR 重视对医疗器械、诊断方法的 HTA 评价，对诊断领域会持续关注。

八、生物仿制药

生物仿制药（biosimilars）决定于其价值。生物仿制药的发展和市场准入在全球范围内仍不平衡，各国对生物仿制药的认识也不同。在欧盟、美国、拉丁美洲和亚太地区各国，对生物仿制药立法需求也不一样。

欧洲 EMA 在生物仿制药审批方面起了带头作用，在 2005—2006 年间建立了生物仿制药的登记制度。生物仿制药的应用在 2007 年和 2020 年估计分别可以节约 118 亿欧元和 334 亿欧元。而其中节约费用最多的国家是法国、德国和英国。生物仿制药的作用不仅在于节约了卫生保健费用，还在于给患者提供了更多的治疗选择。

由于生物原研药和生物仿制药的药价和折扣率不一样，可使更多的患者选用价格比较低廉的生物仿制药。因此，对生物仿制药开展经济学评价、管理和成本效果的分析是今后需要研究的问题。

九、预防医学

早在 2005 年，世界卫生组织估计有 3 500 万人死于糖尿病、心脏病、慢性呼吸系统疾病和结核病。其中，只有 20% 的死者是在高收入国家，而 80% 的死者是在低收入和中等收入的国家。根据世界卫生组织的估计，中国 10 年来由于心脏病、脑卒中和糖尿病死亡使国民收入减少 5 580 亿元美金。

总之，全球对慢性病的应对是不够充分的。因此，对预防医学的经济学评价尤为重要。预防成本通常是在短期内由大量人口发生的，但长期受益的只是少数人群，因为并非所有人都处于危险之中，或最终罹患这种疾病。在对疾病进行预防成本效果分析时，评价风险程度和目标人群的干预是需要重点考虑的。在评价传染病时（如结核），还需要考虑疾病的传播和群体免疫状况。患者在未发病前也不会愿意支付药品费用或由此发生的不良反应。其他生活方式的行为和患者的偏好也会起一定的作用，包括研究"以患者为中心"的行为改变。

十、颠覆性创新产品

讨论颠覆性创新（disruptive innovators）这个问题牵涉利用生物信息工具对一些重复系列基因编辑（clustered regularly interspaced short palindromic repeat，CRISPR）。CRISPR是一种基因编辑技术（genome-editing technology），它可通过编辑引起疾病的基因变异，提供治疗疾病的巨大可能性。

另一种创新的技术是典型的免疫治疗，即嵌合抗原受体T细胞免疫疗法（chineric antigen receptor T-cell immunotherapy，CAR-T细胞疗法）。CAR-T细胞疗法是将患者自身免疫T细胞激活，通过体外培养扩增，再回输到体内，从而特异性地识别肿瘤细胞用于治疗肿瘤。

这些创新型技术可能带来两个方面的价值：一是对患者直接的医疗价值，可以进行经济学评价；二是这些创新性技术还有科学的溢价作用（scientific spillovers），这种价值不是直接可以预见到的。也就是说，这些新的科学知识可以应用于发展其他新的治疗方法，而且还有专利和知识产权等商业价值。此外，这些创新技术还可以激励政府对科研的投资，创造出更多的其他新技术。尤其是当它们的成本或效益超出那些标准的经济评价测量方法时，多标准决策分析方法（MC-DA）越来越多地作为一种方法学应用于新技术的决策。

《医药经济报》2018年3月1日

2019 卫生经济与结果研究十大趋势

由于付费者和消费者在新的卫生创新技术引入、不断增加的医疗成本以及医疗决策的影响之间取得的平衡，2019 年将成为健康经济学和结果研究（HEOR）又一个重要的年份。通过调查，国际药物经济学与结果研究协会（ISPOR）确定了 2019 年十大 HEOR 趋势。

一、药费与定价

与 2018 年一样，药物定价成为 2019 年的头号趋势。且这一主题现已超出药品定价的范围，还涉及药费对支付方医保预算的影响。新的创新药可以拯救生命，但总体会给药物预算带来压力，面临的最大挑战是如何为患者提供最佳的健康结果，而不会使患者个人或医疗系统破产。2017 年 5 月，美国总统特朗普公布降低药品价格的蓝图，以解决"过高的药品价格、外国在药品价格上免费'搭车'现象（foreign freeloading）以及药品奖励清单价格上涨的系统"。当年 7 月，ISPOR 对这一蓝图作出回应。

事实上，一些国家正在利用价值框架，特别是成本-效果分析进行药价谈判；一些国家正在利用数量控制（如匈牙利）或更多创新的支付方式来帮助控制总体支出。但问题在于，如何能最好地利用卫生经济学工具帮助评估药品价格与价值的关系，并提高药费的使用效率。

二、全民健康覆盖公平获得

全民医疗保险这一主题已超出医疗保险的覆盖范畴，以确保患者在获得医疗服务时不会遇到财务上的障碍。尽管全民健康覆盖被定义为人人获得健康保健，但并非是每一个国家通过单一的支付系统都可以实现的。大多数国家有多种机制来支付医疗费用，即使一些国家有一个大型的初级卫生保健支付者，如英国国家卫生服务机构（NHS），但其中也包括私营的医疗部门，基金可以由雇主资助的医疗计划或由患者直接支付。我国的医疗保险是由公共机构和地方政府提供资金。然而，这些医疗保险制度计划之间存在着巨大差异，且没有对自付支出的年度设定上限，其中大部分支出用于处方药。

表面上看，普遍实行医疗保健制度的中低收入国家，财政上的限制可能会阻碍人们获得医疗服务。如印度在税收资助的公共体系下，所有公民都可以获得政府提供的卫生服务。然而，由于印度卫生人力的不足和过于拥挤的公立医院，迫使一些家庭去寻求私人医疗保险的保障，从而导致高额的自付费用。为了解决医疗服务的不公平性，印度政府于2018年9月启动了"Ayushman Bharat"计划，为5亿印度贫困人口提供安全保障。

美国在2010年实施的《负担得起的医疗保健法》（ACA）中提高了医疗保健覆盖率，但总体覆盖率仍然碎片化。即使那些有医疗保险的人，无论是通过私人保险，还是由ACA补充保险，高共付比例和高起付的免赔额计划，可能会使他们不愿意获得医疗服务。

世界卫生组织在推进全民健康覆盖方面发挥了关键作用。ISPOR将全民医疗视为一个重要领域，并正在寻求在此领域推进医疗保健决策。总之，如果没有公平的医疗保障，就不可能实现全民医保。

三、真实世界证据

监管决策者继续评估如何成功地使用真实世界数据（RWD）和真实世界证

据（RWE）。技术和集成的电子医疗记录使得 RWD 越来越容易获得，并且对于结果研究和达到监管目标也越来越能发挥效用。尽管临床试验证据仍然是评估治疗功效的"金标准"，但通过仔细分析和解释，将 RWD 转化为 RWE 的兴趣和潜力越来越大，可用于指导医疗决策，包括监管决策。

与随机对照试验相比，RWE 提供了很多好处，包括以合理的成本获得及时的数据、通过大样本量能够分析出亚群和较少常见的效果，以及反映真实世界的实践和行为。虽然 RWE 提供了巨大的潜力，但人们对其可信度表示担忧。例如，缺乏随机化带来的偏差、数据质量，以及由于数据挖掘而产生虚假结果（spurious results）的可能性。

尽管 RWE 具有巨大的潜力，但在使用它评估新药和医疗设备方面进展缓慢。美国在 2016 年通过了《21 世纪治愈法案》(*21st Century Cures Act*)。该法案进一步强调利用这些类型的数据支持监管决策。

2017 年，美国 FDA 发布了一份指南草案，"使用真实世界的证据支持医疗器械的监管决策"。2018 年 12 月，FDA 发布了真实世界证据计划的框架，创建了"一个评估真实世界证据潜在用途的框架，以帮助支持某种药物新指征的获批或帮助支持或满足药物批准后的研究要求"。

真实世界研究证明了其在医疗监管决策方面的增长和潜力，但进展速度较为缓慢。

四、人口老龄化

预计老年人护理和长期护理将是持续的全球医疗保健挑战。据联合国数据统计，2015—2030 年，全世界 60 岁及以上人口预计将增长 56％。在美国，到 2060 年，65 岁及以上的美国人预计将增加 1 倍以上，而 65 岁及以上年龄组在总人口中所占的份额也将增加 1 倍，总人口将增加近 24％。人口老龄化意味着需要更多的保健服务以及医疗费用的增加。目前，各国都在努力通过促进健康老龄化来应对这一趋势，如克罗地亚在《积极健康老龄化指南》中规定了一级、二级和三级老龄化预防措施。

虽然早期发现医疗问题有助于降低保健服务的成本，但许多国家正面临没有足够的医护人员来满足老年护理需求的危机。日本就是一个例子，到 2025 年，日本将只有 86％的护理人员能够满足需求，这主要与护理人员工资过低和高流动率有关。

做好预防保健也是解决问题的一种办法。包括远程医疗、可穿戴设备和应用程序在内的移动医疗（mHealth）为解决老年护理危机带来了希望，可在不扩大现有劳动力的情况下扩大服务量。

五、药价透明度

正如消费者和支付方对药品成本不断上升表示担忧，也有人对医疗服务定价缺乏透明度持同样的看法。诊断、检测、住院、手术和选择性手术的价格因国家而异，甚至在同一国家不同医院价格也不相同。美国行业贸易组织 Pharma 在对消费者进行的一项调查中发现，更高比例的人对所有医疗服务的成本表示兴趣，而不仅仅是药品。

美国特朗普政府专注于药品定价，并将重点放在药价的透明度和回扣上。美国卫生部部长 Alex Azar 在 2018 年 10 月宣布了一项提案，要求美国制药公司在其直接面向消费者的广告中展示由医疗保险（medicare）或医疗补助支付（medicaid）的各个药品的标价。

药品定价的透明度在国际上也是一个难以解决的问题，因为有时会通过谈判达成保密折扣。最近，英国要求一家制药公司公布其囊性纤维化药物 Orkambi 在其他国家的净价格。OECD 的一份报告建议各国应提高药品市场的价格透明度，但不用公布最终商定的价格。除了药品外，2018 年 4 月，美国医疗保险和医疗补助服务中心提议医院在网上公布其标准收费清单。截至 2019 年 1 月，由于美国医疗费用缺乏透明度，一些居民已经加入旅游医疗（medical tourism）的行列中，去寻找他们能负担得起医疗费用的地方。

六、大数据对临床决策的支持

正如消费品公司使用从客户处收集来的数据开展营销活动一样，使用医疗大数据可以帮助临床医生为患者做出更好的医疗决策。

人工智能（AI）/深度学习算法有助于塑造大数据在医疗保健中的应用。医疗领域最著名的人工智能是 IBM Watson，但还有其他一些人工智能解决方案，如 Vyasa，从而为一系列定量和定性的医疗相关数据问题创建人工智能解决方案，并解决一些关键的医疗问题。

有些医疗系统一直在使用大数据解决方案来改善患者医疗保健。如 Kaiser Permanente（HMO 组织）的新生儿重症监护室一直在使用一个创新的在线计算器，来确定早产儿和新生儿是否有败血症的风险。其临床医生连同其研究科学家，根据多年来获得脓毒症的母亲和婴儿生命体征的信息，开发了一种计算器算法。

2015 年，Geisinger 卫生系统实施了一个名为统一数据架构（UDA）的 IT 系统。该系统允许将大数据集成到现有的数据分析和管理系统中，用于跟踪和分析患者结果。

尽管大数据在医疗领域的应用前景光明，但由于医疗信息的隐私性和安全性，以及孤立数据和预算限制等挑战，大数据在医疗领域的应用仍落后于其他行业。但有两个趋势将继续推动医疗保健领域的大数据应用于医院：一是从一种按项目服务付费模式转变为按价值为基础的医疗保险服务模式（根据患者群体的健康状况给予奖励）；二是通过大数据分析使用，提供基于证据的相关信息。随着时间的推移，这些信息将提高效率，并有助于加深人们对疾病、伤害或疾病相关的最佳实践的理解。

七、价值评估框架

价值评估框架可以成为朝着更注重价值的医疗保健模式迈进的一个重要因

素。许多组织最近提出了一些价值评估框架。2016年，ISPOR成立了美国价值评估框架特别工作组，通过促进高质量、公正的价值评估框架的开发和传播，为向价值驱动型医疗体系的转变提供信息。

2018年初，ISPOR特别工作组得出结论：没有一个单一的价值评估框架能够同时反映多个决策背景和患者、健康计划或整个社会的观点，这意味着任何框架都必须清楚地阐明它所代表的价值结构以及使用它的视角和决策环境，并在该结构和环境中得到充分的验证。对于社会和健康计划资源分配决策，包括保险和报销决策，视角至少应该反映最终支付医疗费用的人员，包括参保人、雇员和纳税人。此外，精心设计的患者水平框架有助于指导在已批准覆盖的临床合适方案中进行治疗选择的共享决策，以使患者及其提供者能够考虑和权衡患者偏好和限制条件。

八、低收入国家卫生保健决策

关于HEOR和医疗决策的争论主要集中在美国、德国、法国、日本和英国等高收入国家。HTA是医疗机构评估药物和设备的主要工具之一。但高收入国家和低收入国家使用HTA的差异是显著的。根据世界卫生组织2015年的一项调查，高收入和中上收入国家，特别是在欧洲和美洲地区拥有正式的HTA程序，而采用HTA流程的中低收入国家使用HTA流程的可能性较低。世界卫生组织还发现，接受调查的所有低收入国家和85%的中等收入国家都表示，他们使用HTA进行规划和预算编制，而只有64%的高收入国家报告说，他们使用HTA进行规划和预算编制。高收入国家比低收入国家更有可能使用HTA来确定补偿或决定在一揽子福利中包括什么；而中等收入国家比高收入和低收入国家（46%和50%）更常用HTA来告知临床实践指南和方案（85%）。

调查还发现，收入水平与HTA关注点之间可能存在联系。例如，低收入国家倾向于将HTA用于人口一级卫生干预（85%），但较少用于药物（62%）、医疗器械（54%）或外科干预（38%）的决策。高收入国家中报告使用HTA的比例较高（89%）、医疗器械（83%）或手术干预（69%）。虽然大多数国家报告说，有一个由 6 名以上工作人员组成的国家实体为卫生部门编写 HTA 报告，但高收入国家的组织比低收入国家的组织拥有更好的资源。

国际药物经济学与结果研究会（ISPOR）致力于支持低收入和中等收入国家的卫生经济学和结果研究（HEOR）发展和适当地使用 HTA。关键领域包括院研究优先和早期价值评估，临床证据开发的最佳实践，健康经济评估的最佳实践，应对 HTA 挑战，个性化医疗的新激励机制和补偿方法。

九、个性化/精准医疗

整个人类基因组已经被测序，因此随着研究人员继续确定基因在疾病中所起的作用，将需要 HEOR 来评估从其发现中获得的诊断和药物。CAR-T 等技术已经产生了新的治疗方案，如 Kymriah 和 Luxturna。支付方面临的挑战是这些治疗和其他衍生基因治疗癌症和罕见疾病的高价格和一次性给药计划。早在 2015 年，斯隆·凯特林癌症中心的 Peter Bach 就提出，所有癌症药物的价格都要与它们所提供的效益挂钩，这是价值评估框架所共有的原则。诊断、基因检测和循证治疗指南是正确实施这些疗法并确定其价值的关键。

在美国，由于临床干预的性质、美国保险制度的特点以及两者之间的相互作用，一些患者将面临获得基因治疗的障碍。基因疗法对支付方来说可能是非常危险的，因为高昂的医疗费用可能会导致精算风险挑战；高价的一次性疗法可能会给支付方造成预算压力；而患者随着时间的推移从一家保险公司转到另一家保险公司可能会导致激励和效果之间的脱节。在上游的支付方和下游的支付方中，前者面临覆盖治疗的初始决定，后者经历了先前覆盖决定的影响。

使用 RWE 和大数据有望为基因治疗和其他个性化药物的 HEOR 决策提供补充。

十、减少不良行为对疾病的影响

世界卫生组织统计显示，许多慢性病的根源与不健康行为有关，这些被称为"非传染性疾病"（NCD）的疾病导致了全球近70%的死亡。非传染性疾病的增加由4个主要危险因素推动：吸烟、缺乏运动、有害的饮酒和不健康的饮食。

2018年9月，各国国家元首和政府首脑在第三次联合国非传染性疾病高级别会议上承诺采取13项新措施，应对非传染性疾病。包括制定强有力的法律和财政措施，通过限制酒类广告、禁止吸烟和对含糖饮料征税、保护人们免受烟草、不健康食品和其他有害产品的侵害；开展公共教育和提高认识运动，促进更健康的生活方式；接种疫苗。预防人乳头瘤病毒以预防宫颈癌；治疗高血压和糖尿病；制止儿童肥胖的增加，促进经常的体育活动，减少空气污染，改善心理健康和福祉。

改变生活方式的方法之一是网络游戏（gamification），即在非游戏环境中使用游戏设计元素。健康游戏化也具有广泛的吸引力和适用性，成本-效益高，适合日常生活，并能支持福祉。

对于游戏化以及行为激励等技术，HEOR和对RWE的评估有助于揭示哪些技术真正有效，哪些无效，希望能通过更有效的方法来改变不健康的行为和慢性疾病的负担。

《医药经济报》2019年9月26日

2020 卫生经济与结果研究十大趋势

ISPOR 是全球领先的卫生经济学和结果研究专业协会，不久前，其确定了 2020 年影响 HEOR 的十大趋势。2018 年和 2019 年的趋势报告曾概述的一些主题，随着时间的推移而演变和变化，2020 年十大 HEOR 趋势概括了其中的差异，并加入了新的趋势。

在 2020 年的趋势列表中，真实世界证据（RWE）的影响上升到榜首位置，新上榜的还有创新治疗的可负担性、整体医疗卫生支出、基于价值的治疗替代支付模式以及数字技术在医疗服务提供和结果评估中的作用。2019 年延续至今的主题则包括药品定价、全民医疗保健、医疗产品和服务的价格透明度、老龄化人群的医疗保健以及个性化/精准医疗。另外值得注意的是，今年 10 个趋势中有 5 个聚焦医疗保健的财务问题，包括：药品定价、创新治疗方法的可负担性、总体医疗支出、基于价值的替代支付模式和医疗产品和服务的价格透明度。

一、现实世界证据：提升 RWE 在医疗决策中的作用

2019 年，RWE 被 ISPOR 成员确定为趋势。由于一些趋同因素，RWE 在今年的趋势排行榜上已升至第 1 位。监管机构，如美国食品药品监督管理局（FDA）、英国国家健康和保健卓越研究所（NICE）和欧洲药品管理局（European Medicines Agency），正在探索如何收集和分析数据，以增加在监管

决策中支持使用真实数据（RWD）和 RWE。此外，医疗保健提供者和付款人（政府和私人）希望确定如何使用 RWE 建立比较和成本效益。这些影响和其他因素进一步增加了 RWE 的重要性及其在全球医疗决策中的作用。

美国食品药品监督管理局于 2019 年 5 月发布了一份指南草案，"向食品药品监督管理局提交使用 RWD 和 RWE 的文件，以指导制药和生物制品行业"，使用 RWE 和提交 RWD 可以采用不同的形式。根据《美国临床药理学和治疗学学会杂志》2019 年 4 月发表的一份分析报告，"从欧洲的角度来看，利用 RWD 面临着操作性、技术性和可操作性的挑战，以及方法上的挑战。"可能的解决办法包括：在药物开发过程中尽早和反复考虑是否需要进行 RWD；为数据基础设施提供长期资金；使用共同的数据元素、数据格式和术语，或映射到一个国际系统；详细描述研究设计和数据源中收集的数据。

ISPOR 持续关注 RWE 和 RWD，通过其 RWE 战略计划，积极改善 RWD 收集和分析的标准和实践。并与国际药物流行病学学会等机构建立了合作关系，以形成 RWE 透明度倡议，而倡议的重点是建立一种透明文化，用于研究分析和报告用于医疗决策的治疗效果。

二、药品定价：抑制药品定价压力加大

在 2019 年趋势报告中，药品定价被作为总医疗保健支出中有多少用于药品问题的一部分进行了讨论，但到 2020 年，制药企业面临的压力越来越大，尤其是在美国。

尽管胰岛素是美国药品定价问题的"标杆"，但所有药品的定价都受到了批评者的抨击。在 2019 年 4 月，美国众议院举行的听证会上，议员们围绕"救命药定价：获取胰岛素成本上升的答案"，就如何制定药物价格询问了制药商和 PBM 的代表。

对此，特朗普政府提议在 2018 年对美国联邦保险（medicare）的 D 部分药品采用参考定价制度，其中药品将与国际价格挂钩。2019 年 9 月，美国众议院议长南希·佩洛西提出 HR‐3，即《降低药品成本法案》。该法案提议赋予医

疗保险直接与制药公司谈判的权力,并将为所有美国人提供私人保险,使他们能够获得相同的谈判药价。

西方健康和盖洛普公司(West Health and Gallup)在2019年发布的一项民调"美国医疗保健费用危机"(The US Healthcare Cost Crisis)的结果显示,在过去1年里,有5 800万美国人报告无力支付所需药品的费用。即使是在具有全民医保的国家,如加拿大,药物费用可能也是一个问题。

尽管存在争议,但由于定价问题加剧了人们对损害创新的担忧,在改变现行制度方面并没有取得多大进展。人们担心,如果《降低药品成本法案》获得通过,将耗尽初创企业起步所需的风险资本。

在刚刚结束的ISPOR欧洲2019年会议上,成员们对生物制药行业如何在不损害患者准入的情况下提供最大的投资回报提供了截然不同的观点。正如本次会议专家所强调的那样,平衡患者、医疗系统、药物创新者和投资者的需求从未像现在这样困难。然而,如果不这样做,可能会给所有利益相关者带来灾难性的后果。

三、创新的治疗方法:可承受性影响患者获得治疗

2019年,美国食品药品监督管理局批准了数种新药,截至2019年11月,已有21种新药被记录在案。这些新的治疗方法包括:Zolgensma治疗儿童脊髓性肌萎缩症(SMA),Xenleta治疗成人社区获得性细菌性肺炎,Trikafta治疗最常见的囊性纤维化突变患者以及Reblozyl治疗成人贫血、需要定期输注红细胞的珠蛋白生成障碍性贫血(β地中海贫血)患者。

虽然这些药物中的许多代表着在治疗某些疾病上取得了长足的进步,但它们的定价可能会使许多患者望尘莫及,从而使支付者不得不限制获得这些药物。然而,很多情况下,这些药物涉及非常少的患者群体。例如,Zolgensma是一种针对2岁以下SMA患者的基因疗法,通过替代缺失或无效的存活运动神经元1(SMN1)基因的功能,以SMA的基因根源为目标。在美国,出生时患有SMA的婴儿不到1 000名,Zolgensma的治疗费用为212.5万美元一次所需

的输液。

在 2019 年 9 月的一篇论文中，ICER 对比了美国以外的国家如何评估和评价罕见病药物，其结论认为，在评估治疗罕见疾病的药物的临床疗效、经济影响和价值的证据方面，没有神奇的解决方案。"因此，前进的道路将需要国际上各种方法的联合，以确定对哪些少见的情况需要采取特别行动的，确定需要对传统的卫生技术评估（HTA）进行哪些调整，需要考虑的特殊定价和准入因素的类型，以及美国主要决策者的意愿能完全接受这些方法。"

四、总医保支出：HEOR 控费作用显现

世界卫生组织在其报告《卫生的公共支出：总揽观察全球趋势》中发现，2016 年，世界卫生支出为 7.5 万亿美元，占全球国内生产总值（GDP）的近 10%。此外，卫生总费用的增长速度快于国内生产总值，中低收入国家（平均接近 6%）的增长速度快于高收入国家（4%）。

但是，花费数十亿美元的医疗保健，我们能得到什么呢？在美国，比我们想象的要少得多。《美国医学会杂志》2019 年 10 月的一篇文章"美国医疗保健系统中的浪费：估计成本和节约潜力"计算了 6 个"浪费领域"（医疗服务提供失败；医疗协调失败；过度治疗或低值医疗；定价失败；欺诈和滥用；管理复杂性）浪费的年度总费用，为 7 600 亿～9 350 亿美元。通过干预，可节省 1 910 亿～2 820 亿美元。经济合作与发展组织（OECD，以下简称经合组织）的 34 个国家也在医疗保健支出中挣扎。经合组织报告称，2017 年经合组织国家的医疗支出中，相当一部分是无效的、是浪费的，认为有高达 1/5 的医疗支出可有更好的用途。

报告称，经合组织的医疗系统支出占 GDP 的 9%，其中 3/4 由政府支付，这种浪费破坏了医疗系统的财务可持续性，并建议采取措施遏制浪费，比如停止不必要的手术和临床程序的支出，鼓励使用仿制药，为护士在慢性病患者管理方面发挥作用，或确保不需要医院护理的患者在诸如初级护理等资源消耗较少的环境中得到治疗。

对于这些问题，HEOR 可以发挥重要作用，可以提供可比较的证据，在那些推动医疗支出的产品和服务中，找出那些改善患者健康结果、提供最大价值并减少浪费的产品和服务。这些证据对于确定如何最好地部署医疗预算以造福患者至关重要。

五、全民医保：医保的覆盖、可及和公平

2020 年，全民医疗保健依然是医疗领域的一个重要问题，且药品和医疗程序的费用和医疗保障的缺失仍然严重。

世界卫生组织估计，世界上至少一半的人口仍然没有基本医疗服务全覆盖，由于个人医疗支出问题，约 1 亿人口陷入赤贫（定义为每天生活费不超过 1.90 美元）。此外，超过 8 亿人（几乎占世界人口的 12%）花费至少 10% 的家庭预算来支付医疗保健。

世界卫生组织同时指出，全民医保并不意味着免费医疗，不仅需要卫生筹资，还包括卫生系统的所有组成部分，如卫生服务提供系统、卫生人力、卫生设施和通信网络、卫生技术、信息系统、质量保证机制，以及治理和立法。

作为可持续发展目标的一部分，联合国所有会员国都同意努力在 2030 年实现全民健康保健。世界卫生组织和世界银行已经制定了一个框架来跟踪全民健康保健的进展情况。这一监测将侧重于：①能够获得基本优质保健服务的人口比例；②将大量家庭收入用于保健的人口比例。

在未来一段时间内，全民医疗保健仍将是一个重要问题，因为许多国家仍在寻求为本国公民提供医疗保健。世界卫生组织继续在推进全民医疗保健方面发挥关键作用。随着全民健康保健问题的发展，HEOR 领域将有助于提供决策信息，发展卫生技术评估能力，并就如何花费医疗预算以获得最佳健康结果做出最佳决策。

六、基于价值的替代支付模式　确定创新疗法真正价值

治疗的真正价值是什么？应如何定价？新疗法给患者带来了更大的益处，但相应地也付出了更多的代价，无论是公众，还是支付者均试图在不使医疗体系破产的情况下解决如何支付治疗费用的问题。

尽管卫生技术评估机构能够区分可提供良好价值的治疗和可提供较差价值的治疗，但往往缺乏新的治疗证据。如果患者正在等待一种新的治疗方案，该方案有望带来巨大的益处，支付方通常会批准该治疗方案，并在产生证据时重新评估。对于那些已经证明对患者有价值的疗法，但由于其价格高昂，并非所有患者都能从中受益，支付方已开始寻找其他支付模式。

其中，备受关注的是基于付费的模式，其通常被称为"Netflix 模式"。这一模式由美国路易斯安那州率先创立，被批准用于丙型肝炎治疗付费。根据这项计划，路易斯安那州就 Medicaid 医疗保险、患者进行了附加回扣协议的谈判，将总支出限制在一个固定的数额，同时保留抗病毒丙型肝炎治疗的无限使用权。澳大利亚和美国华盛顿州目前也在使用基于付费的支付模式进行丙型肝炎治疗。

2014 年，美国麻省理工学院经济学家和哈佛大学肿瘤学家提出了一种分期贷款模式。在这种模式下，患者可以获得"医疗贷款"（health care loans, HCL）。HCL 允许多层次和单一支付市场的患者获得更广泛的治疗方法，包括昂贵的短期治疗。HCL 还将支付与临床效益联系起来，有助于降低每名患者的治疗成本，同时激励转化疗法的发展。

基于绩效的风险分担也被称为基于结果或基于价值的支付模式，是一种替代支付模式，它将支付与药物或其他健康干预的实际绩效或健康结果联系起来。ISPOR 基于绩效的风险分担安排工作组的良好实践，在其 2013 年的报告中概述了基于绩效的风险分担的安排设计、实施和评估的实践，以及在考虑、使用时如何开发和应用最先进的方法，或审查基于绩效的风险分担安排。

七、医保产品和服务价格透明度 价格缺乏明确性会影响医疗预算

医保中争论最激烈的领域之一是成本。例如，药品、设备或程序的实际成本是多少？在欧盟，价格因国家而异；在美国，价格因医疗保健提供者而异。

美国在 2019 年 6 月发布了一项行政命令，"提高美国医疗保健的价格和质量透明度，将患者放在第一位"。该命令指示卫生和公共服务部长发布一项规定，要求医院以易于理解的方式公开公布服务成本格式，并征求对这项提案的意见。该提案要求保险公司和供应商在患者接受治疗前提供有关自付费用的信息。

美国独有的是价格透明度和药品回扣与药房经济管理者（Pharmacy Benefit Manager，PBMs）之间的联系。药品价格回扣制度有利于 PBMs 的财务底线，同时也引发了人们对回扣导致药品价格上涨的担忧。要求加强监管的呼声正迫使 PBMs 提高价格透明度。

欧盟（EU）每个成员国都为药品和医疗程序制定自己的价格，欧洲联盟的定价透明度措施旨在确保透明度。欧盟已经研究了医疗服务竞争的前景，自 2011 年以来，已经允许患者寻求跨境医疗并由该医疗机构报销。但欧洲审计法院（ECA）在 2019 年 6 月发布的一份报告中认为，迄今为止，很少有患者要求报销获得的治疗费用。ECA 的报告指出，只有少数患者意识到他们有权在国外寻求医疗保健，但令人沮丧的是，患者必须预先支付服务费用，且只能得到其本国定价治疗价格的补偿。

八、数字技术 数字化影响涉及医保多个领域

随着亚马逊的 Echo 和谷歌的家用设备为我们带来 Alexa 和谷歌助手，帮助我们制作购物清单，找到我们想听的音乐，告诉我们新闻和天气，曾经的科幻

小说已经成为现实。但数字技术已经开始在医疗保健领域发挥作用，而且这种作用只会越来越大。

2020年趋势列表的一个新主题是，数字技术开始颠覆医疗保健。数字化的影响是深远的，几乎涉及医疗保健系统的每个领域：可穿戴设备、诊断和治疗等数字应用程序、医疗设备、电子病历、远程医疗和大数据等。

这些大型科技巨头以广阔的视野进入医疗领域。谷歌寻求将其人工智能（AI）功能应用于医疗保健领域，而谷歌的 Verly 则致力于生命科学，Alphabet 的 Google Ventures 则大量投资于医疗保健领域。苹果专注于以消费者为中心的健康技术，包括疾病追踪和预防。亚马逊正从多个方面进入医疗领域。微软正在探索人工智能如何改变医疗保健、基因组学、远程健康、云计算和网络安全，以及其他健康计划。

ISPOR 也在继续监控数字化在医疗服务和实践中的作用。很明显，数字技术将以我们可能还没有开始想象的方式改变医疗保健。

九、人口老龄化　对医疗服务和成本影响深远

全球人口老龄化趋势表明，在未来一段时间内，人口老龄化问题仍将对医疗服务和成本产生长期影响。

随着人口老龄化，医疗费用也随之增加。在日本，28％的人口已经超过60岁，政府在2018年花费了1 380亿美元（占其总支出的15％）用于医疗和护理。作为全球"超级老龄化"（super-aging leaders）的领导者（被确定为至少21％的公民年龄在65岁或65岁以上的国家），日本在解决人口老龄化的创新方法方面一直处于领先地位。数字医疗被认为是满足这一人群需求新的解决方案的关键驱动力。为了控制成本，日本正在鼓励数字初创企业能够为老年人提供医疗咨询途径，并正投入更多努力，利用机器人、传感器和高端信息和通信技术服务，创建患者监测系统，以尽量减轻人和财务负担。此外，将纸质记录传输到数字系统的努力旨在将这些数据输入人工智能分析工具，以实现更好、更具成本-效益的护理。

十、精准医学　不断增长的数据领域

精准药物的市场正在增长，预计到 2028 年将达到 2 170 亿美元，这是由于对个性化治疗、技术创新和进步（包括基于生物标记物的检测/试剂盒、下一代基因测序和精确成像）以及政府支持和法规的需求不断增加所致。

就精准药物对医疗保健的影响而言，根据个性化药物联盟（PMC）的数据，2018 年，25 种个性化药物批准占 FDA 所有新药批准的 42%。个性化治疗相关的新趋势包括：基于生物标记物，加速审查癌症适应证；小干扰核糖核酸（siRNA）治疗的出现；个性化药物生物类似物的出现等。根据 PMC 的报告，生物标记物重要性的增长将对整个医疗保健领域所有关键利益相关者产生重大影响，包括支付者，他们将必须实现生物标记物测试的广泛覆盖。

《医药经济报》2020 年 2 月 6 日，2020 年 2 月 20 日

抗击疫情　医保如何发挥作用——关于新型冠状病毒肺炎救治保障的 4 点深思

如果瑞德西韦（Remdesivir）能安全、有效治疗新型冠状病毒肺炎，会很快被列入医疗保险的报销目录。由于其尚处专利期，需要通过价格谈判获得一个医保预算和患者能够承受的合理低价。若需求量大，或可通过专利转让的方式，由国内药企生产。

一、救治成本有多高

新型冠状病毒肺炎的救治成本不仅直接医疗成本高，而且间接成本也是巨大的。尤其是接近 20% 的重症患者需要采用危重患者体外心肺支持（ECMO）治疗设备和措施，而且一旦发生炎症风暴，导致多器官功能衰竭，抢救的各种措施包括血液净化也是极其昂贵的。

其他的社会间接成本，包括新建医院、当地和各地驰援的 8 000 余名医务人员及各地投入的社区人力资源、各种紧急医疗仪器设备采购、防护隔离用品和消耗性服装和材料，中央和地方的财政投入和全民动员的防控措施，延期上班、上学造成的经济损失更是不可估量的。此外，有一些对症疗法的药品已在报销药品目录中，故可以报销一部分，还有一些正在临床试验的新药，如瑞德西韦，目前的价格尚不明朗。由于患者数量巨大，以后需要花费的医保预算目前尚无法估计。不少武汉和湖北患者还在全国各地收治，异地报销问题也已提到议事日程上来。

二、救治费用如何报销

按照党中央、国务院决策部署，财政部与国家医保局联合印发《关于做好新型冠状病毒感染的肺炎疫情医疗保障的紧急通知》的精神，明确对于患者发生的医疗费用在基本医保、大病保险、医疗救助等按规定支付后，个人负担部分由财政给予补助，实施综合保障。关于新型冠状病毒肺炎患者治疗费用的问题，政府可以依疫情发展和患者困难程度来制订具体的补贴方案。

对于其中确诊的异地就医患者，先救治后备案结算，报销不执行异地转外就医支付比例调减规定。患者使用的符合卫生健康部门制订的《新型冠状病毒感染肺炎诊疗方案》的药品和医疗服务项目，可临时性纳入医保基金支付范围。确保确诊新型冠状病毒肺炎患者不因费用问题影响就医，确保收治医院不因支付政策影响救治。及时调整有关医疗机构的医保总额预算指标，对新型冠状病毒肺炎患者医疗费用单列预算。

三、湖北疫区或患者是否需要国家财政支持

湖北省特别是武汉市是新型冠状病毒肺炎的重灾区，远远高于全省平均。因此有必要及时调整有关医疗机构的医保总额预算指标，对新型冠状病毒感染的肺炎患者医疗费用单列预算。与2013年中国SARS流行相比，新型冠状病毒感染具有发病率高、病死率低的特征。如此严重的疫情单靠城镇职工和城乡居民医保资金来打好这场阻击战是不可能的，需要社会的捐赠和国家财政的支持。

据财政部报告，为早期疫情防控已拨款44亿元，湖北省拨款5亿元。2月3日，各级财政部门累计下达疫情防控补助基金470亿元，主要用于患者救治、医务人员和防疫工作者临时性工作补助，医疗机构开展疫情防控工作所需专用设备以及快速诊断试剂等支出。2020年1月25日，湖北省召开新闻发布会

通报湖北省疫情和防控工作，报告该省已预拨医保资金10.3亿元，武汉市预拨7.02亿元。今后，随着疫情的发展，还需要更多的资金。

四、未来治疗用创新药如何快速纳入医保

《新型冠状病毒感染的肺炎诊疗方案（试行第五版）》已发布，一般治疗和重型、危重型病例的治疗，包括抗病毒治疗的使用——干扰素雾化吸入，洛达那韦/利托那韦等药物以及其他支持疗法均已纳入医疗保险药品报销目录，可以得到报销。

根据美国第1例患者采用瑞德西韦治愈的消息报道后，该药已在首都医科大学附属北京中日友好医院开展随机对照双盲临床Ⅲ期试验。如果能安全、有效治疗新型冠状病毒肺炎，为防治该病提供有效的武器，也一定会很快被列入医疗保险的报销目录。

由于瑞德西韦尚处于专利期，除考虑该病是属于国际关注的应急公共卫生事件（PHEIC），国家医疗保障局需要通过价格谈判获得一个医保预算和患者能够承受的、比较合理、低廉的价格，为中国和全球患者提供保护。如果需要量大，或可通过专利转让的方式，由国内药企生产。

《医药经济报》2020年2月10日

第二篇 仿制药

促进仿制药应用的国际经验

在《国家的药品定价政策指南》中,世界卫生组织总结了各国促进仿制药应用的经验,分别对供方和需方两方面的政策进行了阐述。对供方采取的政策包括:①立法规制登记和质量保证;②贸易和知识产权的保护;③促进仿制药的竞争;④定价和采购政策;⑤仿制药的补偿政策。对需方采取的政策有:①处方政策;②通过政策影响消费者和患者。

一、立法规制、登记和质量保证

通常的做法是缩短仿制药进入市场的时间,如包括缩短市场准入的时间。在巴西,仿制药的登记和注册只需要 6~8 个月,而原研药则要 8~14 个月。在哥伦比亚,仿制药注册也只要 3 个月,而原研药要 6 个月。在南美洲的阿根廷、巴西、智利及委内瑞拉,均采取减少仿制药品注册费用的改策。在美国,只要证明仿制药的生物等效性(bioequivalence)即可,不需要再进行临床试验。墨西哥允许生产厂家在原专利药专利到期的 3 年前就可申请注册生产仿制药。Bolar 例外(指在专利法中对药品专利到期前他人未经专利权人的同意而进口、制造、使用专利药品进行试验,以获取药品管理部门所要求的数据等信息的行为视为不侵犯专利权的例外规定)规定。对第一个生产的仿制药可有 180 天的市场独占期(market exclusivity right)。

美国为促进仿制药早日进入市场,原来从专利过期到新仿制药入市的审批需要3年时间，目前已缩短到3个月。2005年，美国仿制药的市场占有率已从原来的19%增加到56%。这与美国联邦老年医疗保险和私人保险公司推动使用仿制药品有关。此外，美国各州政府还制定了允许用仿制药替代的立法，更进一步促进仿制药的市场渗透。

在欧洲，也同样应用缩短仿制药注册上市的时间和Bolar例外，促进仿制药的广泛应用。

此外，为鼓励仿制药的应用，可减少仿制药的注册费用；减少信息不对称，在药品盒上标明为仿制药；加强仿制药的质量保证，包括监测GMP执行情况、发布监督报告、药品上市后调查、对错误申报进行制裁、强调仿制药的生物等效性等。比如，2000年6月—2002年7月，印度德里报告开展药品GMP检查，在3 529个仿制药中发现20个质量不合格药品。

二、增加仿制药的竞争

世界卫生组织建议，可通过多种方式来促进仿制药的竞争，如联合生产、增加仿制药的生产单位、在市场中限制产品的数量、集中招标采购、公布价格信息、在批发商与零售商之间开展竞争、对知识产权和专利的管理等。

对一些人口较少的国家，可以联合起来在一个地区内合资建立药厂，以达到足够的产量。据文献报道，首个仿制药进入市场后可以降低药价15%～40%；随着更多仿制药进入市场，药价还可以进一步降低。1991年，一项研究证实，首个仿制药上市后的平均批发价要比原研药降低60%。当有10个药厂生产仿制药时价格会降低到原来价格的29%，仿制药厂如果增加到20家时，价格可以进一步下降到原来价格的17%。

药品的集中招标采购工作已经在中美洲和海湾国家开展，但能否增加仿制药市场的渗透，目前尚无证据来予以证明。在美国、挪威、澳大利亚和新西兰均已证实有仿制药竞争的情况，即使有些药物仍然在专利期以内，降价的压力还是很大的。据Waning报道（2009），集中招标采购后对防止仿制药的降价作用要大于品牌药。他分析了世界卫生组织的7 253宗抗反转录酶病毒的药品招标交易，没有发现大批量采购必然会导致药品价格降低的结论。

三、定价和采购政策

另一个措施是控制药品的利润，包括采用成本加成的政策和规制加价差率（mark-up）。例如，印度采用药品成本加成的定价方法，零售药品价格的计算是基于药品生产的成本，加上出厂后的成本，包括药厂和贸易的利润（margins）。但在欧洲已不再使用成本加成的药品定价政策。

政府补贴是一种间接的药品价格控制措施。秘鲁豁免了药品的进口关税，但遗憾的是，此举并没有降低药品的批发价格和零售价格。尽管公布价格的信息可以减少信息不对称，但迄今还没有证据来证实这是一个有效的方式。

有不少文献表明，在塞尔维亚、南非、孟加拉国和苏丹应用招标采购的方法可以降低药价。在塞尔维亚，集中招标采购的价格要比少量的药品招标采购的价格和自由市场的价格分别便宜4.6%和17.2%。在南非最近的抗艾滋病病毒药招标中，替诺福韦（tenofovir）和依法韦仑（efavirenz）获得了全球的最低价格。

在发达国家，如荷兰和德国的医疗保险制度均有招标采购的程序，通过购买仿制药可以大大节约成本。但欧洲的仿制药学会持有不同观点，他们认为药品招标采购不可能支持药品市场的长期竞争，或者解决药品的可及性问题，相反会危害仿制药工业的可持续性发展。

四、仿制药的补偿政策

在药品的补偿政策方面，世界卫生组织建议通过药品补偿目录和患者共付的方式来帮助支付方节省费用。例如，土耳其在糖尿病患者中采用仿制药替代的政策，平均1年节约下来的费用相当于患者使用1个月的胰岛素费用，或相当于不用胰岛素患者2个月的药品费用。中国台湾地区规定，对等效的仿制药的报销比例不应超过品牌药的80%，再注册的仿制药的定价水平不能超过同类已有仿制药的最低价格。摩尔多瓦对0~5岁的儿童100%报销药费。

即使在发达国家，对药品的补偿也是有条件的或者仅限于剂型。2008年，Austvoll-Dahigren等对13篇论文做了循证荟萃分析，发现医疗保险的报销封顶和共付可以减少总的药品和治疗慢性病药物的使用，以及减少医疗保险费用的支出。分段共付或增加仿制药的共付比例，也可以减少药品的使用。1990年，澳大利亚采用了支付最低的价格政策，也就是患者要支付品牌药与仿制药之间的差价，但也没有发现对仿制药的用量有影响；直到1994年采取仿制药替代政策后，仿制药的使用量才开始增加。2005年，Anderson在瑞典的研究也指出，共付可以明显影响患者对药物的选择。2006年，O'Malley等在美国的研究证实，共付费用可以明显影响患者由使用品牌药转向使用仿制药，比广告、会员邮寄药品或免费赠药的宣传效果更大。

五、处方政策

在医生中促进仿制药的使用，如强制采用国际通用名（INN）或仿制药名来处方。阿根廷、厄瓜多尔、秘鲁、巴拿马及巴拉圭等国曾使用过这种方法，但效果极差。巴基斯坦也采用过要求医生用国际通用名处方的措施。菲律宾在1988年通过仿制药法案时，向公众提供这方面的信息，但在1992年遭到医学会的反对。

目前，群众对仿制药的认知度还是很低的，医生一般倾向于处方品牌药。南非的干预试验证明：在向医生培训（即鼓励医生使用仿制药）后的3个月内，医生处方仿制药的比例有所增加，但长期效果如何还不得而知。2009年，Strum等人发现，经济激励后医生处方仿制药的比例增加了10.6%。德国实行医生预算制度后，仿制药的处方从1992年的60%上升到2003年的75%。英国和西班牙则向医生提供信息，如果减少处方中的品牌药可以节约医疗成本，2008年的一项调查证明英国有82.6%的医生用国际通用名处方。大部分的美国医院使用仿制药，而且医生相信能够达到质量要求；美国的医学生在读书时已被告知要用国际通用名来处方，并使用仿制药。

不过，希腊一项针对1 204名医生的调查结果表明，虽然被调查医生均认为仿制药具有高（或较高）质量、安全和有效的特点，但70.8%的医生仍然会处方品牌药。韩国回顾调查在医药分开的政策影响下仿制药的使用情况，发现品牌药的处方比例还是呈增加态势。

为促进仿制药的使用，其他发达国家采取的措施还包括：如果使用品牌药的话，医生在处方上必须加以说明；或培训医生在处方时只应用国际通用名；或配合运用经济激励的手段。

六、政策影响消费者和患者

常见的方法是增加仿制药的消费。例如，可以通过医生与患者的沟通，或者通过公众教育活动，限制品牌药的捐赠使用；禁止播放品牌药广告；对消费者提供价格的信息等方法。

Bertoldi等2005年在巴西开展了一次调查，评价青年人对仿制药知识的掌握程度。尽管巴西只有3.9%的药品为仿制药，但86%的人知道仿制药的价格较低，70%的人认为仿制药与品牌药的质量是相同的。马来西亚曾对3 967名消费者进行调查，有32%的人认为仿制药会有较多的不良反应，64%的人认为仿制药的价格要比原研药便宜。有调查报告认为，通过向在读学生宣传教育，能有效地改变社区药品的使用，以及减少抗生素的不合理使用。

比利时、意大利、葡萄牙、西班牙和英国均采取各种宣传教育手段促进仿制药物的使用。有研究报道指出，美国通过对消费者发放宣传资料，宣传仿制药的价格更加便宜，可以大大促进仿制药的使用；通过对患者的教育，也提高了患者对仿制药的接受程度。德国则调查过300名门诊患者，其中37%的人知道仿制药较原研药便宜。

《医药经济报》2012年4月25日，2012年5月2日

基本药物是否应该免税

在药品价格管理中如何处理药物的免税或减税,是一个值得研究的问题。由于缺乏这方面的循证依据,在世界卫生组织的《药品定价指南》中提出了2个建议:一是基本药物不应该征收销售税(营业税)和增值税;二是如果有些国家选择对基本药物征收销售税或增值税的话。那么,对这些税收的设计要非常小心,不应增加群众的负担。如对基本药物实行免税或减税后,需要进行监测,确保节省下来的钱要让利给患者或医疗保险支付方,而不应该被药物供应链中的各个环节吸收或获利。

一、关税对药价影响不大

早在 2003 年,欧盟发表了一篇评价 57 个国家对治疗主要传染病(HIV、疟疾、结核)药品税收的研究论文。文中提到,各国药物的增值税波动范围为 0~20%,平均为 11%~12%,比欧盟国家的平均增值税 7% 要高(表 2-1)。一般药品的总税收中包括关税、增值税和其他税收。调查的 57 个国家中,马来西亚是最低的,约为 0.01%,最高是印度为 60%,全球平均为 18%。在一些"欠发达国家",传染病治疗药物的税收约占 17% 的公共卫生费用。

2005 年,Oleay 和 Laing 分析了 150 个国家的药品关税率对药品可及性的影响。有近 60% 的国家对药品及其有效成本纳税,其中 90% 的国家对药品的关税<10%,92% 的国家药品关税<0.1%GDP。该研究作者认为,药品的出厂

价、销售税包括增值税、药品加成等对药品价格的影响,要远远高于关税对药价的影响。对患者而言,药品征收关税可认为是一种累退税。即使消除关税,对医药工业的收入和医药工业政策的影响也是不大的。

二、高收入国家免征药品税收

一般税收可以分成两类:直接税和间接税。前者是指政府根据个人或企业的收入而课征的税收。在高度发达的国家,2/3 的政府收入来源于直接税收和社会保险税。然而,在低收入国家中,间接税是政府的主要收入,它来自国际贸易,或是通过购买货物、食品或服务时所获得的税收。间接税是指销售税或增值税,属于累退税,它是不公平的。如果税收是按一定比例增收,不管是富人,还是穷人都会受到影响。药品税收占穷人收入的比例,要比药品税收占富人收入的比例高得多。

在高收入的欧洲国家中,药品的增值税费率在 0~15%。许多国家对药品的增值税一般要比标准的增值税低(表 2-1)。在高收入的国家,如澳大利亚、日本、韩国对药品免征税收。而美国各州的税收也是不同的。在低收入或中等收入的国家,对药品的税率是 2.9%~34%(表 2-2)。低收入国家的家庭主要依靠自费来购买非处方药物。许多文献报告:在处方药价格不断升高的情况下,人们会从使用处方药转向使用非处方药。

表 2-1 2010 年欧洲各国的药品税收情况

国　家	标准增值税率(%)	药品增值税率(%)	药品间的增值税差异(%)
挪威	25	25	
瑞典	25	25	对处方药不征收增值税
丹麦	25	25	
爱尔兰	21	21.5	对口服药不征收增值税
保加利亚	20	20	
德国	19	19	
英国	175	17	

(续表)

国　家	标准增值税率（%）	药品增值税率（%）	药品间的增值税差异（%）
拉脱维亚	21	10	
意大利	20	10	
奥地利	20	10	
斯洛伐克	19	10	
捷克	20	10	
罗马尼亚	24	处方药9%	非处方药12%
芬兰	23	9	
斯洛文尼亚	20	8.5	
土耳其	18	8	
波兰	22	7	
比利时	21	6	
荷兰	19	6	
葡萄牙	21	6	
爱沙尼亚	21	报销药品5%	非处方药21%
匈牙利	25	5	
西班牙	18	4	
卢森堡	15	3	
瑞士	7.6	24	
法国	19.6	报销药品21%	非报销药品5.5%
马耳他	18	0	
塞浦路斯	15	0	诊断试剂15%

资料来源：世界卫生组织政策综述

表2-2　部分低收入和中等收入的国家对国内药品的税率

国家及调查年份	增值税或销售税（%）	药品其他税收	总的国内税收（%）
亚美尼亚（2001）	20		20
波利维亚（2008）	13		13
巴西（2001）	18	6%州税	24
乍得（2004）		2%的统计税收（包括公共部门和私立部门）及私立部门需要交纳的0.9%的进货验证税	2.9

(续表)

国家及调查年份	增值税或销售税（%）	药品其他税收	总的国内税收（%）
中国（2004/2006）	17	3%地方销售税	20
刚果共和国（2007）	18	1%社区税	19
刚果民主共和国（2007）	0	17%销售额+其他税收	17
厄瓜多尔（2000）	13		13
加纳（2004）	15%增值税+国家健康保险费用的征收		15
印度（2003/2004）	6.5%~9.8%销售税，目前大部分药品为5%增值税	5%~16%印度的邦政府税收，3%教育税	13~24
印度尼西亚（2004）	10		10
约旦（2007）	4%销售税		4.0
吉尔吉斯斯坦（2005）	4%销售税		4.0
马里（2004）	15	6%印花税和其他费用	21
摩洛哥（2004）	7，有些药品免税		7
尼日利亚（2004）		"多种税收制度" >30%的其他费用	30
秘鲁（2005）	12，有些药品免税	19%GST+2%地方税，有些免税	34
菲律宾（2008）	12		12
南非（2004）	14		14
塔吉克斯坦（2005）	20	1%~5%销售税	21~25
突尼斯（2004）	6		6
也门（2006）	5		5
23个国家平均（%）			14.8（2.9~34）

资料来源：WHO/HAI

Goodman（2007）系统综述了美国用药的文献，发现患者在处方药价格增加10%后，药品的使用率下降了2%~6%；治疗率也在下降，用药依从性变差，治疗往往发生中断；对慢性疾病，如糖尿病、心力衰竭、血脂疾患、精神分裂症的用药会增加。另外，当药品实行患者共同支付后，用药依从性下降，而且慢性病患者延迟了开始治疗的时间。据 Birsh 1986 年报道，早期在英国（1978—1982 年）的研究证明：增加人均自付处方药的费用后，人均使用药品量下降了 7.5%。2008 年，Gemmill 对 15 个国家 173 篇文献的回顾分析发现，患者付费在卫生筹资中具有累退的性质，因为贫困患者的支付占收入的比例要远远大于对富人的影响。即使共付的比例很低，贫困人口也会减少处方药的应用。

三、减免税可促进药品可及性

尽管价格影响可及性的文献报道证据不多，但 2002 年 Siman 曾在非洲国家研究过减少税收对疟疾的影响。在使用杀虫剂浸泡蚊帐时发现当杀虫剂的税收从 42% 下降到 0，以及制造蚊帐的原材料的税收从 40% 下降到 5% 时，当地居民购买蚊帐的概率可以提高 27%。

通过文献综述得到的结论是：减少处方药 25% 的税收，可以增加 5%～25% 的需求。在贫困人群的家庭中，由于税收增加而使药品使用率减少的现象更为明显。对儿童和患有慢性病的患者增加税收影响需求的弹性更大。在一些国家中，药品销售的税收占国家总税收的 0.27%～1.66%。取消药品税收后的影响取决于一个国家的 GDP 状况，但目前还缺少定量评价减少税收对药品价格的影响。

国际上，对药品税收问题是存在争议的。税收政策是公共政策的一部分，有的人认为应该对造成健康风险影响公共卫生的物品（如烟、酒）课以税收，并补偿药品减税或免税带来的经济损失，而不是对可直接促进健康的药品征税。为提高基本药物的可及性，需要有税收政策的支持。例如，印度 2009 年的药品销售额是 190 亿美元，而药品的增值税约为 10 亿美元；如果印度将烟草税收增加 1 倍的话，政府可以获得 31 亿美元的附加收入，完全可以补偿减少药品增值税 10 亿美元的损失。罗马尼亚报道称，引入对高脂肪、高糖和高盐食物的食品税，1 年可以增加 18 亿美元，完全可以补偿目前药品的 9% 增值税，后者大约仅为 2 亿美元。

总之，根据世界卫生组织药品定价政策指南，应该是对影响人民健康的物品征税，而不是对有益健康的药品征税。税收政策是公共政策的一部分，应该对造成健康风险、影响公共卫生的物品课以税收，而不是对有益健康的药品征税。

《医药经济报》2012 年 5 月 16 日

改进药物可及性的各国经验

目前,各国增加了卫生保健的投资,但并不一定能改善卫生服务的质量、效率或可获得性。因此,亟待创新提供初级卫生保健的方式保证每个患者能够在正确的时间得到正确的保健。然而,如何在面临经济和财政的压力下满足公众的需求,是一个值得研究的问题。创新卫生保健组织和管理会减少成本和改进质量,设想能否将美国的制度与欧盟的制度结合起来,实行一种创新的体制和筹资的模式?

第 19 届欧洲国际药物经济学与结果研究协会年会的第 3 个专题研究会,围绕"控制医疗成本、改进药物的可及性"进行了讨论。讨论中提及的欧盟资助国际研究项目有关卫生保健筹资质量的 InterQuality Project,就是探索这种可行性,且得出了很多宝贵的循证依据和以研究为基础的决策实践。实质上,该研究是一个新的制度经济学的研究项目,是一个以循证为基础的医保支付模式的研究,从按项目支付方式转变为按病例支付方式或按人头支付方式。其主要内容涉及卫生服务和药品提供的公平性和可及性。为把卫生费用使用得更好,可以应用财务或非财务的激励机制,改变卫生服务的提供方式,改进质量,利用更多的卫生资源去扩大卫生服务的覆盖率。波兰的研究发现,因自费医疗负担超出"灾难性支出"的家庭比例要比丹麦和德国多,特别是集中发生在老年人群中。由此,波兰卫生部发起了一个针对老年人免费提供药品的项目。

该专题研究会的另一个重要内容是报告德国是如何将患者的偏好应用效率前沿模型的概念(efficiency frontier concept)整合到卫生技术评估中去,从而确定最有效的疾病防治策略。其第 3 个内容是介绍欧盟各国在促进创新分析方法以及在电子健康（e-health）工具的应用如应用电子处方（e-prescribing），建立起一个制度框架，将不同的方法整合起来，通过电子健康工具加强个人和全社会的健康效益。

一、公平性与均等化命题

卫生服务的公平性和均等化是卫生经济学中的主要命题。卫生公平性的概念是在不同的社会群体之间卫生资源分配的公平、公正程度。如卫生费用的分配是否与地区经济状况的差异相匹配？患者卫生服务的可及性是否与不同的卫生需要和健康状况相符合？此外，还要研究其水平公平性和垂直公平性。前者是指有相同的卫生需要的人都应该享有相同的治疗，这也是欧盟国家卫生保健系统的基本原则；而后者是指应根据各人不同卫生需要提供适宜水平的卫生服务。

卫生服务的均等化是指一种卫生服务产品的分布模式。不同地区人群的期望寿命在各地是否一致？癌症肿瘤患者的总的存活时间是否与地区有关？

灾难性的卫生支出（catastrophic out of pocket spending，CatOOP）是指多少家庭支出用于卫生方面的支出，如果卫生支出大于家庭收入扣除食品的支出后的 40% 时，即为灾难性支出（CatOOP40）。通常的表达方式是绘制集中曲线，如果曲线在纵向家庭收入（%）与横向人群比例（%）45° 对角线的上方则倾向于贫困，也就是说贫困人口支出卫生费用多。反之，曲线在对角线下方，则表示该地卫生筹资的情况是倾向于富人的。在 InterQuality 项目的公平性研究中比较了丹麦、德国和波兰 3 国的卫生支付公平性和卫生服务公平性。前者涉及家庭的灾难性支出，特别是药品的支出。后者关系到卫生服务的利用以及水平不公平性指数的评价（horizontal inequities index assessment）。

德国和丹麦分别在 2000 年、2004 年、2006 年、2010 年开展了多次公平性的调查，波兰 20.3% 的家庭医疗性支出超过 10%（CatOOP10），而德国只有 1.0%，丹麦 3.2%。当家庭灾难性支出超过 40% 时（CatOOP40），波兰占 8.8% 的家庭，而德国和丹麦分别只有 0.1% 和 0.8% 的家庭。波兰的医疗服务和药品个人费用的支出对贫困人口是不利的。相反，在德国和丹麦，贫困者的医疗费用个人支出较少。

二、波兰：启动老年人免费供药项目

波兰的药品费用占 GDP 的 1.4%，其中公用支出占 GDP 的 0.4%，私人支出占 GDP 的 0.9% 以上。药品的定价主要是按照内部参考定价，以致于患者对药品的共付比例很高，药品的自费负担平均达到 67%。特别是 270 万名 75 岁以上的老年人，20% 属于低收入人群，他们很少用药，主要原因一是药品价格较高承担不起，二是药房中缺乏处方用药。

波兰卫生部启动了一个对 75 岁以上老年人的免费供药项目。免费提供药物清单里的药品的条件是这些药物原来是可以报销的，是安全和具有成本效果的，用于老年人易患的慢性病或急性病的短期用药，以及以往具有较高的自费比例的 84 种免费基本药品。此外，政府还制定了 2017—2025 年度规划，提供额外的独立于医保基金以外的预算资金，并进行严格的费用控制。2017 年度预测为 1.31 亿欧元，2025 年度预测费用增加到 2.79 亿欧元，占现有 75 岁以上老年人用药药费的 37%，占用药限定日剂量（defined daily dose，DDD）用量的 31%。数据显示，该项目实行 1 年后的评价发现，75 岁以上的老年人就医次数增加了 25%。

三、德国：采用效率前沿分析

德国的卫生保健质量和效率研究所（IQWIG）一直以来采用效率前沿（efficiency frontier）的方法来进行药物的成本-效益分析。

以丙型肝炎治疗为例，2014 年前，丙型肝炎的治疗主要依赖干扰素、利巴韦林和蛋白酶抑制剂治疗，反应性较大。2015 年后，应用直接杀灭抗丙型肝炎病毒的药物（DAA），而在较短的时间内取得较好的治疗效果，很少引起明显的不良反应。但药品价格高昂，每天需要 1 000 美元。丙型肝炎治疗有多种组合用药方案，评价的指标包括持续控制病毒反应（SVR）、注射次数、治疗周数和各种不良反应的发生率，通过文献检索可以得出不同组合的治疗方案的总效益值。为了使新药的价格具有效率前沿，进行价格可接受曲线的绘制，从而评价成本-效果的最佳药品价格。

四、美国：药品保险项目影响药价和质量

美国的药品保险项目（PBM）是一种提供药品供应和药事服务的计划，能够最大限度地有效管理药品费用，对处方的医生、药师、患者和参加医疗保险计划的会员产生影响。美国的药品保险项目有四大功能：一是支付保险者的药品费用；二是与药师网络签订服务合同；三是管理药品目录及临床质量和药品的使用；四是对药厂进行药品价格、折扣的谈判。

PBM实行了药物利用实时评估计划（GDUR），确保处方在医疗上是适宜的，改进药物的安全性和具有成本效果。计划包括设计RXCLAIM数据库，检查处方中有无药品的配伍禁忌，剂量过高或重复治疗等问题。

PBM同时进行回顾性的药物利用分析（RDUR），减少可能出现不合理用药的处方，包括年龄、使用剂量及重复用药等，开展药品交互作用警报程序（drug interaction alert program，DIAP），注意药物之间的交互反应（drug-to-drug interaction，DDI），减少临床上的药物反应和促进医院报告制度。

据推测，预计从2016—2025年可以为各类医疗保险计划节省6 540亿美元的药品费用，以保证安全使用药物。为商业保健节省3 500亿美元为老年医疗保险（Medicare）Part D部分节省2 570亿美元，以及为贫困人口医疗保险（Medicaid）节约480亿美元。但美国药品保险管理计划也遭到一些医生和患者们的反对，医生们认为自己的患者是特殊的，药师没有处方方面的实践；而患者则认为药师并不是医生，对自己的病情也不了解。因此，推行PBM计划实施并不容易。

《医药经济报》2016年12月7日

第三篇

创新药

寻找最重要、最好的药物——解读世界卫生组织应用比较成本-效果方法遴选基药和医保报销目录

2015年，世界卫生组织发布了《第19版基本药物目录》范本，这是继2013年《第18版基本药物目录》后每2年修订一次的最新版本。《第19版基本药物目录》遴选基本药物的标准已有所改变，将药物经济学的比较成本-效果分析（comparative cost-effectiveness）作为遴选标准。所谓比较成本-效果分析，是指在同类药品中，在一定的成本条件下看哪个药的效果最大，在一定的临床效果下哪个药的成本最低，就选它为基本药物。基于此，该目录最大的特点是增加了抗丙型病毒性肝炎、抗多重耐药的结核病和抗肿瘤的药物。

一、世界卫生组织基本药物遴选标准与时俱进

世界卫生组织对基本药物的定义是与时俱进的。众所周知，不同时期世界卫生组织对基本药物的定义是有所变化的。

2002年，世界卫生组织修正了基本药物的概念，指出："基本药物是指那些满足人群卫生保健需要优先重点的药品。对药物的选择考虑到公共卫生的相关性（疾病患病率）、药效、安全性以及具有比较成本-效果。在一个正常运转的医疗卫生体系中，基本药物在任何时候都应有足够数量的可获得性，其剂型是适当的，其质量是有保障的，其价格是个人和社区能够承受的。"

从以上的基本药物定义中可以理解，基本药物不仅疗效好、安全，能降低疾病的患病率，还应该是同类药品中更具有成本-效果的，它们对健康的影响明显。作为一个国家的基本药物目录，其品种应该是精选的，数量是有限的，应具有较高的质量，价格低廉，便于管理和使用，而且具有更好的成本-效果。临床诊疗指南可以帮助基药正确地使用。

这里举几个例子对此进行说明。世界卫生组织从事基本药物项目已有 35 个年头，基本药物目录的变化反映了公共卫生的挑战，如近年来根据疾病防治的需要，先后增加了抗人类免疫缺陷病毒（HIV）的药物和治疗非传染性疾病的药物。

2011 年，世界卫生组织基本药物目录范本中加入 20 mg 硫酸锌，且一直沿用至今。它与口服补盐同时服用可以减轻儿童腹泻的严重度，使全球 76 万例小于 5 岁的儿童患者免于腹泻死亡。

基本药物目录遴选的每一个药物均应有安全性和效果的循证依据，才能证明购买这一药品的价值。结核病是全球死亡最多的一种慢性传染病，2013 年，全球有 900 万患者罹患该病，150 万患者死亡，而 95％的患者出现在中低收入国家。因此，纳入对多重耐药的结核病治疗药物的公共卫生意义重大。

又如丙型肝炎，全球有 1.5 亿患者，每年有 50 万例死亡，慢性感染后会发生肝硬化和肝癌，特别是在一些中低收入国家更为严重。

肿瘤是全球最重要的疾病死亡原因之一。2012 年，全球有 1 400 万新肿瘤患者，死亡 820 万，在未来的 20 年预计还要增长 70％。

鉴于疾病防治的需要，《第 19 版基本药物目录》将治疗丙型肝炎、多重耐药结核病和肿瘤创新药物增加为基本药物。由此可见，基本药物的遴选已超出原先的理念，认为只有仿制药才是基本药物，现在很多创新药物，包括生物药，只要具有比较成本-效果，同样可以列入世界卫生组织基本药物目录的标准清单。

二、世界卫生组织新版基药目录的变动

世界卫生组织的第 1 版基本药物目录形成于 1977 年，目录包含了 220 个基

本药物。我国第 1 版基本药物目录形成于 1982 年，只包含了 278 个西药，以后 5 个版本的基本药物数量增加到 2 001～2 398 个。其中 60%～70% 为中成药。新医改启动后，2009 年基本药物目录减少到 307 种，2012 年基本药物目录增加到 520 种，其中中成药比例降至 3%～39%。这与我国基本药物遴选标准"防治必需、安全有效、价格合理、使用方便、中西药并重"有关。

世界卫生组织基本药物目录专家委员会每 2 年对目录进行一次修订，其遴选过程是透明的。任何个人、政府、药物企业或医学会均可提出新药列入的建议，但必须提供建议药品的安全性、功效和成本-效果的资料，并要提出这个药物最能优先解决的卫生保健重点问题。

2007 年起，立法部门认识到儿童用药未引起足够的重视，世界卫生组织召开成员国大会要改进儿童基本药物的可及性。事后，世界卫生组织倡导药品需要有儿童的剂型且发表了第一版儿童用的基本药物目录（EMLc），2015 年已修正为第 5 版。

世界卫生组织遴选和使用基本药物专家委员会负责修改和更新基本药物目录的范本（model list）。2015 年 4 月，在日内瓦世界卫生组织总部召开了第 20 届遴选和使用基本药物专家委员会会议。世界卫生组织《第 19 版基本药物目录》和《第 5 版儿童基本药物目录》共有 77 个新药申请。世界卫生组织的技术部门负责对不同疾病领域的申请药物申报工作。其审查过程为，每个申请药物由委员会的 2 位专家负责审查，这些专家是从更大的专家库中抽选出来的。其审查意见在世界卫生组织的网站上公布，并欢迎各方提出不同意见，但评审专家的名字保密。最后整个遴选和使用基本药物专家委员会会举行 5 天的全体委员会议，撰写修改的基本药物目录范本，公布前还要得到世界卫生组织总干事的最后批准。

45 年来，治疗结核病的药物很少有创新，在《第 19 版基本药物目录》中共列入了 5 个新药，其中有 4 个新药，包括贝达喹啉（bedaquiline）和地依麦迪（delamanid），是针对抗多重耐药（MDR-TB）结核菌的新药，被列为二线用药。专家委员会在对申请治疗眼疾黄斑变性的雷珠单抗时（ranibizumab，商品名 Lucentis），根据循证依据与已列入基本药物目录的贝伐珠单抗

（bevacizumab，商品名为阿瓦斯丁 Avastin）的价格差异做了比较。由于贝伐珠单抗的价格要比雷珠单抗低。因此，雷珠单抗被排除，未被列入新版基本药物目录。

丙型肝炎的治疗进展发展很快，直到最近，已有 5 个抗丙型肝炎的药物上市，这些药物安全有效、不良反应较少，对患者有较好的耐受性。在一些低收入的国家正在采取措施降低药价。这 5 种新药包括索非布韦（sofosbuvir）和达卡他韦（daclatasvir）均已被列入 2015 年世界卫生组织基本药物目录中。鉴于这些药物价格较贵，目前大部分需要这些药物的患者还承受不起，而且并不可及。

鉴于近年来抗肿瘤药物的研究有很大进展，世界卫生组织也正在考虑调整基本药物目录中的抗肿瘤药物。专家委员会对 52 个抗肿瘤药物的产品进行了回顾，其中有 30 个抗肿瘤药物已被通过列入基本药物目录，其中有 16 个是新药。有些抗肿瘤生物药物对延长生存期极为明显，如治疗 HER2 阳性转移性乳腺癌的曲妥珠单抗（rastuzumab，商品赫赛汀 Herceptin），还有一些少见的抗肿瘤（如白血病和淋巴瘤）药物，也已列入基本药物目录范本，以此作为"金标准"。

对每个国家来讲，主要是要建立基本药物的遴选标准，世界卫生组织认为每个国家可以建立自己的标准，但应该选择人民最需要的、最好的药物。基本药物不仅要用在公立医疗机构，对一些非政府组织和私立部门也同样适用。而一个国家的健康保险药品报销目录亦能采用比较成本-效果的方法进行遴选。

《医药经济报》2016 年 2 月 3 日

卫生保健价值演变路径

第 20 届欧洲药物经济学与结果研究大会不久前在英国苏格兰格拉斯哥市落下帷幕。出席本次大会的包括政府和卫生部门、卫生技术评估机构、研究人员、学者以及患者团体等代表，共计 5 000 余人，是欧洲迄今最大规模的一次卫生技术评估和药物经济学盛会。

本届大会的主题是"卫生保健价值的演变"（The Evolution of Value in Health Gare）。大会设有 3 个全会报告，并围绕当前热点问题"卫生保健的价值"进行讨论，本文将对这 3 个主题报道进行介绍。

一、以价值为基础的医疗保健，"价值"在哪儿

在第 1 个全会报告中，来自荷兰、比利时、瑞典、英国和法国的 5 位专家从不同角度探讨了卫生保健的价值（value of health care），包括保健方法、保健产品和服务定价，以及由其产生的附加价值，特别是对"以患者为中心"的医疗保健价值的全面认识。在讨论基于价值的卫生保健（value-based health care，VBHC）的概念和挑战时，临床医生、政策决策者、患者和药品生产企业从各种角度提供了自己的见解。

政府决策者认为，卫生保健的价值是通过全周期的保健（full cycle of care）获得一组健康结果所花费的总成本。有服务提供方、需求方和医疗保险支付方三方都满意的三赢局面，才是解决问题的最好方式。政策制定者在研究

卫生保健系统的价值问题时，主要是看时间推移对人口健康的影响。例如，治疗丙型肝炎患者的价值会影响患者的寿命和生活质量。对价值的认识其实是一种问题的思维方式，提供以价值为基础的卫生保健，最大的挑战是如何设计好一个卫生保健服务提供系统去改善患者的价值。

临床专家认为，以临床价值为基础的卫生保健应该是根据患者投入的支付成本与健康结果产出的比值，或者是成本与质量的比值。卫生资源总是有限的，因此，就出现机会成本的概念，这属于卫生资源的配置效率问题。另外，还牵涉服务质量，包括安全性、及时性、公平性、效果及效率，这属于卫生资源的技术效率问题。

以价值为基础的癌症治疗，采用不同的治疗方法，肿瘤 5 年生存率差异很大。没有治疗的患者 5 年生存率最短，系统的治疗延长了 5 年生存率，外科手术可获得更长的生存率。欧洲各国、各地区和各医院之间肿瘤的 5 年生存率有很大差异，所有结果经过年龄别校正，瑞典的 5 年生存率最高，达 58%；而英国只有 46%。

作为医生，可以通过治疗方法的标准化、对患者的健康教育、参与多学科团队治疗开展以患者为中心的医疗保健，鼓励患者参与临床决策，快速改善治疗结果。患者的价值观与研究人员的价值观完全不同，医生认为健康是社会的财富，不仅仅是没有疾病，但患者往往在意的是医疗价格而不是医疗成本。

医疗技术供应商认为，以价值为基础的医疗保健概念需要转化。卫生保健面临一系列独特的挑战：首先，医疗保健的服务必须每时每刻为每个人提供，其次，卫生保健必须是高质量的，最后必须以有限的资源提供保健服务。以价值为基础的医疗保健的概念可以促使医疗技术供应商转变为医疗技术提供商。

推行以价值为基础的卫生保健可有以下几种策略：如围绕患者情况开展整合型的卫生服务，建立多层次的服务提供体系，扩大地区分布；对每个患者进行健康结果和成本的测量；医保支付转向以价值为基础的补偿模式，进行捆绑式支付（bundle payment）；建立信息技术平台等。

从表 3-1 的 8 个国家比较来看，总的排名以价值为基础的卫生保健体系评审以瑞典最好，其次是英国。德国、法国和瑞典在以结果为基础的支付方式方面做得最好。在整合性服务方面，英国和瑞典做得最好。

在对患者成本和结果测定方面（经济学评价），瑞典和韩国做得最好。

表 3-1 以价值为基础的卫生保健的全球对比

国家	总 VBHC 排列	政策和制度	成本和结果的测定	整合性患者服务	结果为基础的支付方式
德国	中度	高度	中度	低度	最高
法国	中度	中度	中度	中度	最高
英国	高度	高度	高度	最高	高度
荷兰	中度	高度	高度	中度	高度
瑞典	最高	高度	最高	最高	最高
加拿大	中度	中度	中度	中度	高度
美国	中度	中度	高度	中度	中度
韩国	中度	高度	最高	中度	低度

二、未来卫生技术评估会是怎样

第 2 个全会报告主要探讨卫生技术评估在各国的发展现状和未来的发展趋势。报告者来自英国和 EUnetHTA 的专家，他们代表不同的利益相关者。各国卫生技术评估的过程是不同的，加拿大、英国、澳大利亚、瑞典和荷兰发展得较早，且有正规的经济学评价方法。相反，在法国、西班牙和意大利等国家只采用一些简单的方法进行卫生技术评估，而罗马尼亚、保加利亚等国家采纳的是法国、西班牙等其他国家的 HTA 方法。报告还对全球 HTA 组织的发展和组织形式进行了历史回顾。HTA 网络组织的作用是提供 HTA 的方法学并共享 HTA 信息，支持国家之间的协作。

会上，有专家介绍用定性和混合方法从经济学成本-效果评价 2003—2013 年英国国家卫生研究（NIHR）资助的 12 个卫生技术项目案例对英国及国外的影响，包括文献分析、知情人访谈、调查和案例研究。如 NICE 的指南会间接影响患者和 HTA 项目，甚至还会进一步影响论文发表的数量、研究的文化、能力培训、卫生政策和经济产出。

欧洲国家不同的HTA发展环境从不同方面对利益相关者产生负面影响。例如，各国提供的HTA报告结果互相矛盾、重复评价、减少了贸易的可预测性、给机构带来了较高的成本以及不利于药物创新等。这些问题可以通过今后机构间的进一步合作加以解决。欧洲地区的可持续性合作可以提供更多的机会，听取不同利益相关者的呼声，能更有效地利用HTA的资源，发展更加透明和负责的HTA技术，支持以循证为基础的卫生保健，解决当前HTA机构面临的挑战。会上提出了3种情景分析：第1种是建立一个泛欧HTA组织，产出有治疗和经济价值的HTA报告，提出补偿报销建议但非强制执行，这个建议总评分不高；第2种是向参与泛欧HTA组织的国家提交报告，但不带任何建议，这个建议西班牙评价最高；第3种是泛欧HTA组织协作提出一个相对效果评价报告，这个建议法国和意大利专家评价最高。总之，可以看出各国HTA组织既想合作，又想有一定的独立性，但至少在方法学、意愿支付、决策和法律方面是有合作意愿的。

EUnetHTA提出了2016—2020行动计划。鉴于各国HTA发展不平衡，认为合作模式要有利于支持各国HTA的发展，选择的HTA评价项目要与大部分国家的需求有关，能满足各国决策者和HTA组织的需求。这样的合作有利于各国共同利用HTA的资源，支持各国HTA组织的自身发展。

三、价值的演变：来自大西洋两岸的观点

第3个全会报告是以卫生经济学家的观点来描述医疗保健中的价值，研究"价值"的定义是如何随着时间的推移和不同的环境而变化的（tracking the evolution of value）。主讲人来自美国、英国和法国。

大部分国家医疗保险的覆盖是基于价值的，但评价方法有很大差异。英国受历史传统的影响，用成本-效果分析来指导政策决策。其他国家如法国和德国，采用了特殊疾病测量的不同方法。美国由于有多种公立和私立支付方存在的医疗保健市场，尽管成本-效果的分析方法研究得很多（1976—2014年全球发

表了 5 000 多篇成本-效用分析论文，其中 38％是美国发表的），在教育体系中成本-效果分析的课程也很普遍，但遭到药物制造商、美国医学会、医疗服务提供者和医疗保险机构的反对，不同意采用成本-效果的方法来确定政策。因此，没有实际应用，而是用财务风险方法来针对卫生服务的提供者进行控费，最后导致价值评价的分权下放。在奥巴马政府通过平价保健法案（ACA）后，成立了以患者为中心的结果研究所（PCORI），提出了用比较效果分析的方法（comparative effectiveness analysis，CEA）来代替成本-效果分析中增量成本效果比值的指标（ICER），进行优先技术选择。另一个原因是成本-效果分析（CEA）是基于意愿支付（willingness-to-pay）的理论。但行为经济学家认为人们意愿接受（willingness-to-accept）的阈值要高出意愿支付阈值 5 倍以上，所以给美国政治家的信息是人们已经拥有的东西不要轻易拿掉，也就是已有的医疗技术，不要因为经济学评价把它否定掉。尽管如此，美国医学科学院和很多专业学会还是赞成应用成本-效果分析的方法，有的已被列入临床指南中。

法国最近才提出价值问题。对成本-效果分析方法也没有得到很好的应用和发展，只将临床标准用于补偿比例和定价决策。直到最近 10 年，社会保障财务法律公布后，才使法国卫生领导部门必须要对卫生保健策略进行成本-效果分析。2014 年起，法国要求药企提供创新药物和医疗器械的成本-效果分析资料和预算影响分析，ICER 值作为价格谈判的依据之一。

英国则广泛应用 QALY 指标，但经济学家还在积极探索其他方法，因为 QALY 指标不能用于牙科疾病。

成本-效果分析的方法需要改进，鼓励发展更综合的经济学评价方法。有 3 种途径值得考虑：一是扩大成本-效果分析方法（extended CEA），如加入财务风险的测量方法，包括家庭的收入资料；二是增添成本-效果分析方法（additional CEA），加入其他价值测量的指标，如希望的价值、保险的价值及选项的价值等；三是采用多标准决策分析的方法（MDCA），增加价值的权重和阈值。

《医药经济报》2018 年 1 月 18 日

热议价值评价框架证据基础

近年来,美国在价值评价框架方面的研究取得了重大进展,但要真正实行价值评价框架的概念还有很大的距离。

毋庸置疑的是,"价值"的重要性已被日益重视,不仅医药界强调创新药品的"价值",公共政策决策者也在不断强调"价值"的重要性。如今在卫生政策中,"价值"也已有了不少实践,如以价值为基础的药品采购、以价值为基础的药品定价、以价值为基础的卫生保健、以价值(结果)为基础的支付方式等。医疗保险支付方式也面临着不断变化,从最早的按服务数量来支付(按项目支付或按服务量计酬)发展到按绩效支付(按服务的数量化和质量以及健康的结果来支付),再发展到将来按价值支付(按医保节约费用多少来支付或按人头支付),以强调预防保健和整合医疗的作用。世界银行强调政府的财政筹资和拨款应该从过去的按服务指标数量筹资和拨款发展到按健康结果来筹资。这些都是社会发展和未来卫生改革的趋势。

在第23届国际药物经济学和结果研究大会上,"价值评价框架"仍然是讨论的主要内容之一,且有不少新的进展。本文对此进行一个系统的回顾。

一、价值与价值框架

医疗保健服务的首要目标是要为患者实现高价值,价值被定义为每花费1美元获得的健康结果。从经济学角度来看,是指人们意愿支付或放弃获得某种物品的价值，亦可称为机会成本。价值在不同的个体，或是一种药物的不同适应证患者之间使用，会随着时间的不同而产生不同的结果。原则上，我们会向投保者询问他们愿意支付的情况，如愿意增加多少药品或医保费用，或者愿意支付多少税收。这是一种增量的概念。

目前，药品的价值也是药企经常提到的。但在实行时有不少无法估计的困难：一是没有好的数据系统；二是成本（费用）需要进行谈判，也就导致不同利益相关者有不同的看法，不同疾病患者的偏好也不一样。如果我们以患者为中心的话，患者对价值的体验应该是效益（或效果）/成本这样的关系。成本越低，效果越高，便是价值所在。

价值框架则是一种规则，能够帮助医生、患者、支付方理解新疗法的价值，并做出更好的选择。临床价值是一种"净值"的概念（NHB）。也就是说，服用药物后，它带给患者的健康效益和健康风险相比，如果有疗效，即是正向的健康影响；反之，药物服用后带来风险、安全性问题、毒性、不良反应，则是负向的健康影响。经济价值是指关于成本-效果的意愿支付，而临床价值是经济价值中的主要因素。

那么，为什么人们对价值框架感兴趣呢？因为它会带给我们很多思考。

（1）一个新的治疗方法能改善健康结果，但会有较高的成本，随之带来高的药品预算费用。

（2）对价值的认识，不同的利益群体有不同的看法。

（3）价值应该从患者或以患者为中心的角度来分析。

（4）价值在不同患者、不同亚组人群及不同疾病中是不同的。

（5）患者的偏好会影响治疗的决策。

（6）需要从真实世界的研究中来体现价值。

（7）药物的价值已经超越了每质量调整生命年（QALY）要多少成本的概念。

（8）价值受到多种因素影响。

（9）有些新的支付方式就是以价值为基础的，如以健康结果为基础的支付、以价值为基础的签约合同等。

二、价值框架的核心指标

美国曾提出广义的价值框架。它包括两个方面的核心价值指标：一是成本（包括直接成本、间接成本、节约的成本以及净成本）；二是临床结果（指健康的产出、治疗效果、与其他可能的治疗方法比较的效果以及获得的QALY）。此外，还有其他一些要素：①公平性，不同群体、不同患者的药物可及性、药品费用的负担、获得基本药物、创新药物和罕见病药物的机会。②希望价值，新技术疗效的不确定性，患者对新技术的意愿支付。③知识价值，提高精准医疗，降低治疗的不确定性。④保险价值，提供疾病和财务的风险保护。⑤科学溢价，新技术不仅能提高患者健康，且能促进科技发展。⑥依从性，能直接影响成本和疗效。⑦选项价值，通过提高生存概率和生活质量来影响QALY，发展未来的新技术等。

三、美国现行价值框架体系

美国现有5个主要价值框架体系，分别由5个组织提出，目前价值框架已由计划层次向效益管理层次和患者层次发展（表3-2）。计划层次的宏观价值主要由临床和经济评论研究所（ICER）和斯隆-凯特林纪念癌症中心（MSKCC）提出。中观价值从效益角度出发，主要由美国心脏病学会（ACC）/美国心脏协（AHA）和国家综合中心网（NCCN）提出。微观价值从患者角度提出，由患者和医疗服务提供者来选择最佳的治疗方案，主要由美国肿瘤协会（ASCO）、保险组织或咨询机构，如蓝盾蓝十字组织等提出。

（1）ICER：ICER认为，所有患者对高价值保健药品的持续可及性应从两方面考虑：一是药品成本-效果分析，反映长期货币价值；另一方面需要测算预算影响分析，反映医疗保险方在资金方面的短期可承受性。ICER提出的成本-效果共分成5类，依次是：①能节省成本，如类风湿关节炎用靶向免疫调节剂与阿达木单抗相比；②每QALY<2万美元，如糖尿病预防计划；③每

QALY<5万美元，如阿伦单抗治疗多发性硬化；④每QALY<15万美元，如TKI治疗非小细胞性肺癌、阿达木单抗靶向治疗银屑病（牛皮癣）；⑤每QALY<50万美元，如靶向免疫调节剂，类风湿关节炎用靶向免疫调节剂与常规治疗方法相比，或者特立帕肽联合治疗骨质疏松症。

（2）AGA/AHA提出推荐的临床价值分类亦分为5类，①高价值，结果优、低成本，ICER值≤5万美元每QALY。②中等价值，ICER在5万～15万美元/QALY。③低价值，ICER值15万美元/QALY。④价值不确定性，由于没有研究，或低质量的研究或出现有矛盾的研究结果。⑤没有进行过评价。

（3）ASCO提出的价值因素包括临床效益、毒性、舒缓护疗、生存曲线、无治疗间期长短和生活质量6个方面，并考虑不同指标给予一定的权重值，如总存活时间+100分，无进展生存期+80分，反应率+70分，毒性从-20±20分，舒缓护疗+10分，存活曲线奖励+20分，生活质量+10分，无治疗的间期+20分。

ASCO曾报道比较了依鲁替尼和苯丁酸氮芥治疗慢性淋巴性白血病的效果，依鲁替尼的临床效益可减少死亡风险84%分值，毒性27.5分值，净健康效益分值为77.2分，费用为35770美元，而苯丁酸氮芥毒性为20.5分值，成本仅为3244美元。

（4）《NCCN肿瘤临床指南》证据模块主要从5个方面来为肿瘤临床实践提供可视化测量的重要信息，包括治疗药物或方案的功效、治疗药物或方案的安全性、证据的质量、证据的一致性、治疗药物或方案的可负担性。

（5）Avalere组织的价值框架亦包括5个方面：患者偏好、以患者为中心的结果、从患者和家庭的成本角度考虑、质量和证据的应用、可应用性和透明性。从患者观点来看，价值随着不同临床情况而不同，是多方面的。其重要性依次是存活、功能、不良反应、治疗需要、自费负担、保险公司的负担及应用必要的试验证实治疗的有效性等。

（6）蓝盾蓝十字的分层价值框架。在常规情况下，第1层有显著优势应<1万美元/QALY，第2层有成本-效果应<5万美元/QALY；第3层有些成本-效果的<15万美元/QALY；第4层较小的成本-效果>15万美元/QALY。

总之，对成本效果的阈值应依据以下几点：①未满足的需要，如在严重疾病中需要提供新技术的临床效益；②疾病的严重程度，如肿瘤是致死性的；③疾病流行情况，如罕见病没有有效的治疗方法；④对公共卫生有无巨大影响；⑤在不同人群中可以改善公平性；⑥有广泛的社会和经济影响；⑦高度期望技术可能改善健康的结果和较低的成本。

表 3-2　美国 5 个价值框架体系不同价值因素的比较

项　目	ACA/AHA	ASCO	ICER	MSKCC	NCCN
临床效益	+	+	+	+	+
毒性/安全性	+	+	+	+	+
成本（单位成本/采购成本）	+	+			
可承受性/预算影响			+		+
成本-效果（成本/QALY）	+			+	
治疗创新性				+	
罕见情况和疾病负担			+	+	
成本发展				+	

资料来源：Peter Neuman，2018.

基于价值的概念可以鼓励企业生产更多产品，并且阻止他们给市场生产不良价值的产品。理想地说，这意味着社会希望创新的医疗产品和医疗技术能有效地提高人们的健康和福利，而不是去鼓励生产那些没有价值的治疗方法进而带来危害。

四、英国 QALY 阈值新标准

英国 NICE 提出对一些特殊情况，如罕见病或一些高特的技术评价时 QALY 应该另有一个标准。它可分成 4 个层次：第 1 层是具有成本-效果（＜5 万美元/QALY），第 2 层是有些成本-效果（＜15 万美元/QALY），第 3 层具有较小的成本-效果（＞15 万美元/QALY），第 4 层是指强制情景，没有充分的证据确定具有成本-效果。NICE 还对不同高特技术给予权重。英国 NICE 对新技术一般推荐标准为 2 万～3 万欧元/QALY。2016 年，推荐对高特技术 QALY 阈值为 10 万欧元。NICE 最近提出增加患者全生命周期＞10QALY 的概念，使其能达到＜10 万欧元/QALY 的标准。

NICE 还提出对高特技术增加 QALY 权重的概念（表 3-3）。其 QALY 阈值计算方法为：假设一基因疗法治疗儿童罕见病需要 600 万欧元，但能获得 30QALYs，其权重应为 3。计算结果：600 万欧元/（30QALY×3） = 66 667 欧元每 QALY，低于 10 万欧元/QALY 阈值的标准。在计算对预算的影响时，测定最初 3 年对预算的影响，如果＞2 000 万欧元，政府就要与药企进行谈判。

QALY 的阈值是指社会的意愿支付，世界卫生组织曾提出 1～3 个人均 GDP。另外，也可从个人意愿支付角度考虑，一般应低于 2 倍工资的年收入。也有从卫生系统的机会成本考虑，如英国和拉丁美洲定为 1 倍人均 GDP。美国 ICER 机构的标准是应在 10 万～15 万美元/QALY 范围内。

QALY 的阈值正面临着概念和方法的创新。影响 QALY 的因素还应包括：间接成本的节省、长期和全生命周期的效益、社会和伦理、未来科学溢价的效果、罕见疾病的考虑、阈值的分层、临床效果和毒性的点值。当然，QALY 阈值应有更多的灵活性，要以患者为本，并要取得各相关利益集团的共识。

表 3-3 NICE 对高特技术带来终生 QALY 计算时的权重标准

每患者终身时间获得的增量 QALY	QALY 的权重值
＜10 QALYs	1
10～29 QALYs	＜1≤3（用相等的增量）
＞30 QALYs	3

《医药经济报》2018 年 6 月 21 日

高价特殊药应用的理想与现实

药物创新和价格可承受性是一对矛盾。不可能对所有特殊高价药物全面覆盖、报销和使用,需要在药品利用和可及性之间、在药物利用率和价格可承受性方面取得平衡。

高价特殊药物的可及性和经济上的可承受性是当前各国面临的棘手问题。本文就美国对特药价格政策的看法、寻求特殊药物可及性和承受性之间的平衡的做法作一介绍。

一、以价值为基础定价

高价特殊药物是指一些创新而价格高昂的药物。例如,2015年,赛诺菲生产的人源单抗结合前蛋白转化酶枯草溶菌素9抑制剂(PSCK9i)阿利库单抗(alirocumab,商品名Pralent)获得美国FDA批准,为首个皮下注射用的新型抗胆固醇类药物,主要用于家族性高胆固醇血症。此后不久,由欧盟批准的第2个PCSCK9抑制剂是由安进原研的依伏库单抗(evolocumab,商品名Repatha),同样可用于治疗成人原发性高胆固醇血症和家族性高胆固醇血症。这2个药物的降脂作用明显强于他汀类药物,均为每2周皮下注射1次,但年花费高达14 000美元。

《美国心脏病学会杂志》曾提出,在临床实践指南和绩效测量中,应用成本-价值(cost/QALY)方法学将心血管治疗药品的价值分成3类:高价值药物是指用较低的成本可以获得较好的健康结果，其成本-效果比值（ICER）的阈值<5万美元/QALY；中等价值药物为5万～15万美元/QALY；低价值药物>15万美元/QALY。

美国ICER机构对PCSK9抑制剂进行价值评估，发现其ICER值并非对所有高血脂患者适宜（表3-4），因为其ICER值远远超过15万美元/QALY。只有对低密度脂蛋白胆固醇［LDLC>2.6 mmol/L（100 mg/dl）］的患者使用才能接近或低于15万美元/QALY。如果以年PCSK9i花费达到ICER值<15万美元/QALY的话，基准价格制定最高价在6 578～7 975美元。这个标准与药企提出的上市价格（list price）相比，药品的价格只能设定在原价格的45%～84%。这个例子充分说明可以利用药品的价值来对药品进行定价，也就是以价值为基础的定价。

二、特殊药物在美国

美国不同组织估算出的处方药费用占整个卫生费用比例的波动较大。例如，美国联邦保险和医疗救助保险的管理机构（CMS）估算，全美医疗保险者的药品费用占整个卫生费用的10.1%；Kaiser家庭基金会估算美国药品费用占整个卫生费用的21%；美国健康保险计划组织估算药费占整个卫生费用的22%～27.2%。预测还认为，2020年，美国药品费用将要增加到6 100亿美元，其中特殊药物的占比也由原来的800亿美元上升到3 000亿美元。

药物创新和价格可承受性之间是矛盾的。20世纪80年代以来，美国有很多法律涉及控制药品价格问题：1980年，《Bayh-Dole法案》将药品专利所有权由联邦政府资助研究转为由发明者投资，以促进生物医药研究和商业化发展；1983年，《孤儿药法案》制订曾采用多种激励机制去发展治疗罕见病的药物，将美国罕见病定义为患病人数在20万人以下的病种，并有400个新药被批准为孤儿药，1985年，又通过《Hatch-Waxman法案》，将药品专利期由20年延长到25年，专利到期前鼓励仿制药竞争。迄今，美国是唯一一个健康保险管理机构没有直接参与市场药品价格谈判的发达国家。据估计，药品在经济合作组织国家（OECD）的 5 870 亿美元销售额中，美国占药品利润的 46%，日本占 15%，德国占 7%，英国和意大利各占 5%，法国占 4%。可见，美国是创新药品生产的强国。据 2017 年 13 家药企的统计，企业收入的 25% 用于市场营销，研究开发费用占 18%，纯利润占 15%，税收占 9%，其他用途占 33%。

对于这类特殊高价药物，美国提出的口号是："需要适当地利用和适宜的可及性。"也就是说，对医疗保险部门来讲，不可能将所有特殊高价的药物全面覆盖、报销和使用，需要在药品利用和可及性之间，以及在药物利用率和价格可承受性方面取得平衡。其措施主要有 3 种：第 1 种是在药品报销目录中覆盖一些特殊药品；第 2 种是共享药品费用，即医保部门和患者共付，社会保险与商业保险共付；第 3 种是利用处方事先审批授权策略（PA）这一管理工具。

目前，美国健康保险用药已覆盖 86% 的药物零售市场。健康保险制度增加了药物利用度，也减少了对药品价格的敏感性。以 Praluent 为例，美国联邦保险、医疗救助保险和商业保险的覆盖率已分别达到 83%、99% 和 90%，Rephatha 也分别达到 41%、100% 和 91%。20 世纪 80 年代后美国健康保险患者的共付率维持在 33% 左右。

美国对 PCSK9 药物的电子处方已有 82%~97% 做到了事先审核制度。其目的是确保所选的处方药能够适当地使用，防止不适当的处方或使用某些不是最佳选择的药物，鼓励医院和医生首先使用较为便宜和有效的药物。此外，对特殊药物要以公正的价格来提高患者的可及性，如对 PCSK9 抑制剂药物应有单独的定价政策建议等。

表 3-4 美国 ICER 机构评价 PCSK9 抑制剂的价值

项目	增量成本-效果比值（美元/QALY）	年价格达到 5 万美元/QALY	年价格达到 10 万美元/QALY	年价格达到 15 万美元/QALY	以价值为基础的价格基准范围（美元）
假设观察到的主要心血管事件减少					
所有合格的患者	314 999	1 171	2 306	3 441	2 306~3 441
仅为 LDL>2.6 mmol/L（100 mg/dl）的患者	164 006	2 234	4 460	6 578	4 460~6 578

（续表）

比较项目	增量成本-效果比值（美元/QALY）	年价格达到5万美元/QALY	年价格达到10万美元/QALY	年价格达到15万美元/QALY	以价值为基础的价格基准范围（美元）
	假设观察到的主要心血管事件及所有原因的死亡率减少				
仅为LDL＞2.6 mmol/L（100 mg/dl）的患者	135 137	2 673	5 324	7 975	5 324～7 975

由此可见，药品的价格与可及性是有关联的，对这些特殊药品的应用要有正确的患者和正确的使用方法，患者使用这类药物要有自费的封顶保障。

三、特效药在中国

PCSK9抑制剂类药物目前尚未在我国上市，但国内企业已对PCSK9开展研究并获得了临床试验批件，如西威埃、信达生物、君实生物等。阿利库单抗和依伏库单抗在我国也在进行国际多中心Ⅲ期临床研究。PCSK9虽然具有很强的降低低密度脂蛋白胆固醇的作用，但由于价格昂贵且需要注射，临床首选的降脂药物依然是口服的他汀类药物。对广大的高血脂患者来说，他汀类降脂药价格相对低廉、使用方便、依从性好。

心血管病病死率位于我国城乡人群病死率的第1位。动脉粥样硬化是引起心肌梗死和脑卒中的主要原因，高血压、高血糖、高血脂是引起心脑血管病的重要因素。在代谢综合征患者中，对高血脂因素的重视程度远远不及血压和血糖的指标。家族性高胆固醇血症已列为我国121个罕见病目录中的一个病种，今后有望开展PCSK9类药物的研究。

展望未来，我国医保药品报销目录中若增列和使用PCSK9类药物，应考虑在药物谈判中通过衡量其应用价值来对其定价，并要选择正确的使用对象，在正确的时间正确使用PCSK9类药物，满足特殊药物的适宜增补和适宜可及的原则。

《医药经济报》2018年8月2日

购买有价值的医疗卫生服务

一、谁来购买医疗卫生服务

"购买医疗卫生服务"是近年来比较流行的词。我们经常可以从财政部门或医疗保险部门听到,政府用财政预算拨款支持卫生事业,包括对医院和卫生机构的基本建设投入、提供编制范围内卫生人员的薪酬工资和福利待遇等,与此同时,直接为百姓提供公共卫生服务。在健康保险覆盖的国家,医疗保险机构将参保者的保险金集中起来,通过健康保险制度为居民提供医疗、预防、康复、临终关怀、健康促进及健康信息等服务,通过互助共济,使患者免除因患病造成的财务风险,防止因病致贫。这样,政府或医疗保险部门就成了医疗卫生服务的购买方(purchaser)。此外,在医疗卫生服务三方关系中,还有需求方和供给方,前者是指患者和其他消费者(demander),后者是指医院和医生(provider)。从药品系统来讲,药品企业和经销商也可以认为是供给方,这时医生作为患者的代理人,与患者共同成为需求方。

二、购买什么样的医疗卫生服务

国家财政购买公共产品,特别是公共卫生服务、预防保健和应急任务,包括计划免疫、疾病流行后的应急接种、主要传染病的免费治疗、重症精神性疾病、疾病筛检、计划生育和常见慢性病的防治；其次是各类健康管理工作，包括儿童保健、孕产妇保健、老年保健及中医药健康管理。医疗保险部门购买的医疗服务，包括基本医疗的门诊、急诊、住院服务、康复、护理、急救、处方药品、医用耗材、诊断、影像检查及手术等。不同产品的财政事权和支出责任不同（表3-5）。

表3-5 中央和地方财政对不同医疗卫生服务的支出责任

性质	产品内容	支出责任
公共产品	国家常规免疫规划和应急免疫、主要传染病的防治（艾滋病、结核、血吸虫病等）、精神卫生、重大慢性病管理	中央财政
个人产品	中医药健康管理、妇幼卫生管理、个人产品儿童健康管理、老年健康管理、其他免疫接种	中央和地方按比例分担，个人也要支出一定费用
医疗保障	基本医疗的门诊、急诊、住院服务、医疗保障康复、护理、急救、处方药品、医用耗材、诊断、影像检查、手术等	城镇职工基本医疗保险由用人单位和职工个人共同分担，城乡居民医保由政府和个人共同负担，中央实行转移支付

1. 什么是有价值的医疗卫生服务　"价值"是指在医疗卫生服务过程中投入的成本与获得的健康结果的比值。对患者而言，短期治疗费用的投入可以立即看到治疗的效果，如症状改善、病情好转、痊愈、生活质量改善抑或死亡。有的疾病或健康可能需要全生命周期的投入。价值的公式如下：

$$价值 = \frac{与患者情况有关的一组结果（outcomes）}{与整个保健周期有关结果的成本（costs）}$$

以价值为基础的卫生保健（value-based health care）是根据患者总的支付成本获得一组健康的结果，即通过全生命周期的保健，实现对患者的价值。价值在卫生系统中的体现是以人为中心（people-centered）提供质量、安全、有效、及时、公平、效率的服务。

2017年，美国提出了广义价值框架（broad value frame work）的理念，即成本和临床结果的关系，这是核心的价值指标。成本应包括直接成本、间接成本、节约的成本（saving cost）及净成本。而临床结果包括健康产出、治疗效果、与其他治疗方法的比较效果。最常用的指标是增量成本-效果的比值（ICER 值）。用质量调整生命年（QALY）的阈值表示。英国国家卫生与临床优化研究所（NICE）提出，一个 QALY 值在 2 万～3 万英镑是可取的；美国则认为，通常一个 QALY 值在 5 万美元以内是好的。这些 QALY 的价值代表着社会的支付意愿，是健康的机会成本或净健康的效益。

除了成本和结果核心价值指标外，还有其他很多要素指标可以参考：①公平性（equity），包括不同群体、不同患者对基本药物、创新药物和罕见病孤儿药的可及性和可负担性。②希望价值（value of hope），指新技术、创新药物的出现给患者治疗带来了新的希望，患者对新技术、创新药物的支付意愿会提高。③知识价值（value of knowledge），指创新药物的出现降低了治疗的不确定性，提高了精准医疗的水平。④保险价值（value of insurance），新技术或创新药如果能被医疗保险报销或补偿，就可提供疾病和财务风险的保护。⑤科学溢价（scientific spillovers），指新技术不仅能提高患者的健康，而且能促进未来科技的发展。⑥依从性（adherence），与剂量和疗法有关，口服抑或注射制剂均能直接影响患者的依从性，降低成本和提高疗效。⑦选项价值（real option value），通过提高生存概率和生活质量来影响 QALY，有利于发展未来的新技术。⑧效用价值，指购买高性价比的医疗卫生服务。此外，还有选择性、疾病的严重程度、对社会生产力的影响等，均可认为是影响价值的因素。卫生技术评估（HTA）在评价干预措施时，还要考虑不同技术的特征、安全性、成本、经济性、对患者个人的影响、社会价值、伦理及立法等。

2. 价值如何衡量 当前测定价值的 QALY 标准已不能满足创新技术发展的需要。例如，很多新的抗肿瘤药物、治疗罕见病的孤儿药、免疫治疗等，价格昂贵，有的甚至需要终身治疗。因此，有必要提高 QALY 的阈值标准。

美国临床与经济评论研究所（ICER）将 QALY 的经济学评价标准分为 5 类。美国心脏病和医院管理协会（ACA/AHA）则将其分为高价值、中等价值、低价值 3 类。英国 NICE 也修改了原来的标准，增加了对高特技术的标准,将一个 QALY 值提高到 10 万英镑,如果全生命周期需要使用一个新技术或创新药,QALY 的阈值可以提高到按 10 个 QALY 值来计算(表 3-6)。

表 3-6　不同行业组织对卫生技术价值的分类

ICER(美国临床与经济评论研究所)	ACA/AHA(美国心脏病学会、美国医院学会)	ASCO(美国临床肿瘤学会)	BS/BC(商业保险公司蓝盾/蓝十字)	NICE(英国国家卫生与临床优化研究所)
能节省成本(cost savings)	高价值<5万美元/QALY	临床效益	<1万美元/QALY	一般新技术2万~3万英镑/QALY
<2万美元/QALY	中等价值5万~15万美元/QALY	毒性	<5万美元/QALY	高特技术(HST)10万英镑/QALY
<5万美元/QALY	低价值≥15万美元/QALY	舒缓护理	<15万美元/QALY	全生命周期>10个QALY值
<15万美元/QALY	价值不确定性	生存曲线	>15万美元/QALY	
<50万美元/QALY	没有进行过评价	生活质量		

资料来源: Peter Neuman,2018.

三、如何购买医疗卫生服务

政府和医疗保险部门不仅要扮演购买者的角色,还要确保购买的医疗卫生服务物有所值。要实现用最小的成本购买最具效果的医疗卫生服务,就要从战略的高度来优先购买高性价比的医疗卫生服务,使有限的医疗卫生资源发挥最大的健康效果。例如,通过药品招标采购、批量采购、价格谈判、调整医疗服务价格,利用市场机制有选择地购买,这就是通常所讲的战略购买(strategic purchasing)的意义。政府可利用中央与地方财政事权、医疗保险部门可利用筹集的保险基金发挥购买者的作用。利用不同的支付方式,例如按项目(FFS)的事后支付,或以总额预算、病例组合(DRGs)和按服务人数的前瞻性支付,或按治疗疾病的性质打包支付,购买高质量、以价值为基础(value-based)的医疗卫生服务。

四、购买医疗卫生服务面临的挑战

医疗保险的购买受到覆盖面和筹资的影响，全民健康覆盖，首先需要全民医保覆盖。目前，个人账户的门诊制度已显现出大量医保资金的沉淀、缺乏互助共济的弊端，建立门诊统筹和以家庭为单位的全民医疗保险制度是未来的改革方向。通过商业医疗保险、建立多渠道的保险筹资是缓解医保资金负担和可持续性发展的重要途径。其次需要做好新项目新技术的评估、立项工作，完善医疗服务和药品的定价、采购和供应机制。

优化卫生系统绩效具有"三重目标"：一是减少人均医疗费用，二是改善患者就诊体验，三是改善人群健康。在建立分级诊疗基础上，"以人为本"的一体化（整合性）医疗服务模式（PCIC model）已得到我国各级政府和人民群众的重视。其定义是"让患者、家属和所在社区共同参与诊疗服务，他们是卫生服务的受益人，同时也是参与者，服务体系要以人性化、一体化的方式，根据他们的需要和偏好提供服务"。一体化卫生服务是"包括健康促进、疾病预防、治疗和临终关怀等在内的各种医疗卫生服务的管理和服务提供整合在一起，根据健康需要，协调各级各类医疗卫生机构为患者提供终身连贯的服务"。

与此同时，还要提倡以患者为中心的多学科团队合作服务模式。例如，在以色列，丙型肝炎治疗的模式就是采用多学科团队合作，以患者为中心，社区家庭医生和地区护士协调员为第1层，临床药师指导为第2层，胃肠道专家为第3层，最外围的第4层则是药品供应，包括药企代表、地区药师和药品批准中心。

近年来，抗肿瘤药品的价格呈对数级数上涨。从FDA批准的每月治疗肿瘤药物的中位价格来看，从20世纪70年代到2010年后每隔5~10年呈一个对数（10）级数的增长（图3-1）。

世界卫生组织从2017年开始提倡公正定价（fair pricing）。Sarah Garner（2018）提出了公正定价的含义："卫生系统和患者个人均可承受的

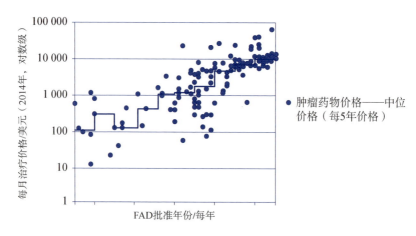

图3-1 FDA批准的肿瘤药物每月中位价格

资料来源：Peter B. Bach

（affordability）价格"。目前，很多药企提倡"价值定价"，但价值定价在很多国家是不适用的，因为这里的"价值"不是指生命的货币价值，而是与已有药品相比的附加价值（added value）。

世界卫生组织认为，多方利益相关者的讨论是药物公正定价的第一步，重申"公正"定价并不意味着"低价"或"破产"价格，而是指可使药企有足够市场、激励药物研发和创新技术的普遍应用，政府可以发挥采购、量价合同和价格谈判的作用，患者在医疗保险补偿后有能力支付药费个人负担部分。

当前，我国卫生改革面临的问题是供方诱导的服务需求急剧膨胀，卫生资源浪费严重；医疗技术创新、高价值药物处方对有限社会保险资源带来巨大的冲击；一体化（整合性）医疗服务和捆绑式支付方式尚未引起重视。取消药品和医用耗材加成后，缺乏从公共资源中引入新的补偿报销机制。随着医疗需求增加、成本上升、支出增长和公共融资有限，财政约束明显增加，政府补贴的可持续性问题值得重视。此外，如何更好地"三医联动"和将"健康融入各项政策"，也是需要不断探索的。

习近平总书记提出的以人民为中心的思想，就是强调医疗卫生服务必须以公平、质量、健康结果为基础。价值与可承受性是矛盾的2个方面，也是贯彻新时代"三医联动"的重要机制和纽带。财政方面要开展以结果为基础的卫生筹资，购买公共产品和预防保健服务医疗保障部门要以价值为基础公正定价；卫生和健康部门要以价值为基础提供医疗卫生服务；医药工业部门则应以价值为基础进行研究和开发。

《卫生经济研究》2019（2）:3－6

参考文献

［1］ 国务院办公厅.《关于印发基本公共服务领域中央与地方共同财政事权和支出责任划分改革方案的通知》［EB/OL］.（2018－01－27）［2018－03－28］. http：//www.gov.cn/zhengce/content/2018-02/08/content_5264904.htm.

［2］《关于印发医疗卫生领域中央与地方财政事权和支出责任划分改革方案的通知》国办发［EB/OL］.（2018－07－19）［2018－08－20］. http：//www.gov.cn/zhengce/content/2018-08/13/content_5313489.htm.

［3］ 胡善联. 医疗卫生领域财政事权和支出责任划分研究：基于卫生经济学理论［J］. 卫生经济研究，2018（10）：3－5.

［4］ Neumann PJ, Willke RJ, Garrison LP. A health economics approach to US value assessment frameworks — introduction; an ISPOR special task force report［J］. Value Health, 2018, 21（2）：119－123.

［5］ Lakdawalla DN, Doshi JA, Garrison LP, et al. Defining elements of value in health care — a health economics approach. An ISPOR, special task force report［J］. Value Health, 2018, 21（2）：131–139.

［6］ Moriates C, Arora V, Shah N. 以价值为导向的医疗服务［M］. 杨莉，译. 北京：北京大学医学出版社，2018.

［7］ 世界银行集团，世界卫生组织，财政部，等. 健康中国——深化中国医药卫生体制改革，建设基于价值的优质服务体系：政策总论［R］. 2016.

［8］ Avisar N, Heller Y, Weil C, et al. Multi-disciplinary patient — centered model for the expedited provision of costly therapies in community setting the case of new medication for hepatitis C [J]. Israel J Health Policy, 2017 (6): 46.

[9] WHO: Fair Pricing Forum. 2017 Meeting Report [R]. Amsterdam, The Netherlands, 2017.

[10] World Bank. Results-based Financing (RBF) for Health [R]. Ecourse, 2015.

用速度与创新颠覆传统医疗

从按项目收费到按结果收费,从治疗疾病的急性发作到以人群为基础的连续性医疗保健,从信息回顾性收集到信息预测。

第 24 届国际药物经济学与结果研究大会日前在美国新奥尔良市落下帷幕。与历年情况相仿,会议期间,每天均有一场全体会议。其中一大主题是:全球医疗环境的持续变化以及卫生经济和结果研究(HEOR)和医疗准入机制的基本发展,使得药物经济学学科得到快速发展,包括信息技术、医疗技术和靶向药物的发展,以及带来立法监管决策、医疗保险、支付方式和卫生服务系统的变革。

那么,我们是否正在进入一个医疗领域颠覆性创新的"黄金时代"?这些快速发展的颠覆性的创新卫生技术将会带来哪些新的挑战和机遇?卫生部如何才能适应这种变化?

一、 HERO 的新机会

近年来,医疗保健部门见证了下一代医疗保健发展的几个里程碑的阶段,如数字化、机器人、纳米技术、基因组学、人工智能及互联网健康。虽然媒体的注意力已经精准地集中在上述几个突破性的治疗和医疗设备的里程碑式的监管批准上,但最好的创新可能仍没有到来。目前,有 2 600 多个基因治疗的临床试验已经完成或者正在进行;全世界有近 1 000 个再生医学试验和 7 000 多个医学试验正在进行之中。从仿生眼脑植入到脊髓刺激器的 iCal 设备都在进行研究。然而，干预不仅限于药物和医疗设备，3D 打印和人工智能应用的进展可能会产生更有效的疾病预防、诊断和治疗的新工具。简而言之，长期以来科幻小说中的创新可能不再是遥远的地平线。数字化技术目前已用于纳米技术、检查、实验室、疫苗接种、药物处方及环境等方面，体现在快速发展信息技术、诊断、个性化医疗和用药。

这场全体会议首先由奇点大学（Singularity University）和斯坦福大学指数医学 Daniel Kraft 教授做了主题演讲。他运用大量的图表概述当前和未来的形势，之后由美、英、加的 5 位专家进行讨论。在其看来，全球医疗环境的持续变化，以及卫生经济和结果研究（HEOR）和医疗准入机制的基本发展，使得药物经济学学科得到了快速的发展，包括信息技术、医疗技术和靶向药物的发展，以及立法监管决策、医疗保险、支付方式和卫生服务系统的变革。

专家们预测，未来的 HEOR 将呈现在以下 8 个方面：①临床结果的评价（CAO）；②患者报告的结果（PRO）；③系统综述；④荟萃分析；⑤临床研究；⑥上市后研究；⑦观察研究；⑧真实世界的研究。

事实上，我们需要的是健康保健，而不是疾病的治疗。创造颠覆性的压力和机会，从原来以激励发展服务和产品的数量转变为重视价值；在医保支付方式上从过去的按项目收费，转变为按结果来收费；医疗服务提供者从过去集中注意力在治疗疾病的急性发作，正在转变为以人群为基础的连续性医疗保健；信息的收集也从回顾性的收集发展到信息的预测。

二、里程碑式医疗发展

1. 互联网　需求层次论提到：第 1 层次的需求是生理的需求，如人需要水、食物；第 2 层次的需求是安全性，需要有一个甜蜜的家庭；第 3 个层次的需求是爱和归属感，发展更深层次和更有意义的人与人之间的关系；第 4 层次的需求是尊重，获得的荣誉和认可；第 5 个层次的需求是自我实现的需求，发挥出个人最大的技能和潜力。互联网同样存在着不同的需求，从需要食物、水、房屋，到网络安全和稳定，再到对个人、朋友和家人的尊重以及对成就的把握，最后才是追求内在的人才和创造的成就。

美国现已充分利用了互联网技术，包括医生咨询和药物配送。例如，可通过 Zipdrug 在网络上购买药品、预约医生看病；美国亚马逊公司已在美国很多州获得了药品批发许可证；美国奥斯卡网站（HiOscar.com）以不同的方式提供医疗保险，使保险范围更广，麻烦更少，额外津贴使投保费用发挥最大的价值，包括询问症状，就医和选药；美国 FDA 开始实施数字健康，为新的数字健康软件试点项目挑选参与者等。

2. 可穿戴式设备 美国每年的医疗花费高达 2 400 亿美元。由于人群不健康的生活行为，导致 15 种慢性病的高发，消耗了 80% 的医疗费用。英国国家卫生服务体系（NHS）提供免费的穿戴式设备，帮助患者测定与疾病相关的各项客观指标，如脉搏、血压、助听、肌肉训练及监测健康状况等。有报道显示，通过 90 天的数字医疗，有 71% 的英国患者达到了控制血压的目标，而对照组达标率只有 31%。美国 CMS 办公室运用专用呼吸传感器，能精准地远程测定患者胸腔呼吸活动的波形，从而决定是否需要对患者进行报销和补偿。数字营养仪器可以帮助测定食物中的蛋白质、脂肪、纤维、糖分和热量。一种 BabyGigl 的设备可以帮助测定孕期糖尿、先兆子痫、蛋白尿和尿路感染等信息。CocoonCAM 装置可以感应婴儿的呼吸和睡眠情况。

从 2019 年起，美国的 JohnHancock 保险公司鼓励投保者通过佩戴 FitBit 手表监测健康状况。美国 Apple 公司采用 i-Phone 记录个人的健康数据，包括过敏、心率、用药、免疫及实验室检查的结果，热量（卡路里）燃烧情况和睡眠情况，使患者成为 e-patient（电子病例）。美国国立健康研究所（NIH）设置了一个 All of US 的研究计划，招募了近 100 万以上的患者进行研究，考虑到个体在生活方式、环境和生物学方面的差异，通过数据+算法，预测一个人的健康指数。另外，还有用声音来控制健康，有各种诊断用的数字器械的数字医生包（digital doctor bag，内含医疗三联医嘱、疾病专用应用程序、眼检查设备、血糖测定仪、测量运动和血压、耳镜和皮肤镜、脉搏血氧饱和度、跟踪服药依从性、测量体重和体质指数），以及可通过基因测定了解未来的健康状况，如有无发生哮喘、各种肿瘤、帕金森病、老年痴呆及肥胖等疾病的可能。

3. 转化医学　在转化医学方面，通过基因的类别分析，可将糖尿病分成1、2、3这3个亚型；利用多个数据来诊断疾病，如组学数据（DNA序列，甲基序列、RNA序列、蛋白质组学）、影像学数据、穿戴设备记录的数据和临床数据；利用损伤病灶来诊断皮肤癌。Google深度学习系统比病理学家更能够精准诊断肿瘤，通过检眼镜（眼底镜）的检查可以了解未来有无发生心绞痛和脑卒中的风险。利用基因剪接技术（CRISPR）找到细胞DNA，切断DNA链，对其中一部分DNA重新编辑，利用连接酶再插入到原来的DNA链中去。还可以利用电气设备去治疗疾病，如帕金森病、家族性遗传性震颤、肌张力障碍、慢性疼痛、胃轻瘫、肠道不适、尿失禁、强迫症、抑郁症、癫痫、心动过缓、心力衰竭、心动过速、肥胖及间质性膀胱炎。在心脏疾病方面，可应用手指心电图、穿戴设备来诊断和管理心脏疾患。

4. 3D打印技术　通过3D打印技术进行药品和剂量的选择。个体化地制备，将多种药物放在一个胶囊中，更有利于患者服用。

三、结语

颠覆性技术带来的新挑战和机遇将从支付方、制造商和患者等各种利益相关者的角度加以解决。目前，在卫生部门已出现了变革的曙光，同时也提出了一个疑问——创新技术的产生是否需要有创新的思维方式？

《医药经济报》2019年6月13日

孤儿药定价方法新进展

全球范围内大约有 3.5 亿罕见病患者，这个看似极为庞大的群体，对应着 7 000 多种罕见病，且新的病种还在不断被发现。每一种罕见病患者人数从百人到数万人不等，少数病种能达到数十万人，但只有 5% 的罕见病有相应的治疗药物。

统计显示，美国孤儿药定价一般为非孤儿药的 6～7 倍。就孤儿药来说，一般企业均有自由的定价权，由于孤儿药市场需求相对较小，唯有较高的定价才能取得足够的投资回报。美国孤儿药法案给予孤儿药企业很大的自主定价权，全球最贵的药物中，几乎都是孤儿药。

2018 年，全球销售前 10 的药品中，有 8 个在美国获得"孤儿药"身份认定，其中 4 个药物是以孤儿药身份上市，并逐渐扩展到多个罕见病或非罕见病适应证。例如，1997 年，利妥昔单抗获批用于治疗非霍奇金淋巴瘤，随后扩展了多个适应证；来那度胺在美国获批的所有适应证都是罕见病，且获得了孤儿药身份认定。治疗罕见病遗传性视网膜营养不良的基因药物 Luxturna，能一次性治愈罕见遗传性儿童致盲病症，其定价是每剂 276 万美元。目前，世界上最贵的孤儿药还有 glybera，由 AMT 制药公司研制用于治疗家族性脂蛋白脂肪酶缺乏症的基因药物。这种药物每剂费用超过 120 万美元。另外，依库珠单抗注射剂（eculizumab，商品名 Soliris）用于治疗阵发性夜间血红蛋白尿（PNH）和非典型溶血性尿毒综合征（aHUS），每年花费超过 50 万美元。Evaluate Pharma 统计显示，2016 年罕见病患者平均医疗投入为每人每年 14.04 万美元。

经典的超罕见病极为罕见，在美国指患者人数不到 1 万人的疾病，在欧盟，如果患病率低于 1∶50 000，则认为该疾病属于超罕见病。超罕见病缺乏有效的诊断和及时的治疗，特别是在孤儿药发展的早期阶段，此时的商业模式是鉴别罕见病患者。通过接触罕见病患者组织的机会让企业介入，同时鼓励研发，给予孤儿药高定价。例如，健赞公司从 20 世纪 80 年代发起对戈谢病的关注，提高医生和患者群体对该病的知晓率，为孤儿药的市场提供了坚实的基础。

一、孤儿药定价原理及方法

一种是成本加成法；另一种是以价值为基础的定价方法，这已成为很多发达国家创新药定价的"金标准"。

在刚刚过去的 2019 国际卫生技术评估大会上，德国学者 Gandjour Afschin 提出 2 种创新药物的基本定价方法：一是成本加成的方法（cost plus pricing，CPP）；二是以价值为基础的定价方法（value-based pricing，VBP）。后者在很多发达国家已成为创新药物定价的"金标准"，但目前孤儿药的补偿价格还是以成本加成定价方法为主。研发的成本大部分要分摊到用药的患者人数，而孤儿药的成本往往要比合理的利润更高。孤儿药的定价如何去应用增量成本-效果的阈值的价值定价方法，仍是值得进一步研究的问题。

按照贝叶斯收缩估计公式（Bayesian Shrinkage estimation）：

$$孤儿药价格 = (\sigma^2 VBP / \sigma^2 VBP + \sigma^2 C_{R\&D}) CPP + [1 - \sigma^2 VBP / (\sigma^2 VBP + \sigma^2 C_{R\&D})] VBP$$

σ^2 = 平均值的变异数 = S^2/n；$C_{R\&D}$ = 孤儿药的研发费用；CPP = $(C_{R\&D}/n) \cdot m$，m = 边际利润的百分比。

如果不考虑效益，孤儿药会有医保支付，每个罕见病患者支付的价格由成本加成来定价（CPP），也就是按 $C_{R\&D}/n \cdot m$。如果研发费用为 10 亿元，全球有 1 000 个患者治疗，则平均价格 ≈ $C_{R\&D}/1\,000 \times m$；$m \approx 100$ 万欧元 * m。

反之，如果只有 1 个患者治疗，并获得收益，价格则由按贝叶权重 $CPP + VBP$ 的平均值决定，随着证据的增加，孤儿药的定价趋向于按价值（VBP）定价。

例如，某制药公司研发费用花费 10 亿欧元，全球有 1 000 例患者治疗，则平均价格为 10 亿欧元被 1 000 例除，平均每例成本加成（CPP）的药品定价为 100 万欧元 $\times m$。如果只有 1 例治疗价格为 $CPP + VBP$ 的平均值，随着健康治疗效益的增加，药品价格权重趋向于 VBP。

第 1 种情景是如果效益在 n 个患者中能够量化的话，则 $\sigma^2 VBP = \sigma^2 C_{R\&D}/(n_{trial} + 1) = (1/n_{trial} + 1)/(1/n_{trial} + 1) * C_{R\&D}/n_{total} = 1/n_{trial} * C_{R\&D}/n_{total} = 1/ * C_{R\&D} = R\&D$ 的成本权重能随着 $n_{trial} n_{total}$ 而减少。

第 2 种情景是效益在 n 个患者中不能量化，则 $= 1/(1+1) * C_{R\&D}/n_{total} = C_{R\&D}/2n_{total} = R\&D$ 的成本权重能随着 $2n_{total}$ 而减少。

孤儿药定价应用举例：背景资料为 $C_{R\&D} = 10$ 亿欧元，$VBP = 5$ 万欧元，健康效益 = 每年 1 个单元。

第 1 种情景是 $n_{total} = 10\,000$ 例，量化的效益为（$n_{trial} = 100$）；$C_{R\&D}/n_{trial} n_{total} = 10$ 亿欧元 $/100$ 万 $= 1\,000$。

孤儿药的价格 $= 1\,000 + [1 - (1/n_{trial})]\,50\,000 \approx 51\,000$。

第 2 种情景是 $n_{total} = 10\,000$ 例，但效益不能量化（$n_{trial} = 10\,000$）；$C_{R\&D}/2n_{total} = 10$ 亿欧元 $/20\,000 = 50\,000$。

孤儿药的价格 $= 50\,000 + (1 - 1/2)\,50\,000 = 100\,000$（与成本加成的价格 CPP 相同）。

如果药企已经知道他们的成本可以覆盖的话，则他们没有积极性去提高 $R\&D$ 效率。为了避免这种负向的激励机制，成本加成的定价方法可以基于企业平均的研发成本。研发的费用也可根据研发的成功率而调整，但往往孤儿药的成功率是比较高的。

当决策避免研发风险时，需要接受一个风险溢价（risk premium, RP）以补偿研发的失败的不确定性。1964 年，Pratt 曾提出以下计算公式：$C_{R\&D} - [R_A(C_{R\&D})]/2 * \sigma^2(C_{R\&D})$。由于效率不高 $R\&D$ 的成本可能要 2 倍，

$2\sigma = C_{R\&D}$，$\sigma = 1/2\, C_{R\&D}$，假设 $R_A = 2$，则 $RP = 1/4\, C_{R\&D}$。

总之，一个新的孤儿药物定价的复合模型能够解释孤儿疾病的小目标人群，并可相应地调整基于价值的定价。价格取决于健康效益是否可以量化。研发成本的权重随着试验人数和总人数（$n$trialntotal）或 2 倍总人数（$2n$total）而减少。孤儿药的研发总成本可分配到不同国家，根据人均国内生产总值和患者人数。所以，孤儿药成本加成的定价方法因不同国家的情况而不同。

二、高特技术定价差异明显

各国对孤儿药推荐的情况是不一致的，建议今后孤儿药生产企业在提交审批材料中增加经济学评价资料，包括成本-效用信息。

英国提出了高特技术的定价标准，2017 年，NICE 提出改变高特技术的定价系统。所谓的高特技术（high specific technology, HST），按照英国 NICE 的定义，是指能够治疗慢性和失能状况的少数病例的方法技术。病例组需要符合下列条件：①极少数中心能够治疗的少数病例；②具有特殊的临床原因。治疗慢性和严重失能状况的情况是指专门用于：①非常特殊的服务环境中；②通常具有很高的购买费用；③可能需要终身使用；④这项技术需要国家来决定是否能够报销。

2017 年 4 月以前，NICE 提出的只是高特技术定性的标准，如疾病的严重情况、未满足的需要、临床的效益；2017 年 4 月以后，NICE 提出了一些定量的标准：①病情的性质；②临床的效果；③货币的价值，即每成本效果增量的阈值（ICER）应为每 QALY £100 000 英镑；④如果 ICER 值 > 10QALY，则需给予附加的 QALY 权重；⑤技术的影响已超出了直接的健康效益（图 3-2）。

在 NICE 网站上可以查阅到 2013—2018 年间有关高特技术的信息，包括增量成本效果比值（ICER），获得的增量 QALY 值以及权重和建议。迄今已有 8 项高特技术提出了最后的建议，有 6 项提出了建议的初稿，有 5 项正在发展中，具体的药品见表 3-7。

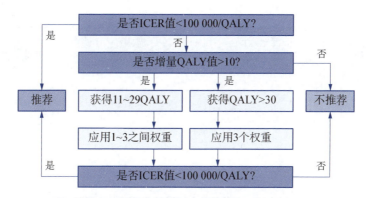

图 3-2 《新的 NICE 高特技术指南》允许 ICER 值的 QALY 权重＞£100 000

表 3-7 NICE 对不同高特技术的建议

完成最后建议	批准时间	提出建议的初稿	批准时间	正在发展中的建议	批准时间	适应证
依库珠单抗（eculizumab）	2011 年 11 月	Afamelanotide	2014 年 12 月	Eteplirsen	2018 年 7 月	用于治疗成人和儿童阵发性睡眠性血红蛋白尿症（PNH）和非典型溶血性尿毒综合征（aHUS）
α 依洛硫酸酯酶（elosulfase alfa）	2014 年 4 月	Ceriponase alfa	2017 年 5 月	Inotersen	2018 年 7 月	治疗ⅣA 型黏多糖贮积症
阿塔鲁伦（ataluren）	2014 年 7 月	Human alfa1-proteinase inhibitor	2015 年 8 月	美曲普汀（Metreleptin）	2018 年 7 月	用于治疗杜氏神经肌肉遗传性疾病
米加司他（migalastat）	2016 年 5 月	Sebelipase alfa	2015 年 8 月	Patisiran	2018 年 8 月	用于治疗法布里（Farbry）病
eliglastat（商品名 Cerdelga）	2015 年 1 月	Vemanase alfa	2018 年 3 月	Volanesorsen		用于治疗 1 型戈谢病
asfotase alfa（商品名 Strensiq）	2015 年 8 月					一种重组融合糖蛋白注射剂，用于治疗围生期患者、婴儿和青少年发作性低磷酸盐血症（HPP）

(续表)

完成最后建议	批准时间	提出建议的初稿	批准时间	正在发展中的建议	批准时间	适应证
strimvelis	2016年5月					用于治疗重度联合免疫缺陷症
burosumab（商品名Crysvita）	2018年2月					首个获批治疗1岁及以上儿童和成年人的X连锁低磷血症（XLH）的药物

高特技术的评价方法是否对超孤儿药是最好的模式？超孤儿药治疗的超罕见病一般是指患病率<1/50 000。由于治疗的价格很高难以取得补偿。从2013年起，NICE用高特技术的评价标准来对待超孤儿药。其定义是目标患者很少，只在少数的临床中心可以治疗，其次这类疾病均属于慢性疾病和严重失能的疾病。需要满足以下3个条件：①专门用于高度专业化的服务；②可能有非常高的购买成本；③需要终身治疗的可能。这项技术在全国范围内的需求是巨大的。其评价的框架是：①情况的性质；②临床效果；③货币的价值，ICER值为<£100 000/QALY，附加的QALY权重，如果>10个增量QALYs；④技术的增量影响超过直接的健康效益（表3-8）。

表3-8 不同国家HTA组织对部分高特技术评价结果的比较

孤儿药名称	NICE HST	SMC	NCPE	G-BA	HAS	适应证
依库珠单抗（eculizumab）	推荐	不推荐	不推荐		ASMR Ⅱ	
α依洛硫酸酯酶（elosulfase alfa）	推荐	不推荐	推荐	推荐	ASMR Ⅲ	
阿塔鲁伦（ataluren）	推荐	不推荐	不推荐	推荐	ASMR Ⅴ	
米加司他（migalastat）	推荐	推荐	不推荐	推荐	ASMR Ⅴ	
eliglastat	推荐			推荐	ASMR Ⅱ	

（续表）

孤儿药名称	NICE HST	SMC	NCPE	G-BA	HAS	适应证
asfotase alfa	推荐	推荐	推荐			
strimvelis	推荐			推荐	ASMR Ⅲ	
burosumab	推荐			推荐		
afamelanotide（商品名 Scenesse）	不推荐			推荐		为阿非糖苷可溶性植入剂，是成年红细胞生成性原卟啉症新药，获欧洲批准上市
ceriponase alfa（商品名 Brineura）	不推荐	不推荐	不推荐		ASMR Ⅴ	美国 FDA 批准作为一种特定形式 Batten 病的治疗方法，针对晚发婴儿型神经元蜡样脂褐质沉积症（CLN2）
α_1-蛋白酶抑制剂 human alfa1-proteinase inhibitor	研究中		不推荐	推荐	ASMR Ⅱ	
sebelipase alfa	不推荐			推荐	ASMR Ⅱ	用于治疗溶酶体酸性脂肪酶缺乏症
vem anase alfa	不推荐					治疗杜氏肌营养不良症的药物
inotersen	研究中					用于治疗遗传性运甲状腺素蛋白淀粉样变性
metreleptin	研究中					用于全身性脂肪代谢障碍
patisiran	不推荐					治疗家族性淀粉样多发性神经病变（FAP）

上表提示英国 NICE 的高特技术指南与有关国家的药物经济学指南比较的结果（包括法国的 HAS、苏格兰的 SMC、德国的 G-BA 和荷兰的 NCPE）。在比较了 2013 年 1 月—2018 年 11 月 16 种孤儿药评价的结果后，发现各国对孤儿

药的推荐情况是不一致的。因此,建议今后生产孤儿药品的企业在提交的审批材料中应增加经济学评价的资料,包括成本效用的信息(ICER 值)。

据报道,超孤儿药合理的定价应根据采用 10 年的药品价格和增量 QALY 值来评价。如对脊髓性肌萎缩症Ⅰ型(SMA)的基因治疗,通过线性回归来估计市场价格。收集 8 个超孤儿药的价格信息,包括非典型性溶血性尿毒综合征、淀粉样变性疾病、低磷酸酯酶症、法布雷病、戈谢病Ⅰ型、血友病 A、黏多糖病Ⅳ型和 SMA Ⅰ型。这 8 个疾病在美国的患病人数在 900~5 400 人。而这些超孤儿药与标准疗法比较能取得的增量 QALY 值为 0.98~25.22,而 10 年的药品成本在 240 万~510 万美元。一个增量 QALY 估计为 63 723 美元,根据回归曲线估计为 400 万美元。

三、延伸: 香港地区孤儿药目录

香港中文大学药学院 Vivian Lee 教授提供了我国香港地区在 2019 年 3 月公布的罕见病孤儿药目录,现整理成表 3-9,包括通用药物、专用药物、自费药物和个别患者的用药计划 4 种。

表 3-9 香港罕见病药品名单(2019 年 3 月)

罕见病名称	孤儿药名	药物分类性质
persistent hyperinsulinemic hypoglycemia of infancy; PHHI(持续性幼儿型胰岛素过度分泌低血糖症)	Diazboxide	通用药物
non-ketotic hyperglycinemia, NKH(非酮性高甘氨酸血症)	苯甲酸钠(sodium benzoate)	通用药物
citrullinemia(瓜氨酸血症)、ornithine transcarbamylase deficiency(鸟氨酸氨甲硫酰转移酶缺乏症)	苯乙酸钠和苯甲酸钠(sodium phenylacetate and sodium benzoate)	通用药物

(续表)

罕见病名称	孤儿药名	药物分类性质	
multiple sclerosis, MS（多发性硬化症）	特立氟胺（teriflunomide）	通用药品	
	克拉曲宾（cladribine）	专用药品	
	富马酸二甲酯（dimethyl fumarate）	专用药品	
	芬戈莫德（fingolimod）	专用药品	
	β干扰素1a（interferon-β-1a）	专用药品	
	阿仑单抗（alemtuzumab）	自费药品	安全网药物
	那他珠单抗注射液（natalizumab）	自费药品	安全网药物
cystic fibrosis（囊肿性纤维化）	妥布霉素（tobramycin）	通用药物	
huntington disease（亨丁顿舞蹈症）	丁苯喹嗪（tetrabenazine）	通用药品	
Wilson's Disease（威尔逊症）	醋酸锌（zinc acetate）	通用药品	
primary pulmonary hypertension（原发性肺动脉高压症）	依前列醇（epoprostenol）	通用药品	
	安贝生坦（ambrisentan）	专用药品	
	波生坦（bosentan）	专用药品	
	伊洛前列素（iloprost）	专用药品	
	马西替坦（macitentan）	专用药品	
	枸橼酸西地那非（sildenafil citrate）	专用药品	
thalassemia major（重型地中海贫血症）	去铁酮deferiprone（Kelfer）	专用药品	
tuberous sclerosis complex, TSC（结节性硬化症）	依维莫司（everolimus）	专用药品	按不同适应证，此药亦属于专用药物、安全网药物及自费药物
amyotrophic laterol sclerosis, ALS（肌萎缩脊髓侧索硬化症）	加巴贲丁（gabapentin）	专用药品	
	nusinersen	自费药品	安全网药物
primary paget disease（原发性变形性骨炎）	利塞膦酸钠（risedronate）	专用药品	

(续表)

罕见病名称	孤儿药名	药物分类	性质
paroxysmal nocturnal hemoglobinuria, PNH（阵发性夜间血红蛋白尿症）; atypical hemolytic Uremic syndrome, aHUS（非典型溶血性尿毒综合征）	依库珠单抗（Eculizumab）	自费药品	安全网药物
spinal muscular atrophy, SMA（脊髓性肌肉萎缩症）	Nusinersen	自费药品	安全网药物
chronic granulomatous disease（慢性肉芽肿疾病）	干扰素（Interferon-γ 1b）	自费药品	安全网药物
黏多糖症 4A 型	重组人 N-乙酰半乳糖胺-6-硫酸硫酸酯酶（elosulfase alfa N-acetylgalactosamine-6-sulfatase，商品名 Vimizim）	个别患者用药计划	均曾在立法会文件提及，没有出现在药物名册内
Fabry disease（法布雷病）	β 阿加西酶（agalsidase-beta）	个别患者用药计划	
Pompe disease（庞贝症）	α 葡萄糖苷酶（alpha-glucosidase）	个别患者用药计划	
mucopolysaccharidosis Ⅵ（黏多糖症 6 型 b）	加硫酶（galsulfase）	个别患者用药计划	
mucopolysaccharidosis Ⅱ（黏多糖症 2 型）	艾度硫酸酯酶（idursulfase）（iduronate-2-sulfatase）	个别患者用药计划	
Gaucher's disease（戈谢病）	伊米苷酶（imiglucerase）	个别患者用药计划	
mucopolysaccharidosis Ⅰ（黏多糖症 1 型）	Laronidase	个别患者用药计划	
familial amyloidotic polyneuropathy, FAP（家族性淀粉样多发性神经病变）	氯苯唑酸胶囊（tafamidis）	个别患者用药计划	

《医药经济报》2019 年 8 月 8 日

高值创新药医保报销亚洲经验

大量高价创新抗肿瘤药物和罕见病药物被纳入医保报销,在高值创新药医保报销上的做法进行介绍,以供读者参考。

一、韩国:四大控费措施

四大控费措施包括:①有条件性治疗+费用返还;②最大的预算封顶;③费用返还;④对每个患者设立报销封顶。

据统计,韩国人口超过 5 000 万,国家健康保险覆盖了其 96.7% 的人群,仅 3.3% 的贫困人口享有免费或低共付的医疗保险,主要采取按项目付费的医保支付方式。韩国对药品、器械、诊断试剂审批的行政管理制度见表 3-12。

在韩国,高值创新药由药企申请医保报销,健康保险评审和评价服务组织(HIRA)在 150 天内做出能否报销补偿的决定。经独立的药品评审委员会评审并提出修改意见(如模型假设、价格定价等),再由内部评审或邀请外部评审。如经同意,则由韩国国家健康保险协会(NHIS)在 60 天内进行价格谈判。如属于基本药物,需在 60 天内确定价格。随后 30 天内做出是否需要价格谈判的决定。最后由韩国卫生福利部做出是否报销的决策。在韩国共有 2 种签订合同的方式。一种是量价合同(price-volume agreement,PVA);另一种是风险分担合同(risk-sharing agreement,RSA)。

进行价格谈判的药品,如果是没有替代和没有等效的抗肿瘤药物或对生命有威胁的罕见病药物、根据疾病的严重程度和社会的影响，以及是否对健康保险有影响的药物，由药物补偿评价委员会（DREC）提出建议。所谓"没有等效性的药物"，是指医保目录中以前没有相同指征的药品，或者这类新药在作用机制上是一个不同的药品、临床治疗结果又有明显的疗效。"对生命有威胁的疾病"是指如果不治疗，期望寿命短于 2 年的疾病。

韩国对高价药药费的控制采用 4 种措施：①有条件性治疗 + 费用返还（conditional treatment continuation plus refund），这是一种基于临床治疗健康结果的绩效评价。如果没有达到临床预期阈值，则返还药费。②最大的预算封顶（maximum budget cap），其特点是以财政为基础，如将抗肿瘤药物和罕见病药物达到 130% 的期望销量（expected volume）设为封顶线。对豁免 CEA 测定的药物或等效性的药物则以 100% 预期销量为封顶线。③费用返还（refund），以财政为基础，按合同治疗人数报销，超出的费用部分返还。④对每个患者设立报销封顶对有限的医疗保险基金的可持续性发展带来重大挑战。如何既能满足患者需求，又能保持医保基金平衡，是一个世界性难题。本文对亚洲地区，按人头支付（per patient cap）根据合同预先设定的治疗患者的数量和药品销售量，如超过患者的数量须将费用返还。

风险分担合同（RSA）也是解决高价药物可及性问题的一种方法。如最大的预算封顶类型和费用返还类型已在很多国家使用，能有效地控制医保的预算。韩国的药品价格（maximum allowance price）是在网上公布的。由于参照韩国药品价格的国家日益增多，这会对韩国患者接受创新药物带来负面的影响。RSA 可以帮助设立国际参考价格。另外一种风险分担合同的方式，如利那度胺（lenalidomide）在治疗多发性骨髓瘤时，韩国医疗保险首先支付 10 个周期，每个周期为 21~28 天，以后由药企支付所有其余的治疗周期药费。

在高价卫生技术情况下，如何处理其不确定性是一个问题。特别是有 4%~29% 的肿瘤患者在用免疫 PD-1 治疗后会发生高度的进展疾病（hyperprogression disease, HPD）。据统计，在非小细胞性肺癌中有 16%、头颈部肿瘤有 26%、膀胱癌中有 25% 患者发生。如免疫治疗后总生存期（OS）中位数为 13 个月，疾病进展期为 5.8 个月，而高度进展的患者其疾病进展期只有 3.4 个月。目前，韩国要求对当下治疗效果不确定时，再进一步进行真实世界的研究，之后再进行价格谈判。目前，很多药企申报的临床疗效是根据临床随机对照双盲试验而定的，这与真实世界的效果有较大差异。因此，药品的价值会有不同。这对高价药物的定价影响更大，所以在决定补偿后，还需要通过真实世界的研究结果来进行再定价（表 3-10、表 3-11）。

表 3-10 韩国对药品、器械、诊断试剂审批的行政管理制度

项　目	药　品	医疗器械	诊断和医疗程序
卫生技术评估研究院（证据合成和提供）	国立循证为基础的卫生保健合作机构（NECA）	国立循证为基础的卫生保健合作机构（NECA）	国立循证为基础的卫生保健合作机构（NECA）
审批	韩国食品和药品监督管理局（KFDA）	韩国食品和药品监督管理局（KFDA）	新卫生技术评估委员会（CNHTA）
评估和建议	健康保险评审和评价服务（HIRA） 国家健康保险协会（NHIS）	健康保险评审和评价服务（HIRA）	健康保险评审和评价服务（HIRA）
决策机构	卫生福利部（MOHW）	卫生福利部（MOHW）	卫生福利部（MOHW）

* 药品由 HIRA 评审材料，NHIS 实行价格谈判

表 3-11 生物类似物药物与原研生物药比较来确定目标价格

疗　效	安全性	药物经济学研究方法	新技术的目标价格
=	=	用最小成本法（CMA）	两者同样价格
+	+	用成本-效果法（CEA）	提高现价
+	+	用成本-效果法（CEA）	提高现价

二、马来西亚：创新药可承受性挑战大

在多种因素影响下，公立、私立医疗机构药品采购价格差异较大，且患者对创新药的药价可承受性较差。

马来西亚在药品采购中存在一定的价格差异,如在教学医院中对吉非替尼(gefitinib 250 mg)采购的价格要高于公立医院采购价格的 3 倍。其原因在于,马来西亚的私立医疗机构没有价格规制的立法,还受回扣、折扣、奖金等不同因素的影响。因此,药品采购价有很大的不同。2001 年起,马来西亚开始对专利药和非专利药开展价格谈判。以曲妥珠单抗(trastuzumab 440 mg)注射剂为例,药价下降了 52%,增加了患者的可及性。药品采购中注重成本、质量和配送,价格谈判中注重价值和价格。

在抗肿瘤药品的可利用性上,大约可及性平均达到 53.9%,私立部门为 48.1%,公立部门为 66.7%。马来西亚患者对创新药的价格可承受性很差,如吉非替尼(gefitinib 250 mg)治疗中位数价格为 6 750 令吉,相当于马来西亚政府工作人员 116 天的工资,相当于最低工资的 190 天。曲妥珠单抗注射 2 次,中位数价格为 19 520 令吉,相当于政府工作人员工资的 336 天,相当于最低工资的 552 天。

三、中国台湾地区:以绩效为基础的风险分担机制

2017 年至今,DAA 药物应用于丙型肝炎患者分 3 个阶段实施。目前,已发展到对所有丙型肝炎 RNA 阳性患者的应用上。

我国台湾地区在 1995 年建立起"全民健保"。此前,在签订量价合同(price-volume agreement)时,对于列入报销目录的新药,希望在上市 5 年后能够达到 2 亿新台币的销量,但现今这一标准已改为 1 亿新台币。我国台湾地区将药物列入医保报销,需要依据比较效果、成本效果、ELSI 及预算影响分析等结果,同时要考虑对公共卫生的影响及新药的科学价值。

以治疗丙型肝炎的直接治疗病毒药物 DAA 为例,如果 SVR12 有效则被纳入报销,如果不能达到预期效果,药费则由企业支付。因此,也是属于以绩效为基础的风险分担机制。从 2017 年 1 月开始,我国台湾地区对丙型肝炎病例进行登记监测。2017 年,主要监测 1a、1b 基因型共 9 538 例,2018 年扩大到观察 2 型和 6 型基因型患者共 19 552 例,2019 年 1 月扩大到 9 039 例,2 月扩大到

5 967 例，合计已有 35 057 例丙型肝炎患者获得治疗，总 SVR 治愈率达到 97%。我国台湾地区医疗保险主要以 PVA 作为风险分担的形式，受到预算等方面的限制。在丙型肝炎 DAA 类药物中也开展以绩效为基础的药品价格谈判，包括做好登记、需要治疗的数量及监测。

我国台湾地区对丙型肝炎患者应用 DAA 药品有一个逐渐发展的过程。2017 年，是第 1 阶段，主要针对基因 1 型、肝硬化 3 期（F3）以上的干扰素治疗失败的患者，治疗时间为 12~24 周。2017 年 5 月进入第 2 阶段，不限于过去治疗的情况。2017 年 8 月进入治疗基因 1 型和 4 型，治疗时间 12~24 周。2018 年 1 月起，对基因 1、2、4、5、6 型开展全面治疗，治疗时间为 12~24 周。2018 年 8 月起，对多基因（1~6 型）全面治疗，治疗时间为 8~24 周不等。2019 年 1 月起进入第 3 阶段，对丙型肝炎的肝硬化患者治疗对过去的治疗史和慢肝的分歧已无限制。2019 年 6 月后已发展到对所有 HCV RNA（+）者全部治疗。

不过，在高价抗肿瘤药物应用上，我国台湾地区还面临巨大的挑战。2019 年 4 月起已有 3 个 PD-L1 抑制剂免疫治疗药物在使用，包括纳武利尤单抗（nivolumab）、帕博利珠单抗（pembrolizumab）、阿特珠单抗（atezolizumab）对 8 种肿瘤的治疗，总花费达 8 亿新台币，已治疗 800 例。

四、新加坡：高值新药的报销策略

高值新药有 3 种报销策略：一是通过常规的药物评审；二是评价生物类似药对原研药的可替代性；三是转向应用最有成本-效果的治疗方法。

新加坡是一个城市型国家，人口约有 560 万，人均 GDP 为 9 293 美元。2016 年，生物制剂总花费为 1 亿新元，较 2013 年增加了 51%，3 年内单克隆抗体药物增长了 74%，但非生物制剂药物只增长了 20%。药品费用中生物制剂占 21%（1 亿新元），非生物制剂占 79%（3.76 亿新元）。可见，生物制剂在新加坡药品费用中的比重越来越重。

新加坡的药品补偿由卫生部门决定。评价的标准是根据药品的临床价值、成本-效果、预算影响和政策考虑。药品是否需要政府补助决定于标准药品清单

(SDL)和药物补助基金(medication assistance fund,MAF)。在1 600种药物清单中,有600种药物是需要政府补助的。众所周知,新加坡有倒三角形的3种医疗保险制度(3M),以税收为基础的政府补贴是支持基本医疗保险的成本并有患者共付,第2层是健保双全(medishield life),属于基本医疗保险制度,支付主要的医疗费用;第3层是保险储蓄(Medisave)个人账户,是一种强制的个人储蓄,用于支付医保费用、小额医疗费用和患者共付部分。最底层的是医保基金(medifund)供新加坡人需要的医疗捐赠留本基金。

2017年,新加坡药品市场估计在12.2亿新元,占公共医疗机构支出的一半。2013年,药品费用年增长率为8.9%,高于医疗费用通涨率1.6%和患者数量增加率4.6%。特别是以后对少量患者使用抗肿瘤药物和免疫调节类的高新药物的影响会更大。

目前的风险分担机制中,一类是以财政为基础的成本共担机制,其在新加坡多元筹资系统下,需要追溯药物利用的数量,药品费用需要返还给支付方;另一类是绩效风险的分担机制,这种方法管理比较复杂,需要追溯患者的治疗结果、分析数据及花费较多的成本;同时还需要建立登记制度和建立研究数据库,而且需要有可靠和有效的测量方法。

新加坡采用3种措施来控制高值新药的报销。第1种措施是通过常规的药物评审,如新加坡对丙型肝炎DAA药物进行了系统研究,通过Markov模型评价临床结果和对经济的影响,从价值定价角度去改善临床疗效。通过明显的降低药物价格,提高患者对药物的可得性,避免肝病进展到晚期肝硬化、肝癌及死亡,为卫生系统减少了开支。

新加坡还对一些高值新药提前进行评价。如对PD1抑制剂帕博利珠单抗(pembrolizumab)、纳武利尤单抗(nivolumab)、cemiplimab;PD-L1抑制剂阿特珠单抗(atezulimab)、巴文西亚单抗(avelumab)、德瓦鲁单抗(durvalumab);对治疗淋巴瘤治疗的CAR-T细胞治疗的tisagenlecleucel等进行评价。

第2种措施是评价新生物类似药替代原研生物药。新加坡在药物使用上通过制定临床指南、加强医生和患者的教育,帮助做出用药的适宜选择。如通过选用较为便宜的、在药品报销目录中的英夫利昔单抗生物类似物 remsima 来替代原研药类克（remicade）；又如用 4 个批准的生物类似物来代替每年消费 2 600 万美元的曲妥珠单抗（trastuzumab，赫赛汀）；已有 2 个生物类似药来取代利妥昔单抗（rituximab），每年可减少 1 200 万美元支出。阿达木单抗（adalimumab）每年消费达 500 万美元，其有 5 个可替代的生物类似药。

患者用生物类似药治疗一般要比参考生物制剂的价格低 30%～50%。政府机构与药企谈判过程中，可利用药物经济学研究结果作为能否列入药品报销目录的手段。

第 3 种策略是转向应用最有成本-效果的治疗方法。新加坡将应用卫生技术评估方法与以价值为基础的定价方法去管理高价的药物，确保长期的持续性。将运用国际上的风险分担合同方法结合新加坡的实际卫生筹资的情况，最终是需要找到价值和患者能及时获得这些药物之间的平衡。

《医药经济报》2019 年 8 月 15 日

解开国产创新药医保支付疑团

创新药药价谈判可否开展 CED 试点？风险共担可以采取哪些新方式？鼓励和支持国产创新药物纳入医保报销的前提是什么？

2020 年，全国"两会"正在如火如荼进行中，在医药卫生界人大代表、政协委员座谈会上，有代表委员对医保如何平衡医疗控费和国产创新药发展提出了一些建议。

有代表委员提出国产创新药面临三大问题：一是医保谈判创新药之间超常降幅不利于国产创新药初期发展；二是医保谈判底价更多是依靠基金预算影响而设定较低支付标准，容易导致一些创新药谈判失败；三是商业保险对创新药仍缺少单独支付风险分担的模式。对此提议积极探索适合国情的创新药品风险分担支付协商谈判机制，通过试点，引入真实世界数据助力医保决策，平衡医保控费和国产创新药发展需要，特别提出可否在我国应用国际医保创新支付协议，如 CED 支付协议。

2019 年，在我国医保价格谈判中由于条件尚不成熟，在风险共担合同方面只采取了价格保密的方式，其他有关以财务风险为基础的合同或以绩效为基础的合同尚未正式试点。这些均是今后可以探索的方向。

一、解读 CDE

1. 什么是 CED　CED 是指基于证据的有条件支付（coverage with evidence development）。为了建立对药品和医疗设备以价值为基础的定价，

2005 年，美国医疗保险和医疗补助服务中心（Center for Medicare and Medicaid Services，CMS）率先提出了这一医保补偿报销新政，作为解决创新产品效果和支付不确定性的一种选项。

具体的做法是对一些有希望的创新药物、生物制剂、设备、诊断方法和诊疗程序提供临床疗效资料，上市后，先给予临时补偿，但要求药企进一步在真实世界应用中收集和提交附加的卫生经济学资料，如果确实具有成本-效果，可以获得最后的全额报销。因此，CED 是一种政策工具，也可以认为是一种赋予暂时有条件的医保报销。之后很多欧洲国家相继效仿，采用了 CED 政策，如英国、瑞典、比利时及荷兰。

2. 实行 CED 意义何在　随着新的生物技术，包括诊断、药品和器械的不断涌现，需要通过科学的方法来评估其成本、疗效、效益和风险。在美国，这些新技术即使得到 FDA 的批准，依然尚无足够的证据来满足作出国家报销的决定（national coverage determination，NCD）。

众所周知，长期以来，美国并不倡导将成本-效果分析或 QALY 阈值用于药物经济学评估，甚至将其作为主要的确定因素，而是偏重于技术的创新。困扰美国 Medicare 老年联邦保险的问题是，如何强调并及时提供和公正覆盖这些新技术，既鼓励新技术的发展又能确定其是否有改善健康的结果。在这样的情况下，2000 年，CMS 提出了 NCD 的主要决定因素，包括新技术的安全性、有效性、适应性以及是否改善保险人群的健康结果。由此出现了上述先批准，后要求患者参加前瞻性临床研究登记，开展有条件的随机双盲对照 RCT 试验，收集科学和医学的证据，然后再做出是否支付报销和覆盖的决策。但也有不少学者认为如此操作会带来不少伦理问题。

3. CED 支付协议需要哪些条件　CED 支付协议一般分为 2 类：一类针对患者水平（patient-level），另一类针对人群水平（population-level）。

针对患者水平的 CED 支付协议是指鼓励患者个人使用创新药物，医疗保险方给予暂时的报销。也就是说这些患者需要加入临床试验，为评价这一新药的临床治疗效果，根据最后的结果确定将来这一药物是否纳入报销或者是否需要对其价格进行调整。如 2018 年韩国曾对氯法拉滨（clofarabine，商品名

Evoltra）治疗儿童淋巴性细胞白血病的药物采用患者水平的 CED 协议，招募患者进行临床试验，2018 年 12 月时完成了临床试验，结果证明该药具有临床效果，从而获得了韩国医疗保险的支付。

另一类则是针对人群水平的 CED 支付协议。它是指对所有符合临床治疗标准的患者均可进行暂时的报销补偿，然后对其临床治疗结果进行评价，根据最后的临床结果确定是否将该药纳入报销或者是否需要对其价格进行调整。这方面典型的例子是英国对 B 细胞淋巴瘤患者采用目前全球第 2 个抗 CD19 嵌合抗原受体的 CAR‐T 细胞药物 axicabtagene ciloliucel（商品名 Yescarta）进行治疗，根据治疗效果决定是否可以用肿瘤药物专项基金（Cancer Drugs Fund，CDF）来支付，最后对该药的总生存期进行临床效果的判断，减少了治疗效果的不确定性。

二、CED 的探索

未来我国药品价格谈判可否开展 CED 支付协议试点？

上述可见，对凡是具有风险的创新药物，期望被医疗保险报销的，均可采用 CED 支付协议的方式，统称为风险共担合同（risk-sharing a greements，RSA），这也是管理药品准入医保的一种合同（managed entry agreements，MEA）。2019 年，在我国医保价格谈判中由于条件尚不成熟，在风险共担合同方面只采取了价格保密（confiden tial discount）的方式，其他有关以财务风险为基础的合同（financial-based agreement）或以绩效为基础的合同（performance-based agreement）尚未正式试点。这些均是今后可以探索的方向。无论是以财务风险为基础的合同模式，或是以绩效为基础的合同模式，均可从患者个体水平或从群体水平来分类。

1. 以财务风险为基础的合同方式

（1）价格保密方式或称折扣保密计划（confidential discounts schemes）。好处是由于药品价格下降会影响成本-效果分析的结果，满足阈值要求，但不影响药品企业对外公开的价格（list price），维护了厂商的利益。2010 年以前，全球范围内平均应用价格保密方式的比例只有 8%，2016—2019 年平均应用率增加到 62%，特别是肿瘤药物的价格保密方式的应用率更可高达 70%。尽管不同国家对价格保密方式采用不同的名称，有的将其归为患者可及计划（patient access schemes，PAS），有的纳入商业可及合同（commercial access agreements，CAA），但实质都是政府或医保部门通过与药企谈判签订保密协议，采用预付折扣（up-front discount）降低药价，或事后回扣（ex-post rebate）返还部分药费。

（2）建立患者费用或使用药品数量（用量）的封顶。这种方式可应用于一些创新药物，在一定限额范围内由医保支付，超过部分则由药企或患者支付。2014 年起，英国曾对治疗骨髓瘤新药来那度胺（lenalidomide）支付 26 个月的治疗周期，之后患者如果存活，则由药企免费提供，所以药费支出能够做到封顶。

（3）患者层面的起始免费治疗（free initial treatment）。由药企提供免费药物，到一定剂量以后转由医疗保险支付统一的价格。英国从 2016 年起对应用赛妥珠单抗（certolizumab pegol）治疗类风湿关节炎的患者，对治疗前 12 周内的药费免费。这样可节约第 1 年头 3 个月的药费 2 502 英镑，使第 1 年的总治疗药费为 6 793 英镑，以后每年 9 295 英镑。

（4）全体人群水平的药品费用封顶。即如果市场销售超出某个限额，药企就要免费提供。例如，澳大利亚从 2015 年起每年确定一个年度预算定额，购买直接抗丙型肝炎病毒的药物，药企给予回扣。可见，药品费用的封顶具有多种形式，可以是一种群体（全社会）药品预算的封顶，也可以是对每一个患者治疗费用的封顶。

（5）量价挂钩合同（price-volume agreement）。量价挂钩合同是目前我国医保部门常用的一种方式，药品价格将根据采购药品的数量进行梯度定价（tiered prices）。使用量越高、对医保基金影响越大的创新药品需要降价更多。意大利从 2017 年起对吉利德药企生产的治疗丙型肝炎的吉三代丙通沙（epclusa）以量价挂钩的方式采购。

2. 以绩效为基础的合同方式 这类是以绩效为基础的合同，所谓"绩效"就是治疗的效果。治疗达到预期效果，医保部门就要支付和报销，但如何证明疗效,则需要有充分的信息保障和临床效果判断的标准。同样,以绩效为基础的合同也可以从患者个体和社会人群的群体角度考虑。从个体水平来看可以有以下 5 种方式。

(1) 患者水平的 CED 支付协议。同意参加临床试验性治疗的患者,其治疗药费由医疗保险临时支付。根据治疗的结果来确定新药是否被覆盖或不报销,甚至对价格进行调整。

(2) 按治疗的结果来支付(payment by results 或 pay for performance, P4P)。如在爱沙尼亚用阿糖苷酶(alglucosidase alpha)治疗晚发性庞贝症,需要由 4 名专科医生组成的专家小组确认具有积极作用后,该药品才能准予报销。

(3) 有条件的连续性治疗方式(conditional treatment continuation, CTC),即需要达到一定的临床治疗的标准。如 2007 年意大利曾对几种老年痴呆症的药物进行过这类支付方式,先由药企提供最初 3 个月的免费药品治疗,并进行短期效果评估,如果 3 个月后达到预期治疗目标,再由国家卫生服务(SSN)支付,治疗最多可持续 2 年。

(4) 群体水平的 CED 支付模式。可对符合临床适应证的患者群体进行试验性治疗。

(5) 群体水平的按绩效或结果支付(PbR)。2002 年,在英格兰和威尔士用干扰素和醋酸格拉替雷治疗多发性硬化症,最初药品的价格由药企制定,基于 10 年的队列研究结果,使用扩展残疾状况量表(EDSS)估计残疾情况,以后价格每 2 年调整 1 次,最后达到满足成本-效用的阈值每 QALY 为 36 000 英镑。

在药物经济学评价和价格谈判中,应特别注意创新药物的成本效果(效用)分析,明确该药是否物有所值,再就是创新药纳入医疗保险报销后对医保的预算基金带来的影响有多大。因此,这两种分析方法是用在医保药品价格谈判中最主要的药物经济学评价方法,也正好是风险分担合同要考虑的 2 个主要因素。当然不可否认的是,以绩效为基础的合同中也包含了以财务为基础的内容,因为最后还是需要用医保基金去支付(图 3-3)。

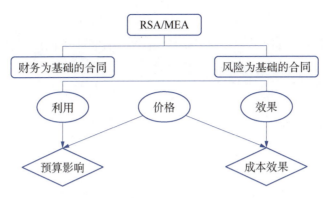

图 3-3 风险共担合同框架结构

三、风险分担合同全球趋势

根据 2018 年 ISPOR 的报告，全球范围内药品风险分担的方案中 74% 是以财务为基础的合同，而以绩效为基础的合同只占 17%，另有不足 10% 的合同情况不详。其中，英国采用风险分担的方法占了 67%，其次是美国和澳洲各占 10%，其他还有意大利、波兰等国。以抗肿瘤药物和罕见病的孤儿药采用风险分担的合同占大部分。

至于我国能否为鼓励和支持国产创新药物，在医疗保险报销方面创新支付模式，采用暂时医保基金支付的方式支持新药上市后的进一步临床研究或对新药实行报销，还有待进一步研究。

笔者认为，当前最重要的是要先完善医保准入谈判制度，采用何种风险分担的方式是今后值得探索的方向。这对降低创新药品价格，提高临床实际应用和公平可及的水平是有帮助的。但新药的研究费用在我国的国情下，主要应该由科技行政部门为主的国家重点科技研项目支持和药企自身的投入。因为药品的专利和定价中应该包含研究和开发的费用。

我国医疗保障的基本原则是依法覆盖全民的基本医疗保障，实事求是地确定保障范围和支付标准，推进标准化和信息化的建设，为今后开展各种风险分担方式创造绩效评价的基础。今后将完善医保目录动态调整机制，加快速度将创新药物纳入医保支付范围。当前应主要做好各项临床试验和真实世界数据的收集，争取以优异的药物经济学评价结果，充分的循证依据，在疗效、价格方面争取一步达到进入医疗保险目录的要求。

《医药经济报》2020 年 5 月 28 日

2020 细胞与基因疗法：可及性挑战与机遇

上周，国际卫生技术评估组织（HTAi）以"让病人能够得到细胞和基因疗法"为主题举办了线上虚拟专题讨论会。会上，笔者介绍了中国 CAR-T 细胞治疗研发的现状与成就，专家也对当前细胞和基因产品疗法面临的最大挑战作了分析。

一、中国情况

截至 2020 年 6 月，根据 Clinicaltrial 网站的登记，中国已有 131 个细胞治疗产品，共开展了 148 个临床试验。吉利德和 Kite 公司生产的 Yescarta 已于 2020 年 2 月成为在中国首个申请上市的 CAR-T 产品，预计在未来 2～3 年内细胞和基因治疗产品有望申请纳入国家医疗保险报销目录，开展价格谈判。

目前申报细胞和基因治疗的病种主要为血液肿瘤和实体瘤 2 个方面，前者以 CD19 和 BCMA 靶点为主，通过率分别达到 61％ 和 80％。但大部分临床试验尚处于临床 I 期或 II 期阶段，治疗疾病包括小儿急性淋巴细胞白血病、急性粒细胞白血病、复发性和难治性急性髓细胞白血病以及非霍奇金淋巴瘤等。细胞和基因治疗面临的主要挑战是安全性问题，包括细胞因子释放综合征和神经毒性反应等。在技术管理方面，业界最关心的问题是医疗机构选择 CAR-T 制备机构的标准是什么，以及开展 CAR-T 治疗的医疗机构应该具备哪些条件。2017—

2019年中国相继出台了《细胞治疗产品研究与评价技术指导原则》《医疗机构CAR-T临床应用的标准》，无论是政府部门还是行业组织均十分关心未来中国细胞和基因治疗的发展和规范。

笔者认为，在中国，多渠道筹措CAR-T研究经费是必要的。由于中国医疗保险服务于基本医疗的性质和发展高新技术需要的高额补偿之间存在矛盾，细胞和基因治疗的医保补偿在将来依然是一个问题。为了避免财务预算和临床结果的不确定性，需要进一步考虑创新支付方式。

在讨论什么样的筹资机制能促进高价细胞或基因治疗在中国的发展时，业内专家提出了可否采用超孤儿药的多渠道筹资模式，建立特殊的基金或预算；或采用国际上常用的，如果没有达到预先设定的治疗目标时可以返回治疗费用的风险分担机制。通过价格谈判或利用国内细胞和基因治疗产品的市场竞争机制来降低CAR-T产品的价格。建立医院联盟，通过第三方论证机构对医院或制备机构进行资格论证，确保治疗的安全性。

二、国外现状

以诺华为例，其已向全球提供了3种细胞和基因治疗产品。细胞治疗产品Kymriah主要治疗急性B淋巴细胞白血病（ALL）和弥散性大B细胞淋巴瘤（DlBCL），前者发病率为1.3/10万，后者为（2.5～4）/10万，目前该产品已在26个国家获得了报销。基因治疗产品Luxturna，治疗RPE65介导的遗传性视网膜萎缩（inherited retinal dystrophy，IRD），发病率为1/20万，该产品目前已在9个国家获得报销。还有一个基因治疗产品Zolgensma，是针对脊髓性肌萎缩症（spinal muscular atrophy，SMA）的，该病的发病率为每1 100万人中有1个发病，属于罕见病，该产品现已在美国、法国、德国和日本4个国家得到报销。从药企角度来看，影响细胞和基因疗法应用的主要因素有3个：一是价值的挑战，主要是对长期结果的不确定性；二是价格和经费的挑战，细胞和基因疗法属于一次性治疗，虽然以价值为基础定价，但标价太高；三是患者确定的挑战，即最终患者人数的高度不确定性。

为此，我们需要建立一个整体的解决方案。首先要树立一个价值为基础的定价观念，注意细胞和基因治疗带来的成本效果以及各方面的价值，如能改变患者生命的影响，具有长期的疗效，能避免和减少卫生系统的各项费用，包括政府、个人、社会救助和当前患者医疗费用的支出。其次是需要创新解决可及性的方案，帮助卫生系统提供细胞和基因治疗的方法，如通过价格谈判，开展以临床治疗结果为基础的协议，或推行按年支付的年金制（annuities），将高额费用按年度分摊。第三是注重加强卫生系统的力量，建立战略合作的关系，如需要卫生政策的支持、诊断方法的配合运用、提高诊断率、加快临床医生的能力培养等。

三、英国的态度

英国将基因治疗药物（gene therapy medicines，即含有导致治疗、预防或诊断效果的基因）、干细胞治疗药物（somatic-cell therapy medicines，即含有被操纵以改变其生物特性的细胞或组织，或不打算用于身体同样基本功能的细胞或组织）、组织工程药物（tissue-engineered medicines，即含有一些细胞或组织经过改造，可以用来修复、再生替代人体组织）统称为高级治疗药物（advanced therapy medicinal productr，ATMP）。这些高级治疗药物指包含基于基因、细胞或组织工程基因的药物。

这些细胞和基因治疗药物的特点是制备过程耗资巨大，研究过程往往缺乏资金且需要多专业的人才参与。因此，其面临的挑战不仅在于高昂的前期费用（upfront cost），且长期的效果不确定；还在于在制备过程缺乏资金和专门技术人才，制造过程昂贵。此外，临床证据有限，因为不可能开展临床随机对照试验，结果的外推性有限，临床结果只能用替代指标而不是最后的临床结果，报告的结果也因此是相对比较短期的，临床证据有待不断完善。正因如此，需要上市后进一步收集数据。

英国开展管理型的可及性协议（managed access agreement），其实质也就是我们常讲的风险分担协议（risk sharing agreement），通过商业协议安排获得英国卫生服务系统（NHS）的支持。药企要承诺在一定时间范围内进一步收集附加的临床结果资料，获得卫生技术评估，并获得不同相关利益集团的同意，包括企业、NHS、NICE 和患者组织。最后商业安排有以下 3 种形式：①患者可及计划单纯的药价打折（simple discount patient access scheme，PAS），过程可以保密，适用于广泛的适应证；②复杂的 PAS 计划（complex PAS），比较复杂，可以针对特殊的适应证，但交易结果不易保密；③商业可及的协议（commercial access agreement，CAA），类似于 PAS，但由中央一级实行交易，可以做到保密。可管理不确定性、可负担性，可建立专门的肿瘤基金（CDF）或高新技术基金（HST）。

总之，要尽可能多地收集临床资料，使结果透明化，同时要认识到细胞和基因疗法存在的局限性，有计划开展进一步随访和前瞻性的资料收集，早期介入和共享财务风险以减少结果的不确定性，做好敏感度分析，同时要事先考虑到有哪些可能因素会影响最后行政部门的决策。

四、当前挑战

研讨会上，主持人诺华肿瘤新兴市场负责人 Fran Milnes 女士就当前细胞和基因产品疗法面临的最大挑战向参会者发起投票，以了解在专家报告演讲前后参会者对于细胞和基因产品的认识是否发生改变，其结果见表 3-12。

表 3-12　会议前后，与会者对细胞和基因产品疗法看法变化情况

细胞和基因产品疗法最大的挑战	报告前（%）	报告后（%）
患者人数低或不确定	0	0
缺乏长期有效的资料	27	11
细胞和基因疗法的安全性	5	6
高昂的事前成本和一次性治疗的费用	36	39
需要有创新的解决可及性的协议	32	44

尽管由于调查人数不详，无从比较前后差异的显著性。但从结果分析来看，

主要面临的最大挑战还是高昂的一次性治疗费用和需要提出更多的创新支付方式来解决细胞和基因疗法的可及性。

《医药经济报》2020年10月15日

第四篇 药品定价

世界卫生组织：对药品价格需要干预

2011年11月，世界卫生组织在瑞士日内瓦总部召开了《国家的药品定价政策指南》（以下简称《指南》）的专家讨论会。会议讨论了8个方面的专题，内容包括：①制定《指南》的指导原则；②药物经济学分析在决策和定价中的作用；③关于成本加成定价；④关于外部参考定价；⑤在药品价格管理中药品供应链加成的法规；⑥药品价格管理中的免税、减税和其他政府收费问题；⑦利用质量有保证的仿制药是管理药品价格的一种间接方法；⑧卫生技术评估。本专栏将系统介绍世界卫生组织即将对各成员国提出的药品定价政策指南的主要内容。

在过去的10年里，世界卫生组织开始在全球或地区水平关注药品价格的管理。

世界卫生组织采取的一个措施，就是与非政府组织国际卫生行动（Health Action International，HAI）合作，开展了在低、中收入国家改进药品的可得性和可承受性项目的研究，发展测定药品价格和可得性的标准调查方法，目前，已在50多个国家开展。一些地区已建立政府药品采购价格的报告系统。欧洲发展了药品定价和补偿的信息网络（PPRI）。欧洲有些国家已开始报告药品价格，但这些信息还是很缺乏的，特别是在一些低、中收入的国家。

《国家的药品定价政策指南》主要研究了3个问题，一是国家是否需要应用价格控制措施去管理药品价格；二是国家是否应该对药品供应链中的加价采取措施；三是国家是否应当促进仿制药的应用，作为管理药品价格的一个策略。对每一大类的问题采用决策树的模式，逐级询问下去。一般采用"PICO"结构，P 代表国家的政策决策者，I 代表定价和补偿的特殊干预政策，C 代表已有的实践和对比参照物，O 代表可以承受得起的药品价格和可及性，是健康结果的一个替代指标。

2007 年，Qxman 等在《柳叶刀》杂志上对世界卫生组织的一系列指南提出过批评意见，认为世界卫生组织的指南均缺乏透明度，没有以循证为依据。此次，在制定指南之前，世界卫生组织专门对制定指南的影响因素进行了探讨。按照世界卫生组织的定义，指南是意图帮助卫生保健服务的提供者和接受者以及其他利益相关决策者的一系列建议。世界卫生组织认为，药品的定价和补偿政策的制定应该根据循证依据，包括治疗价值、卫生系统的作用、患者对健康的需要、药品供应的可靠性和持续性、国家的社会经济因素、疾病的流行病学以及整个药品市场的变化等。

世界卫生组织指出，在制定药品定价政策指南时需要从整个药品部门来研究，其核心问题是药品的可及性（access）。它涉及 4 个影响方面：筹资（公共资金和私人资金）、药厂（地方企业和跨国企业）、健康保护提供者（医生、药师和护士）、法规和标准（全球性和地方性）。有效的筹资机制是提供药品可持续性供应的基础，应从药品筹资的短期和长期财务平衡、患者的健康结果和提高生命质量等方面来考量。

《国家的药品定价政策指南》的价值观是要重视公平性和可及性，重视药品的质量，特别是药品的应用质量（涉及处方者、调剂者、使用者），以及消费者对药品的可得性和对药品价格的可承受性、企业产量的变化（批发、市场和管理）、是否能够产生良好的健康结果、增加的药费是否物有所值（value for money）。

对于为什么要对药品价格进行管理，世界卫生组织的基本观点是：对药品价格需要干预，因为基于信息的不对称，市场机制不可能产生足够良好的健康结果。因此，需要对药品部门进行控制和规制，包括供应链（从原料供应、企业制造、物流配送、调剂，一直到患者的使用）和药品（仿制药、新化学药、生物制剂）定价。《国家的药品定价政策指南》可以帮助政府平衡卫生费用和健康结果之间的关系，增加决策过程的透明度和保证优质药品的连续供应。该研究得到了国际药物制造商联盟协会（IEPMA）的支持。

《医药经济报》2012 年 2 月 22 日

药物定价的考量因素

世界卫生组织颁布的《国家的药品定价政策指南》初稿于 2011 年 1 月完成，经过几次广泛的征求意见和不断修改，再通过世界卫生组织内部评审、外部评审和几次专家咨询会，最终于 2011 年底完成。

在制定《指南》时，世界卫生组织要求专家组对 3 个方面的问题（表 4-1），在各国开展调查研究；并对药物定价的有关文献各项指标的重要性进行排序（表 4-2）。其目的是将结果进行优先排序，按 CRADE 排序标准对各项指标进行评价。调查结果说明，在反映药物价格政策的 31 项指标中，专家认为是重要的、平均评分在 7 分以上的有 15 项（占 48.5%）。有 3 项指标评分在 8 分以上：患者感受到的药品零售价格最为重要，其次是药品能够获得补偿的价格，以及宏观的比较自付药费占卫生总费用的比例。

药品定价政策指南的制定和应用，与一个国家的卫生系统类型和政策干预的目标有关。如卫生系统中主要是公立部门，还是私立部门，主要支付方的特征是政府税收筹资、社会保险、私人保险，还是消费者自付；卫生立法、规制和监督部门的情况，药品市场的特点，地方企业还是外资企业，药品主要是在当地生产还是靠进口，仿制药的作用，以及研究和开发的情况。这些因素与药物定价政策的制定均有关。

表4-1 药品定价政策咨询表的主要内容

问题一:你认为国家需要应用价格控制的措施去管理药品价格吗?
（1） 对中低收入国家，你认为"国际参考定价"是否是一个有效的药物定价策略？
（2） 在中低收入国家，药物经济学分析是否应该列入优先重点决策的一部分？
（3） 成本加成定价是否是一个有效的药物定价政策？

问题二:国家是否应该对药品供应链的加价采取措施？
（1） 在中低收入国家是否应该对批发和零售的加成进行控制？
（2） 药品是否应该免税（或免关税）？

问题三:国家是否应当将促进仿制药的应用作为管理药品价格的一个策略？
（1） 在什么样的先决条件下需要促进仿制药的应用？
（2） 是否应当加速仿制药进入市场（如TRIPS和强制许可、立法通过快速批准）？
（3） 是否应当有条件或强制性地在配药时用仿制药替代来促进仿制药的使用？
（4） 为了取得最佳的价格，是否应当在药品市场中促进仿制药的竞争？
（5） 是否应当应用内部参考价格（按产品或按治疗类别）来促进仿制药的应用？
（6） 是否应当在医生（医院）和药师（药房）中采用鼓励应用仿制药或低价药品的策略？
（7） 是否应当在消费者中鼓励应用仿制药或低价药的策略？

表4-2 对药物价格政策指标的评价

指 标	均 值	最小值	最大值
患者的零售价格	8.4	7	9
补偿价格	8.1	6	9
自付药费占卫生总费用的比例	8.1	6	9
国家公共的药品费用	7.7	6	9
用仿制药替代品牌药	7.7	6	9
药品总费用	7.5	5	9
公共医疗机构的药品可得性	7.4	5	9
品牌药与仿制药的价格差异	7.4	5	9
处方中仿制药的百分比	7.4	5	9
转换使用不昂贵的药物	7.3	5	9
采用固定的利润比例	7.2	5	9

(续表)

指　标	均　值	最小值	最大值
购买和销售的药品数量	7.2	3	9
处方中原研品牌药的比例	7.2	5	9
出厂价	7.1	4	9
从专利过期到仿制药进入市场的时间	7.1	5	9
信息的可得性	6.9	4	9
仿制药占医疗保险费用申报的百分比	6.9	5	9
药师是否知道仿制药与品牌药是等效的	6.9	4	9
批发价格	6.9	4	9
医生是否知道仿制药与品牌药是等效的	6.9	4	9
消费者是否要求购买仿制药或廉价药	6.7	3	9
处方时是否考虑价格	6.6	4	9
私人医疗机构中药物的可得性	6.6	—	—
死亡率	6.4	3	9
市场上药企（竞争者）登记的数量	6.4	3	9
消费者是否知道仿制药与品牌药是等效的	6.4	2	9
改进治疗的依从性	5.7	3	9
DALY，QALY	5.5	2	8
增加（或减少）住院量	5.4	3	8
增加（或减少）门诊量	5.4	3	8
由于价格政策推迟了新药的上市	5.3	3	9

《医药经济报》2012年3月7日

世界卫生组织：药品定价须透明

在《国家的药品定价政策指南》中，世界卫生组织对各成员国提出了药品定价政策的建议：不同国家应根据自己的卫生体系和药品定价目的来制定药品定价政策，需要联合应用不同的药物定价政策；同时要使定价政策的制定和决策过程透明化；定价政策应该有一个适宜的立法框架和规制管理的结构，需要有一定的技术能力来支撑，并对药品的价格进行定期的监测、评价和立法的修订。

为促进价廉药物的使用，世界卫生组织要求各成员国从供方和需方2个方面来实施综合的药品政策。如果药品的定价有了立法保证，执行定价政策时就有法可依，包括激励、强制执行、建立监测价格的体系以及处罚方法。

一、药品差价

加价（markups）是整个药品定价策略的一个组成部分。世界卫生组织建议应该考虑规制流通渠道的加价率（包括经销商和批发商），同时应该考虑规制零售渠道的差价和收费标准（如药店、药师的调剂工作）。

世界卫生组织提出，应改变高价药可以获得高额纯利润的情况。如果药品的价差能规制的话，应该考虑累退性的加成（即高价药应该有较低的加成率），而不是用一个固定百分比的加价率；应该考虑利用报酬/差价的法规对一些特殊药品提供激励，如仿制药、用量少的药物、能够报销的药物，或者是去保护特殊的患者和人群。

如果在药品流通渠道中出现回扣和折扣的情况,应当给予规制,使其透明化。在评估和规制差价及价格时应该考虑其他相关的信息。如果法规获得批准,差价可以通过深入的成本核算,以及调查哪些因素可以影响不同的运行成本。

二、药品税收

世界卫生组织指出,基本药物应该免税,特别是在那些基本药物需要患者自负大量费用的国家和地区。任何对药品减税或免税的情况均要注意监测,保证节省下来的钱是对患者或购买者有利,而不是被药品供应体系所吸收。

三、药品的成本加成政策

如果没有其他价格法规可循,药品的"成本加成"(cost plus)定价政策可以在没有规制的市场中,用来减少自费负担的部分。在一定的资源条件下,需要控制药品的流通渠道,设立药品的出厂价。

如果应用药品成本加成政策的话,需要有一个透明的方法去证实价格,并需要经常性地去回顾政策。因为价格是可以改变的,并不是单独市场力量所能够预测的。

四、国际参考定价

不同的国家应该考虑应用外部(国际)参考定价方法作为本国药品价格制定的基准,并与其他药品的定价方法结合起来。不同国家的支付方需要选择参比的国家,了解参比国家的经济状况及药品价格体系,并对比各种药品公布的实际价格和通过谈判后的价格。

五、关于仿制药

不同国家应该根据自己的实际市场情况，应用多种策略去获得低价的仿制药品。这些策略包括：国家内部制定参考定价和招标采购价格，对品牌药支付一定比例的共付费用。当然，没有一个单一的策略是有效的。

为了最大限度地使用仿制药，应该运用综合的策略，主要包括以下。

（1）对消费者和医务人员进行仿制药质量和价格的教育。

（2）实行处方费（调剂费），鼓励应用低价的仿制药。

（3）实行累退性的加成，激励药师（调剂者）向消费者推荐仿制药。

（4）立法通过准予药师用仿制药替代品牌药。

（5）通过立法，激励医生使用国际通用名（international non-proprietary name，INN）来处方。

六、卫生技术评估

世界卫生组织建议将卫生技术评估作为支持补偿决策以及定价和谈判的一种技术，采取逐步的方式把卫生技术评估方法有效地应用于药物定价中，包括建立立法和管理结构，建立决策结构，确定培训需要的主要学科内容（如临床流行病学、生物统计、卫生经济及社会科学）等。应该保证卫生技术评估的过程是完全透明的，评价报告和决策要让公众能够知晓。

《医药经济报》2012 年 3 月 21 日

世界卫生组织推崇外部参考定价

外部参考定价（external reference pricing，ERP）也可称为国际参考定价，是指药品的定价参照一个或若干个国家的定价作为基准或参考价格。参考价格一般是指药品的出厂价或药品在其他流通环节中的价格。应用外部参考定价，可以从3个方面来管理药价：一是为一个特定的国家制定药品价格；二是有助于药品的价格谈判；三是核实药品的价格。

一、欧洲经验

外部参考定价方法主要用于专利药物或单一货源的药物（独家产品）。将被选的参比国家组成一个外部参考定价的国家名单，也可称为参考定价的"国家篮子"（reference basket）。这些国家应该处于比较相同的经济发展水平，并考虑其人口、地理环境和国家药品系统等因素。采用外部参考定价方法时，要收集各参比国家的药品价格目录以及它们真实的交易价格，从中推算不同药物的打折或回扣的情况；同时还要深入了解不同国家计算外部参考定价的具体方法，像参考定价的类型，以及如何将外部参考定价方法用于政策决策。

如果有多种货源存在的同类治疗药物，则可采用内部参考定价（internal reference pricing）的方法，从同一治疗类别的药品中遴选出一个参考价格。

欧洲国家较多采用外部参考定价方法，原因是它们的经济条件比较类似，地理位置接近，但在应用的具体方法学上仍有很大不同。日本应用一定的公式来计算外部参考定价，一般要比参比国家的药价低75%～150%。墨西哥参比6个国家，采用前3个月药品的出厂价加权平均值，零售药品价格的计算公式为 $ERP \times 1.72$。斯洛伐克在新药进入市场前，要求药厂提供原生产药厂及其他8个欧洲国家的药品价格。爱沙尼亚的外部参考定价是基于药品的出厂价，用于原研药和仿制药的补偿，参照立陶宛、拉脱维亚、匈牙利和其他欧盟国家的药价。凡是参考定价制订得较低的国家，一般市场销售量也少，而且新药进入市场的时间也较晚。

2009年，世界卫生组织对执行外部参考定价的14个国家进行了调查，包括巴西、哥伦比亚、捷克、匈牙利、印尼、伊朗、约旦、黎巴嫩、墨西哥、阿曼、南非、阿联酋、也门和意大利（意大利目前已停止实行外部参考定价的方法）。调查内容包括27个问题，调查的14个国家中有9个获得了结果：这些国家分别制定了2～5个标准来定价；平均选择的参比国家是7.75个（波动在4～8个国家）；55.5%选择的参比国家在同一地区；33.3%的国家药品有市场准入；22.2%的国家具有价格信息。总之，这些国家大部分在同一地区，并有相同的收入水平。其中，最常用的方法是从6个参比国家中选择一个最低的参考价格作为标准；有2个国家是采用平均价格为参考价格。参考定价用的是药品出厂价。

在设计外部参考定价政策时需要考虑以下几点：①是运用一种还是多种方法去规制药品定价；②外部参考定价的药品类型；③选择参比国家的标准和数量；④价格信息的来源；⑤国家药品定价的价格类型；⑥国家制定目标价格时参照参比国家药品价格的公式或程序；⑦货币兑换率；⑧如果没有国际价格可获得的话，应采取什么样的程序；⑨外部参考定价的修正和更新；⑩如何执行外部参考定价；⑪监测和评价。

二、权衡利弊

世界卫生组织非常推崇外部参考定价的方法。其优点首先是相对比较简单。这种药品定价的策略与经济学评价方法相比易于应用，不像采用卫生技术评估方法那样需要大量的信息和很强的技术及分析能力；其次，可用于国际价格比较，建立药品的基准价格；另外，可以在较短的时间内快速提供信息给决策者，特别适用于在资源有限的小国家的药品定价。

不过，外部参考定价也有一定的局限性。首先是需要大量有关价格的信息，而价格的信息并不容易获得。不同价格信息的来源不仅相同，而且特别难于获得真实的交易价格。另外，在确定参比样本国家以及货币的兑换率方面，也需要有一定的技能。如果参考定价过低，会影响新药的上市或减缓上市，造成一定的影响。

如果参比国家选择不当，或者应用的价格不准，可能会导致药品价格上涨，或使仿制药的价格上升。如果一个国家只用单一的外部参考定价方法来制定药品价格的话，可能会延缓新药进入市场，以及导致人为操纵药品的价格。需要了解不同国家发布的药价是真实的价格，还是"特殊"的价格。由于不同国家的可比价格很难去证实，在应用价格数据时需要考虑不同国家的定价方法有什么不同，以及货币的兑换率应该如何调整等问题。

外部参考定价最大的风险是选择了错误的国家来对比。比如，参比国家的市场结构不同或者所选的价格太高，如低收入的国家选择了高收入的国家作为唯一的参比国家。另一个挑战是在应用外部参考定价时不同国家发表价格数据的性质有差异，不同国家药价管制的立法和管理结构也不同。因为一个国家公布的药品价格未必是真正支付的价格，它会受到折扣或者药厂与医疗保险支付方执行风险分担协议的影响。

外部参考定价的另一个缺点是缺乏合理的理论基础。其理论假设为：参比国家的价格是合理、适宜和公正的，保证定价的国家不会比其他国家支付得更多或者更少。

三、循证依据

遗憾的是，从现有文献系统回顾来看，还没有发现有关外部参考定价的系统文献综述。2011 年，Espin 曾接受 WHO/HAI 的委托，收集了 21 篇文献（主要来自发达国家，没有发展中国家的报道）。研究结果证实：在 30 个 OECD 国家中有 24 个实行外部参考定价，欧盟的 27 个国家中有 20 个国家实行外部参考定价。可见，外部参考定价在发达国家中的应用还是比较广泛的。在 21 篇文献中，13 篇文献（62%）为综述或意见性文章，4 篇文献（19%）是理论角模型研究，3 篇（14%）应用数据库分析，有 1 篇是对不同国家的咨询调查。但上述国家的外部参考定价主要应用于专利药和已过专利期的药品，或单独使用外部参考定价，或联合其他定价方法。

2006 年，Stargardt 总结了欧洲国家的外部参考定价方法。其研究报告指出，由于实行参考定价，每降低 1 欧元的药价，最大可以降低的补偿价格，从澳洲的 0.15 欧元到意大利的 0.36 欧元。另外，由于欧洲不同国家之间存在着平行贸易，对价格的改变也产生了溢价的效果。可见，外部参考定价和平行贸易的效果是不可分割的。

世界卫生组织的评论认为，评价外部参考定价很困难，因为要进行可控制的实验设计是不可行的。如果是跨国比较研究的话，只能是观察研究，也难以显现它们之间的差别。此外，也很难将外部参考定价的政策与其他政策分开。尽管不少报告指出外部参考定价可以有效地降低药品价格，但缺少证据来支持这个结论，而且缺少比较的标准。同样，外部参考定价有无影响药物的可及性或者是健康结果也尚未有证据支持。

世界卫生组织建议：①国家应该应用外部参考定价方法作为药品价格谈判或建立价格的基准；②国家应该考虑应用外部参考定价方法作为整个定价策略的一部分，与其他方法联合应用为药品进行定价；③在发展外部参考定价时，国家应该采用透明的方法和过程；④国家或医疗保险支付方应该根据经济状况、当地的药品定价系统、发表真实的和谈判的价格、正确的药品比较以及可比较的疾病负担来选择参比的国家。

《医药经济报》2012 年 5 月 23 日

HTA 推动药物补偿和定价

世界卫生组织对卫生技术评估（health technology assessment, HTA）应用于药物补偿和定价，曾有以下 5 点建议：①国家应该考虑应用卫生技术评估作为药物补偿和定价（包括价格谈判）的一种技术；②卫生技术评估方法的引入需要有立法的支持，明确决策者的作用和责任以及决策的过程，需要考虑如何正确地应用经济学评价方法，需要有评价指南的支持；③卫生技术评估需要利用很多的资源，需要足够的人力、各种先进技术知识，以及足够的财政资源来支持这项工作；④应该考虑将其他国家卫生技术评估研究的结果通过转化和应用，来适应各个国家的国情，包括资源应用、单位价格和临床结果方面的差异；⑤卫生技术评估的方法应该透明，评价的结果应公开发布。

2011 年，世界卫生组织曾委托 Pillay 开展一项卫生技术政策的评估，包括对药物经济学文献的检索、在药物遴选中应用成本-效果的标准，以及药物经济学在资源配置中的作用，并对新西兰和澳大利亚进行了案例研究，指出药物经济学对费用控制方面的作用是有限的，不像其他干预措施那样明显，如仿制药应用、价格控制的措施、参考定价及免税减税。实行药物经济学评价需要很多的资源，包括建立规制系统、技术专家队伍和财政资源的支持。要建立药物经济学评价的体系，在开始的几年里，需要在自愿的基础上，建立立法制度，提出评价指南的结构，建立评价机构和与各利益集团的关系。

2011 年，Drummond 还对 8 位作者所做的系统综述进行了总结。但大部分的文献是描述性研究，缺乏比较研究，如对卫生技术评估不同方法的比较、经济学评价结果的普适性以及面临的困难（包括技术知识、缺乏当地的资料及没有评价指南等）。2009年11月，*Pharmacoeconomics*杂志曾发表了一期针对发展中国家在卫生政策决策中应用成本-效果分析的专刊，本文将对主要结果进行总结。

一、HTA在发达国家的应用

早在2000年，加拿大学者Aris就对哥伦比亚地区提交的药物经济学评价的方法学进行了质量评估，试图说明遵循药物经济学评价指南的重要性。共有88份药厂提交了报告，其中28.4%的报告是成本比较研究，16%是成本-效果分析，12.5%是最小成本分析，10.2%是成本-效用分析，33%为预算影响分析。74%的报告没有按照药物经济学评价指南的要求来写，80%的文献是属于成本比较研究和预算影响分析，笔者认为后面这种方法是不宜推荐的。

2006年，Manson对1997年以后的文献进行了综述，有关研究结果的普遍性问题包含3个方面：一是学习有关技术方面的长处，包括选择有关的参照药物、方法和结果的透明化、用确定性敏感度分析来检查系统的偏倚，以及应用概率敏感度分析方法来确定模型的随机误差；二是有关研究结果的应用性问题；三是研究结果的可转移性问题，即从一个国家的政策环境应用到另一个国家的政策环境时，要考虑在资源应用方面、单位价格和结果方面的差异，要看到经济学评价方法仍然存在许多局限性，如运用的方法是否透明、有没有反映机会成本和有没有从全社会角度分析药品评价的观点。

2009年，Neumann回顾和评价过去30年来发表过的64篇成本-效用分析的文献，发现51.2%的成本-效用分析文献是美国报道的，15.6%是英国的报道，6.9%是加拿大的报道；41.1%的成本-效用分析文献由药厂支持，33%由非医药工业系统支持，还有25.6%的文献发表时没有注明资金来源。随着时间的推移，方法学方面有了不断的改进，如注意研究的角度、应用成本贴现和质量调整生命年（QALY）的概念、明确研究的时间段、货币使用的年限，以及运用增量分析方法等。另外，1976—1998年报告的成本-效用分析文献只有

60%～85%是遵照 5 项标准的，而到了 2005—2006 年有 90%的文献达到了要求。

2011 年，Drummond 教授比较了德国、荷兰、瑞典和英国 4 国的参考定价和卫生技术评估在药品定价及补偿中的应用状况，发现只有在同一类药品的价格具有明显差异的情况下，药品的参考定价才能发挥作用。一旦一种药物从专利药转变成仿制药后，参考定价就可以有较大的影响，但还没有发现哪种卫生技术评估模式对价格会有明显的影响，但对一些疾病的药物补偿还是有影响的。作者认为单独的参考定价政策并不能反映药品的价值，而卫生技术评估是一个比较好的方法，可以鼓励创新药物的研制和反映这些药品的价值。

2006 年，William 在英国观察了卫生经济信息对决策过程的影响，发现经济学评价的信息更多地应用在地区水平，但对一种医疗技术能否纳入报销的决策作用是有限的。

HTA 已广泛应用于发达国家和发展中国家的药物经济学评价中，世界卫生组织也越来越重视 HTA 在药物补偿和定价决策中的应用，但 HTA 的应用还存在一定局限性。将卫生技术评估方法与其他药品价格干预措施联合应用于药品的补偿和定价，已成为各国的一个共识。

二、HTA 在发展中国家的应用

世界卫生组织收集了 13 篇发展中国家作者发表的文献。2009 年，Augustovski 报道了拉丁美洲和加勒比海国家在开展药物经济学评价时遇到的主要技术障碍，特别是如何应用其他发达国家研究的成果。在收集的 72 篇拉丁美洲国家发表的论文中，有 1/3 的文献没有报告所应用的经济学评价方法，文献报告的质量很差，不能符合国际药物经济学评价指南的要求，主要问题出在样本的代表性、资料的收集和分析上，并且，在经济学评价方法应用上没有符合可接受的质量标准，包括贴现率的应用和前瞻性的评价，使研究结果没有普遍应用的价值。

在泰国，2007 年，Teerawattananon 曾对 44 篇卫生技术文献进行系统综述。其中66%的文献是成本-效果分析，12%的文献分别是成本-效益分析和最小成本分析，5%的风险为成本-效用分析和部分经济学评价，而只有41%的文献运用了增量成本-效果分析，1/3的文献进行了敏感度分析和运用贴现处理。

2009年，Chaikledkaew对泰国的研究者和政策决策者进行了调查，了解他们在开展政策决策时是否需要经济学评价，其中包括对2 575名省级决策者的经济学评价知识、经验和态度的调查，以及在应用经济学评价时遇到的主要障碍，同时还调查了泰国学者在经济学评价方面的能力和差距。调查时共提出了8个问题，但只有758名（29.4%）调查者完成填写。大部分的决策者和学者对卫生经济学评价方法并不熟悉，如增量成本-效果比值、贴现率和敏感度分析。50%的研究者和71%的决策者以前并没有接受过经济学评价方面的培训。研究者认为开展经济学评价的障碍是：缺乏方法学的技能、人力资源不足、缺乏当地有关成本和效果的信息、政府对经济学评价方法的应用情况不明、财政支持不够及没有时间。而决策者认为开展经济学评价的障碍是应用DALY和QALY时缺乏一个阈值。

在韩国，2005年，Lee发表了对韩国45篇卫生技术学评估的文献综述，发现这些文献中有许多不符合国际标准。其中31%的文献是成本-效果分析，31%的文献进行成本-效益分析，11%的文献分析是成本-效用分析，而且还有27%的文献虽然冠以成本-效果分析的名义，但实际是成本分析和成本的比较。另外，44%的文献采用贴现，44%文献采用敏感度分析，52%的文献分析经济学评价的时间短于1年，11%的文献明确研究的时间。到了2009年，韩国建立了药物经济学评价指南，但其执行过程中的主要障碍还是缺乏韩国当地的资料以及缺乏研究人力和能力。

非洲地区的药物经济学评价研究开展是比较晚的。2009年，Shillcutt报告了南非的药品费用和药费控制情况，认为要进一步开展药物经济学研究还需要2~5年的时间，直到政府公布药品价格规制以后。

2009年，Yothasamut报告了亚洲国家经济学评价在政策决策中的作用和可能存在的障碍条件，其中可能应用到经济学评价的包括：公共的补偿药品目录、价格谈判及发展临床诊疗规范；而障碍条件包括2个方面，一是在研究经济学评价与药品生产的关系时,能否将其他国家的研究结果应用到自己的国家;二是在政策决策方面的障碍,包括对经济学评价的认识、社会的期望、政治条件、机构条件和伦理观念。作者认为解决方法包括:建立国家指南及经济学评价数据库,确定需要评价的优先重点领域,使经济学评价的过程透明等。

2009 年,第三届亚太药物经济学与结果研究大会报告了印度、马来西亚、菲律宾、巴基斯坦 4 国在药品定价、补偿和筹资方面应用循证决策的情况:在印度有国家药品定价机构;菲律宾由基本药物定价监测系统每月监测基本药物的价格;巴基斯坦和马来西亚在新药定价上是由政府与药商谈判;只有菲律宾在补偿药品方面考虑到成本-效果的情况。在印度和菲律宾的药品费用中,由患者自费支付的比例分别为 20% 和 28%;马来西亚的公共卫生服务是由政府补助的,个人的自费部分很少;而在巴基斯坦,公立医疗机构的治疗是免费的。

三、如何推动卫生技术评估

如果世界各国都能发挥经济学评价技术的力量,对今后推动卫生技术评价工作十分有利。为此,世界卫生组织建议:①在药品的补偿和定价中,各国应立法强制运用卫生技术评估方法;②建立卫生技术评估系统,需要考虑人力资源和收集临床及经济学的资料,提高处理资料的统计分析能力和构建经济学评价模型;③确定一些决策的标准,包括如何开展分析和评价,如何沟通结果以及药物评价工作是否需要收费。

目前,卫生技术评估应用仍然存在着许多不确定性因素,特别是如何在低、中收入国家开展此项工作。上述文献报告形成了一个公式,即卫生技术评估方法最好与其他药品价格的干预措施联合应用。此外,还需要研究卫生技术评估的评价标准,特别是如何适应不同国家的要求。

《医药经济报》2012 年 6 月 27 日

中国台湾地区新药价格评审

一、试行药费支出目标制

台湾大学卫生政策和管理研究所杨铭钦教授报告说，台湾的药品费用10余年来一直维持在卫生总费用的25%左右。其中，近五成的药费用于慢性病门诊，近三成的药费用于重大伤病，包括癌症、精神病、终末期肾病及血透等。能否将昂贵的新药纳入医疗保险的药品报销目录，一直是一个有争议的话题。因为将新药列入目录，涉及谁受益、什么指征使用、会不会影响到已有药品的预算、谁来支付新药的费用等问题。

根据 Market research 网站的报道，2009—2016年生物医药工业的年增长率将达到9.3%。估计未来20年，癌症的靶向治疗将逐步取代传统的化疗，成为抗癌药物的主流。中国台湾地区学者预计，到2025年靶向治疗的市场规模将达到600亿美元。

2013年，中国台湾地区健康保险开始试行2年的药费"支出目标制"（drug expenditure target），也就是说以过去1年的药费（不包含中医）为基础，预先设定一个药费目标值额度，并给予一定的年增长率（根据102家医院的调查平均为4.528%）；年度结算药费时，若实际药费的支出超出目标值，就启动下一年度的药价调整。未来除对于药品单价进行降价外，也会加强药品使用量的管控。

二、药物效果及经济学评价

根据中国台湾医药查验中心（Center for Drug Evaluation，CDE）负责人蒲桌芳博士的介绍，2013 年 1 月，中国台湾开始实行二代健保制度。凡是新药进入医疗保险目录报销的需要向财团法人医药查验中心申报，通过效果评价和经济学评价，最后提出循证报告送交健保局，决定是否能将该药扩充到药品报销目录中去。

药物效果评价方面的内容有：①对药物性质的了解，包括药品注册和治疗领域；②寻找参比药品（comparator），按照世界卫生组织的药品 ATC 分类，收集有无与申报药品头对头的随机对照试验的资料，以及参阅其他国家对该药发表过的卫生技术评估报告；③效果及安全性资料，包括临床试验结果及文献回顾。

药物经济性评价方面的内容有：①疾病负担，包括患病率、发病率、卫生资源的利用等；②成本-效果分析资料，包括其他国家的卫生技术评估报告、药企提交的报告、数据库研究；③预算影响，包括药企提交的报告、医药查验中心自己的研究报告。

在比较效果研究方面，目前确定的工作包括系统综述、系统回顾，可能没有很多的荟萃分析和间接比较的报告；但理想的工作内容应该进行市场研究（观察研究），以及系统综述、荟萃分析及随机对照双盲试验的结果。

《医药经济报》2013 年 5 月 22 日

新药定价策略

一、定价方法

我国台湾对新药的定价参考了不少方法,归纳起来包括:①国际药价法,采用国际中位价、国际最低价、原产国药价。②在参考品疗程剂量比例法方面则采用比较相对剂量比例法,如疗程剂量比例法、疗程剂量比例法加减算法(比较疗效、安全性、方便性、儿童制剂、我国台湾地区的经济学研究)。③国际药价比例法,与参考品的国际药价比较。④规格量换算法,与参考品做规格换算。⑤罕见疾病用药,比较第一类或第二类新药,参考国际药价,进口总成本/制造总成本 + 25%。⑥基本药品与不可替代药品,进口总成本/制造总成本 + 25%,或调价前原支付价 + 50%上限。⑦分类分组法(grouping),如血管紧张素类似物、静脉输液等临床药品的定价。⑧进口总成本/价量协议(上限价)。⑨成本分析法。⑩复方药定价原则上是(A + B)× 0.7 或是(A + B)= A 或 B。

我国台湾新药定价的原则在 2005 年曾经做过首次修改,2009 年 10—12 月又进行了第二次大规模的修改,包括分类定义、定价原则、参比药物的选取标准、加算原则、复方药物的定价原则和价格与用量协议等。在我国台湾,新药分成第一类新药、第二类 A 新药和第二类 B 新药 3 种(表 4-3)。

定价参考品的选择以 ATC 分类为筛选基础,原则上以同药理作用或同治疗类别的药品为选取对象。如果一个新药有临床直接头对头比较研究的报告,在定价时可列为重点参考资料。如果一个新药以前没有与其他参比药物头对头比较的临床报告,经过医药专家认定具有临床价值的,可参考原研药的成分和规格,作为新药价格的核算基准。

表4-3 我国台湾新药定价的原则

	第一类新药	第二类 A 新药	第二类 B 新药
性质	指与最佳的常用药直接比较或临床试验的间接比较,显示临床疗效有明显改善的突破性的创新新药,包括减少危险的不良反应	指与最佳的常用药直接比较,显示临床疗效有中等程度改善的新药	指临床价值相近于已收载定价参考药品的新药
定价原则	以10国国际药价中位数定价。凡在我国台湾当地进行临床试验达到一定规模的药物,以10国药价中位数的1.1倍定价	以10国国际药价中位数为上限,从下列方法中选择一种定价:10国药价的最低价,原产国药价,国际药价比例法,疗程剂量比例法。复方制剂采用单方支付价的70%或单独主成分价格定价	同第二类 A 新药

二、加价原则

我国台湾的新药定价还有一定的加价原则。如药品疗效好,并有客观证据者最高可加算(价)15%;如药品安全性高,并有客观证据者最高也可加价15%;如果在使用上更为方便(用药间隔期较长、用药途径较优、疗效与安全性监测简单、安全性较稳定、效期较长,携带方便、调剂方便、使用方便及安全包装),最高加价15%。此外,儿童制剂、进行过当地药物经济学研究的,最高也可加价15%。这些措施对推动台湾药物经济学研究是很有激励作用的。

三、医保给付

具有下列情况的新药容易获得医保的支付：如同类药品均已纳入给付范围，限定使用的医生科别和医疗机构的层次，已核准的适应证和限定是二线还是三线使用，限定使用的人群（儿童），限定处方的使用量，或限定使用的疗程和期间以及开始纳入治疗标准，或放弃治疗的标准、再次治疗的条件等。

不过，下列因素对药品的医保给付的规范也有限制作用，如药品的单价高、预期使用的患者众多、适应证的诊断不易确定、有滥用的嫌疑、不良反应严重、成本-效益较差、审查难度高。

一般来讲，根据近几年的实践，我国台湾新药的定价大约为厂商申请价格的 73%，大约为国际中位数价格的 61%。一个新药的申请平均为 360 天获得医保给付；有价格与用量协议的药物审批平均为 670 天，比一般药物获得医保给付的时间多出 1 倍。

《医药经济报》2013 年 6 月 5 日

药品价格谈判

一、价格用量及风险分担协议

在我国台湾地区，一个新药医保给付后的 5 年间，根据药厂的财务报告，有任何一年的药费支出超过 2 亿元台币，或扩增给付范围后 5 年内，任何一年的药费支出高于 1 亿元台币的，均要进行价格用量协议的谈判（price-volume agreement），目前已形成法规。

另一种是实行风险分担的协议（risk-sharing agreement）。如有一个药物是适用于治疗骨髓增生不良综合征的高危患者，审查结果是要求参考关键试验研究（pivotal study，也可称为第 3 期临床试验）和我国台湾当地研究的经验，最终结果是给付的疗程建议再缩短，调整 QALY 值使其接近已列入报销目录的同类药品，确认后开展价格与用量的协议。

第 2 个例子是一个用于治疗多发性骨髓瘤的药物，有 2 次重复核价，要求药厂在不增加预算的原则下提出风险分担计划。结果厂商同意分担整个疗程中的几个疗程，使给付的疗程费用接近另一个疗效相似的产品。

第 3 个例子是一个原已给付的治疗肾癌的药物，扩大适应证用于治疗肝癌，限制用于肝外转移和侵犯大血管的患者。最终谈判得出的条件是需要事前申请，效期为 2 个月（其他癌症用药多为 3 个月），平均治疗 12 周，药厂负担前几周，同时制定给付的上限。

二、药物经济学研究报告质量划分

我国台湾地区将当地药物经济学研究报告的质量分成 A、B、C、D 4 类。A 类是品质优良，提供完整的信息可供政策制定使用。B 类是指品质良好，提供部分信息供政策制定参考。C 类是指品质尚可，提供有限的信息供政策制定。D 类是指品质受限，无法提供合适信息供政策制定参考。

三、药物给付项目及支付标准会议

我国台湾地区的药物给付项目及支付标准会议（drug reimbursement item and pricing，DRIP）相当于最高的决策机构，是决定药品补偿和定价的会议，通常有卫生和药监部门人员、专家、医疗保险从业者、医生、药师等参加。报告的内容大致为药品基本资料、疾病治疗现状、HTA 报告摘要、厂商建议、定价的参考品、10 国的国际价格、台湾"健保局"的建议和专家和病友团体意见。"健保局"要提出建议，包括是否列入报销目录，新药的分类、定价的方式和方法，给付的规定。

《医药经济报》2013 年 6 月 12 日

欧洲药品的差别定价

目前，欧洲正在推行差别定价政策，这对中国今后引进创新药物具有借鉴意义。因为其既有理论依据，也有实践可行性。

全球每年有30～40个专利新药上市，从经济学理念来讲，它们是全球的公共产品，具有高研发的平均固定成本和极低的生产和销售的增量成本。不同的国家对新药的支付能力和人们意愿支付的能力有很大的不同。长期以来，卫生经济学家一直在争论不同国家药品的差别定价可以改善全球动态的效率，但是欧洲的法律却认为很难允许一个药物可以在不同的国家存在不同的价格，也很难用其他国家制定的参考价格来进行药品价格的谈判。然而，不少国家还是认为应该允许各国的药品有价格差异，并准许获得保密的药价折扣的权利。

在奥地利维也纳举行的第19届欧洲国际药物经济学与结果研究协会年会的第2个专题研究会，介绍了欧洲药品的差别定价政策（differential pricing）对药品的可及性、创新性和价格可承受性的影响。其目的是想探索和促进有效的欧洲药品差别定价政策和方法。这一政策的可操作性和政治上的可行性是实行差别定价政策的关键。

一、差别定价的前提

差别定价亦称梯度定价（tiered pricing）或分层定价，即对同一个产品（药品）应根据对象（市场）去制定不同的销售价格。经济学中有一个"Ramsey定价"的专有名称，需要根据不同对象的意愿支付能力、实际支付能力和对价格的敏感程度来制定药品不同的市场价格。这是一种根据某种药品的需求弹性和价格歧视来制定药品的价格政策。在低收入国家，人们虽有支付该药的意愿，但没有支付的能力。因为，患者对药品支付的经济能力是非常有限的。目前，根据统计，有30个国家对治疗丙型肝炎药物的高昂药价难以承受。各国的政策均认为同一个药品应根据国家的经济条件和支付的能力去制定药品价格政策。如，这个国家是否属于低、中经济收入国家，以及产品的性质（疫苗、计划生育药物、抗艾滋病药物）。

制定差别价格的优点是保证药物的可及性。在一些小型和不确定性的市场中，在有限的生产能力条件下，少量的药品可以采用差别定价。但差别定价的方法也有一定的缺点，它不是一个孤立的政策，差别定价不像非专利药物之间可以开展价格竞争去发挥更大的降价效果。从国际经验来看，差别定价需具有一定的条件，通过跨境合作增加谈判能力，做到以下6个方面。

（1）透明化，如设定透明化参数的计算公式。

（2）需要有一个定价的机制，要有具体的降价合同，而不只是有一般原则的承诺。

（3）避免通过高差率或高税收造成药品价格的扭曲。

（4）要与其他措施结合起来实施。

（5）要具有价格管理的能力。

（6）需要有政治的意愿和建立一个国际价格的框架。

二、不同国家对差别定价政策态度不一

在欧洲，对是否执行差别定价政策也是有争议的。为防止平行进口（或出口），处于低价格的国家应该禁止低价药品的出口，如可实行外部参考定价、推行保密的折扣、对一些稀缺的药品实行出口报告制度来减少平行进口。在东欧国家（如波兰、立陶宛、爱沙尼亚、拉脱维亚、保加利亚、罗马尼亚和匈牙利）实行较低的药品差别定价，而在高收入的北欧国家（如卢森堡、挪威和荷

兰）则可实行较高的药品差别定价。实行差别定价需要有政治和立法的保障，以及有技术的先决条件和已有的政策框架。因此，差别定价的价格也可以认为是一个公平的定价。

差别定价是由医药工业部门推动的一种模式，由药企来决定价格。那些有执行差别定价政策条件的国家，实行时间段的长短。即使在有市场竞争的条件下，差别定价政策也不会造成药品价格畸低的现象。在今天的欧洲，随着高价创新药品的不断出现，牵涉不同的利益集团的诉求也不完全一样。

总之，差别价格的方法可以应用在那些具有高度附加值的药物，能满足那些未满足临床治疗疾病的需要或用于解决公共卫生问题的重要防治的药物上。对那些目前还没有竞争的药品，可以对可能实行差别定价的国家进行分类，不仅考虑人均GDP或卫生总费用占GDP比例的指标，某些疾病的流行病学情况也应该纳入考虑的范围。实行差别定价政策的主要顾虑是要防止平行贸易。按照欧盟2014年的报告，欧洲的平行出口已达到559万欧元。有些欧盟国家正在制订法案防止平行出口。

差别定价机制可使各方取得双赢的局面。对患者而言，可以改善新药的可及性，使未满足的医疗需要得到解决；对医疗保险支付方而言，可以获得公平的药品补偿价格；对药企而言，可以扩大其市场，对未来药物的创新也是一种支持；对社会而言，将获得更大的满意度，并使药物价格政策的决策建立在更加透明的基础上。

在欧洲，药品可及的不公平性是客观存在的。在肿瘤新药（伊马替尼、达沙替尼及尼鲁替尼）的可利用性和可获得性方面，在欧盟富裕地区与贫困地区的国家之间存在着很大的差异，而且可以采用不同形式的差别定价方法。一般来说，对一些药品可以有5种不同的定价方法。第1种定价方法是根据慢性病的全国流行病学统计分析，制定每个国家的药物定价政策，与每个国家的Ramsey药物定价有关。第2种定价方法是以价格为基础的定价方法（VBPT），这种定价方法与药品的增量成本-效果比值（ICER）有关，比值的阈值与人群的支付意愿有关。第3种定价方法是适应高峰负荷定价模式。第4种定价方法是采用定价结构的两步法：一部分决定于消费者的共同支付；另一部分与医保机构支付方式有关。第 5 种定价方法是用于支付专利药，政府制定的价格要包括专利法支付。而前 3 种是目前采用最多的定价方法。

三、欧洲引入差别定价政策的挑战

欧洲是推行国际参考价格的主要地区，各国实行的程度也有不同，在欧洲推行差别定价则面临着很大的障碍和挑战。

众所周知，国际参考价格（international reference price，IRP）是指将其他国家对新药的价格作为参考价，为另一个地方制定价格作为参考。而平行贸易（parallel trade）是指一个药品从低价（低收入）的国家出口到高价（高收入）的国家，是一种套利的行为，也是对政治上和组织上的一种挑战。从国家层面来看，主要问题是会导致缺乏市场的权威性，可能会造成市场药品的短缺，药品不能有效地获得，并延缓进入市场的时间，欧盟委员会认为会造成药企的低利润率和平行贸易的风险。

不过，一个价格的定理（law of one price）对国际研发为主的企业来讲是不可能存在的。一方面，要有效地奖励新药的研究和开发；另一方面，在全球范围内实际上已经有大量的研发沉没成本的投入。另外，从药企来看，真正的透明化也未必一定是好的，虽然可以有效地利用卫生资源、减少被代理的捕获和腐败的机会，但也会引起贸易效率的下降。平行贸易可以使药品的价格降低，但目前还仅限于专利期的药物。

从欧洲药品定价的可行性来讲，以价值为基础的定价目前实行制度改变的可能性较少，以成本-效果阈值为基础的定价也有一定的困难。由此可见，以高收入国家和低收入国家的分类实行差别定价是有可能性的。目前，在欧洲人均低收入的市场仍然存在药品供应短缺，药品价格不能承受，新药进入市场缓慢。专家建议有 2 个可行的方案。一是在欧洲设定 2 个层面的市场，一组是人均收入较低的国家可以实行平行贸易，国际参考定价只能在这组国家之间实行，而不是与高人均收入的国家集团互通。这类似于区分高峰价格和清仓价格；另一种方法是欧盟各国之间推行保密的折扣价，可通过合同的方式用于以价值为基础定价的药物。

  总之，目前欧洲正在推行差别定价政策，这对中国今后引进创新药物具有借鉴意义。中国属于发展中国家，目前经济水平已向中等收入国家方向发展，但与发达国家相比在人均 GDP 和卫生费用占 GDP 的比例来看还较低。在未来的价格谈判中，差别定价的政策是可以利用的，因为其既有理论依据，也有实践可行性。

《医药经济报》2016 年 11 月 30 日

美国药品价格改革的新动向

一、美国药品价格改革的起因

近期,美国提出药品价格改革的新政是有很多政治和经济方面的原因。首先,美国总统特朗普在竞选过程中曾承诺要降低美国的药品价格;其次,继提出"美国优先"(American First)的竞选口号后,又提出"美国患者优先"(American Patients First)来推动药品降价政策的实行。降低消费者药品价格的目的是希望可以在中期选举中赢得更多选民的信任。

美国有全球最大的药品市场。QuintileslMS 预测,到 2021 年创新药物将占到美国和欧洲市场的 50%,平均药品市场交易量年增长率为 6%~9%。美国的处方药费用每年增长约 10%,2016 年,美国处方药的药费年人均开支已高达 1 443 美元,远远超出其他国家的人均药费 466~939 美元。多年来,美国药价一直大幅飙升,已引起国民的怨言。治疗癌症及其他威胁生命疾病的新药,在进入市场时通常 1 年用药的价格要超过 10 万美元;一些治疗糖尿病和哮喘等常见病的药价一年升幅也高达 10%。据美国卫生和人类服务部(HHS)报告,美国医疗补助保险(medicaid)的处方药的支出增长了 1 倍多,从 2016 年的 9.17 亿美元增长到当前的 19.4 亿美元。凯泽(Kaiser)家庭基金会调查证实,州政府的 25%~30% 预售已转向支付医疗补助(medicaid)。美国马萨诸塞州的医疗补助计划形势更为严峻,medicaid 的费用占该州预算的 40%。2014 年,购买处方药的费用增加了 25%，2015 年又增加了 14%。州政府希望 medicaid 购买的药品能够进行折扣的谈判；同时应该排除那些有限治疗价值的药物，提高药品使用的效率。以治疗丙型肝炎的药物为例，治愈 1 例要花费数 10 万美元，即使退税后该州的医疗费用支出仍高达数 10 亿美元。因此，美国有些州试图限制药品的准入，这显然违反了医疗补助计划可以自由选择法定药物的规定。马萨诸塞州首先提出让各州试验改善 medicaid 的方法，将根据大多数投保者的需求，来选择具有更好成本-效果的药物。对每一类治疗疾病类别的药物至少可以选择一种，通过谈判取得更好的价格以节省公共资金，其潜在的结果是明显的。

二、美国药品价格改革政策的主要内容和战略

1. **主要内容** 2018 年 2 月，白宫提出 2019 年预算建议。美国卫生和人类服务部（HHS）将采取综合措施降低美国药品费用的开支。在药品价格改革政策方面提出了 5 项措施。

（1）防止高价药：随着免疫疗法和基因剪接技术的发展，很多创新治疗方法的费用非常昂贵。有些罕见病只有唯一的治疗药物。例如，脊髓性肌萎缩症（SMA）罕见病只有百健（Biogen）生产的 nusinersen（商品名 Spinraza）可用，最初的一年治疗费用高达 75 万美元；血友病的新基因疗法需要 58 万美元；美国食品和药品监督管理局（FDA）近期批准的矫正型基因疗法 Luxtuna 治疗遗传性视网膜病变，价格更高达 150 万美元。这些高价药可使国家预算破产。因此，要采取包括药品价格谈判和医院药品价格的公示等措施，提出通过增加市场竞争、减少政府规制和建立奖励制度，鼓励药厂降低新药上市的价格；通过医药行业改变对医疗保险支付者的激励机制来实现。同时，减少因为卫生系统对药品的浪费而造成药费的增高。美国卫生和人类服务部（HHS）计划将推行包括 50 多项降低昂贵药价的措施，同时让商业保险公司更容易与药厂谈判降低药价。

（2）降低患者的个人支付比例：美国提出对联邦医疗保险的处方药计划（Medicare Part D）要自费封顶，并将在 5 个州进行医疗补助计划（medicaid）

药品覆盖和支付方式的试点，目的是要减少消费者在药房取药时的支付额度。

（3）减少联邦医疗保险（medicare）和医疗补助（medicaid）项目的支出 药品价格是一个错综复杂的系统，主要是治理药品的回扣。医保系统往往从药品企业获得高价药的大折扣。在美国，有些药品管理的中介机构与药企谈判，将一部分的回扣保存下来，其余部分再给医疗保险组织，导致降低药品价格的动力不足。当药价升高后，患者的共付比例也相应增加，对老年患者经济上的影响更深。尽管对医保的药品回扣可以减少保费，但要求 Medicare Part D 的药品回扣费用至少要有 1/3 的收入让利给每一个保险者。而对 Medicare B 医保部分有 6% 的费用用于药品，认为应该将 Medicare B 部分中的药品费用也一并纳入 Medicare D 的药品计划中去。这样使得 CMS 组织可以更好地与药企谈判价格。Medicaid 医疗补助计划也应该同时考虑药品的降价问题，计划将对 5 个州的 Medicaid 试验药品覆盖率和支付模式试点，决定哪些药品进行药企谈判并获得较大的折扣，而且在谈判后可以自动列入药品目标。

（4）防止外国政府在美国投资创新中"搭便车"（foreign free）的现象。特朗普总统的经济顾问谴责美国的高价药是由于其他国家控制药品价格而引起的。美国国务院认为其他国家不公正地获得美国创新药物的优势。这些国家获益于美国的药品创新而没有支付任何的费用，如有些药是同一成分、同一包装，由同一个药品企业生产，在国外只卖几美元，而在美国要卖几百美元；认为美国主导和投资生物药的创新，而允许其他国家对这些创新药物讨价还价，这种不公平的现象今后将不会再出现，应该改变美国今后贸易政策；认为要限制外国对美国创新出口药物价格的抑价，结束以较低价格将药物卖给外国的做法。

（5）"美国患者优先"计划：美国白宫公布了一个 44 页的"美国患者优先"文件，包括 2 个阶段的计划。第一个阶段，涉及可以指导美国卫生和人类服务部（HHS）立即采取的行动；第二个阶段则涉及可以考虑的附加项目。

2. 主要战略 主要战略包括以下 4 个方面。

（1）消除中间商，提高市场竞争的力量：防止药企对监管过程进行风险评估和管理策略的应对（risk evaluation and management strategies，REMS），促进生物制品的创新和竞争，制订停止医疗补助保险和可负担医疗法案（ACA）的建议，进一步加快 FDA 批准仿制药，包括如何鼓励共享仿制药和进一步促进生物仿制药的使用。

（2）更好的组织药价谈判：在联邦医疗保险项目（medicare）中试用基于价值的采购，包括基于健康结果指标为基础的定价和长期融资；允许 Medicare D 部分使用更多的替代药品，取代过去使用单一来源的仿制药，从而造成价格的上涨；给予更多的权力去与药品制造商谈判；利用 Medicare B 支付医生费用的竞争性采购计划。评估当前国家药品支出数据的精准性和有用性；解决外国政府强制许可或通过 IP 技术盗取信息的威胁，这可能会损害创新和发展，从而抬高美国药品的价格。

（3）降低价格的激励措施：FDA 评估时要求药企在广告中提供药品的价格；更新 medicare 医疗保险的药品价格目录，使得价格上涨和仿制药的竞争更加透明；限制回扣的措施，重新修订药品回扣反倾销法规；对退税制度进行额外的改革，使用激励措施阻止药品制造商价格上涨；对药品折扣计划进行改革。

（4）降低患者的自费费用：针对高价药采用 medicare 处方药的个人支付封顶。药剂师可以告知患者，可以使用低成本的药物替代方案，向投保受益人提供更好的年度信息或更频繁的成本信息。

此外，美国 FDA 在减少药品价格方面主张增加仿制药和生物类似药的竞争，并推动药品管理组织之间的竞争。医院要公开药价的信息，使患者可以享受最佳价格的治疗（best-priced treatment）。美国联邦医疗保险和医疗补助服务中心（CMS）还宣布 2019 年将改变联邦医疗保险的支付方式，要求医院在网站上公示收费标准，强调按价值提供医疗保健（value-based care），主要策略是提供可预见的和可负担成本的初级卫生保健。2018 年 5 月，在华盛顿召开的世界卫生保健大会上，美国 HHS 部长亚历克斯·阿扎尔（Alex Azar）表示，未来降低药价和推动药品研究都是需要的，今后支付方式将转向按患者的健康结果支付，而不是按医生提供多少服务量来支付。

美国药品价格改革的前景到底如何还有待进一步观察。首先遭到反对的是美国药品行业贸易集团。有些医学专家认为，有些治疗疾病的高价药是唯一的，很难降价。不少美国的政策研究者也怀疑这些措施是否会影响将来处方中高价药的供应。而且这些改革措施并没有从根本上改变药物的供应链或药物的定价系统。

三、美国药品价格改革对我国的启示

尽管中美两国国情不同，但美国此次降低药品价格的一些改革政策对我国当前药品流通体制改革还是有所启发。如消除中间商、患者处方药的自费封顶、高价药的价格谈判、以价值为基础的药品采购、以健康结果为基础的医保支付、为居民提供可预见和可负担成本的初级卫生保健等改革措施，还是有很多思路可供借鉴的。

首先，特朗普政府认为美国卫生系统对药品的滥用是造成药费高涨的原因，与药品企业、医疗保险、药品保险管理系统、医生和患者等其他人员的行为有关；其次，需要排除那些"有限治疗价值"药物的浪费，这一点与我国目前对一些没有疗效或疗效有限的辅助药物的控制思路是一致的；第三，给予药师可以与患者商讨使用较便宜仿制药的权利；第四，鼓励 FDA 加速非处方药的批准速度，这点非常重要，因为在美国目前新产品的价格要比传统药物的价格高出 15~20 倍，对医院的回扣和让利接近 30%，为使患者降低处方的自付费用，还要提倡多用仿制药品。

目前，90%处方已使用仿制药或生物类似药。一旦原研药专利到期后，最初的 6 个月内原研药品的价格要下降 60%~70%，2~3 年后进一步下降到原来价格的 80%~90%，这样可使患者自付费用的负担大大降低。这与中国的情况不同，原研药过了专利期后仍然要比仿制药高出很多倍。美国的 medicaid 医疗补助保险计划到 2021 年将有 30%的处方不需要共付（zero-gopayment），34%的处方不需要付费（zero-cost prescription）。根据美国处方药计划（prescription drug plan，PDP），政府不会直接控制药品价格，而是通过市场竞争机制，使拥有 5 700 万医保人员以及部分具有 Medicare Part D 医疗保险计划者和商业保

险公司有更多的灵活性,通过购买和谈判来降低药品的价格。这样使消费者有更多的信息,药厂也会有不同的定价激励机制。

由于美国今后将阻止创新药在国外降低销售价格,中国作为全球第二个药品消费大市场,尽管我国对国外部分进口药品已实行零关税和减持增值税,要进一步获得适合我国经济发展水平的优惠价格,还需要坚持医疗保险战略购买和谈判的策略。另一方面,还要走兼顾同时发展仿制药和生物类似药以及自主创新药物的道路,使中国不仅要成为仿制药制造的大国,而且要成为创新药研发和执照的强国。

《卫生软科学》2018 年 7 月,32(7):3-5

参考文献

[1] 詹雅婷. 川普医改美国优先宣战高价药,专家泼冷水:为期中选举揽功 [EB/OL]. (2018 - 05 - 15) [2018 - 06 - 30]. http://www.81w.org/h/201805/122828.html.

[2] QuintileslMS Institute. Outlook for global medicine through 2021:balancing cost and value. [EB/OL]. (2018 - 05 - 11) [2018 - 05 - 18]. http://www.businesswire.com/news/home/20161206005325/en/QuintilesIMS-Institute-Forecast-Global-Drug-Market-Reach.

[3] Susan Morse. Part D plan sponsors face compliance action on drug gag orders, CMS warns. Healthcare Finance. [EB/OL]. (2018 - 05 - 11) [2018 - 05 - 18]. www.healthcarefianacenew.com/news/part-d-plan-sponsors-face-compliance-action-drug-gap-orders-cms-warns.

[4] Luhby Tami. Trump Lays Out His Vision for Lower Drug Prices [EB/OL]. (2018 - 05 - 10) [2018 - 05 - 11] http://money.cnn.com/2018/05/10/news/economy/drug-prices-trump-speech/index.html? section =, pmeutopst.

讨论药品定价，躲不开公平与公正

亟需一种新的可持续的定价模式，既要注重知识产权和高投资回报，又能保证研发符合公共卫生的需要，以避免价格阻碍了基本药物的可及性。

药品定价是一个非常复杂的问题，需要平衡卫生部门和医药工业部门的利益。保证药物的可及性是保障人们健康权的一个部分。对此，目前业内达成的共识是，需要"有效的医疗保健、可获得的医疗保健和能支付得起的医疗保健"。如果一个创新药物没有人能获得或者支付得起，也就没有任何的"价值"（value）。而公平的价格也应该对生产企业有经济的激励作用。当前药品价格出现了2个问题：一是高价药的可及性问题；另一个是低价药造成药品的短缺问题。因此，亟需一种新的可持续性的定价模式，既要注重知识产权和高投资回报，又能保证研发符合公共卫生的需要，以避免价格阻碍了基本药物的可及性。也就是说，需要有一个"公正"和"公平"的定价机制。

一、"公正"定价不意味"低"

近日，2018年欧洲ISPOR会议第二次主题报告围绕"药品定价：诸多方面的公平性"展开讨论。会议由世界卫生组织基本药物和健康产品部的创新、可及和应用协调人Sarah Gamer博士主持，其代表世界卫生组织对药品定价提出了3点看法：一是多方利益相关者的讨论被视为确定公平定价议程的第一步，并重申了世界卫生组织倡导"公正"定价并不意味着是"低"定价；二是公平定价是指允许投资药企获得合理的回报，以换取可承受价格的定价，即不使卫生系统和其他支付者造成破产的定价；三是希望这种"可持续性定价"能够支持医药部门的增长，确保基本药物和其他卫生技术的普遍获得。

2019 年 5 月世界卫生组织在荷兰阿姆斯特丹召开的公平定价（fair pricing）工作论坛上，不同利益相关者聚集在一起讨论如何选择一个更加公平的价格体系，使医疗系统和医药工业系统能够可持续地发展。该会议主要解决 3 个问题：一是政府能做些什么来确保公正的药品定价和更大的药品可及性。二是医药工业能够做些什么？三是世界卫生组织如何支持这一进程？会议希望解决的关键问题包括：发展创新研发和商业模式的可供替代的新方法，通过扩展现有网络，包括其他相关利益者和国家在内，促进支付者之间的合作，还有如何评估新产品的价值、促进支付价格的透明度，以及对研发成本、生产成本和利润率的评估等。

可见，如何体现药品定价的"公正性"，达成对公平、公正的共同理解，已是卫生决策者、投资者和制药工业代表关注的热点。寻找一种可能的方法去解决当前不公平的现象和改善提供药品的可及性，建立一个可持续性的、更加公平的卫生系统，已成为业界共识。

二、欧洲药品预算与支出激辩

2018 年，欧洲 ISPOR 会议第三次主题报告围绕预算影响和支出限制进行讨论。会议主席由西班牙巴塞罗那 Pompeu Fabra 大学的 GuillemLopez-Gasasnovas 教授主持，有 4 位专家做主题发言。

卫生保健费用如何做好总额控制是一个重要的问题。一般来讲，每年应该有一个年度卫生费用的目标，其年增长率要符合实际情况。卫生费用增长的原因包括：人群收入的增加、人口学的变化、供应诱导需求（SID）、技术诱导需求（TID）以及 Baumol 相对价格的效果。后者是指 Baumol 在 1967 年提出的结构转型模型，说明医疗服务的相对价格随着人均收入的增加而增加。至于药品预算和药品费用如何封顶？长期卫生保健的问题如何解决？这些问题需要应用卫生技术评估的方法来解决。

欧洲卫生系统的现状是老年人群花费了大量昂贵医疗服务费用，不必要的试验和治疗是造成高额医疗费用的原因之一，保守估计有20%~40%卫生资源是被浪费掉的。以美国为例，1965年美国的卫生费用仅占GDP的5%，估计到2105年卫生费用将占GDP的60%。近10年，医生不合理的医疗行为已成为健康的主要威胁，欧洲的卫生系统主要依靠公共筹资，而社会保障是推动公共筹资的主要力量。短期内需要预算封顶，但如何来进行预算封顶，需要进一步研究。

要达到有效的相对和绝对药价水平，每个国家均须选择自己的增量成本-效果比值（ICER）阈值。根据对卫生保健的意愿支付，人均收入较高的国家愿意选择较高的ICER值，激励药品制造商投入研究与开发。而在这些国家中，药企也会选择较高的药价，实行以价值为基础的差异性定价。其他因素如偏好、疾病负担、收入分布和卫生制度设计也会影响药品的定价。药品价格反映相对价值。

药价问题强调长期连续的费用控制。药品预算可以设定将疾病水平与要达到的健康结果联系起来，通过临床经济学评价，最有效地提供卫生保健。将药品预算控制在一定水平且与健康结果联系在一起，可使预算使用者自由地去选择最优化的服务提供内容，包括药品的使用。

会上，西班牙马德里卡洛斯三世大学Felix Lobo教授认为，药品费用如其他公共费用一样应有预算的限制。政府做出年度预算并设置预算封顶，主要是为了提高效率和优先重点，只有创新项目才能得到政府预算的支持。在西班牙，中央政府是资金的提供者，但是中央政府没有权力去执行卫生和药品的预算。政府预算还有一个作用是根据经济增长情况，给予计划资助。过去西班牙对医药企业曾有原研药收入封顶合同，如果药企收入超过预定目标，但低于GDP增长率不需要转移收入，如果大于GDP增长率则需要返还多余的收入，若低于预定的目标政府则会给予激励措施。尽管有合同，但其还是一种不完全的契约，难以执行。但由于最近西班牙的经济状况并不乐观，在目前的情况下与药企签订收入的合同控制药品预算还是一个次佳的选择。

第三次大会给我们的重要信息是，欧盟很多国家试图通过实施财政封顶或将药物支出与国内生产总值挂钩来控制药品预算。赞成预算封顶或设定上限政策的学者认为，这些政策在控制药品成本、对药品费用可承受性和可预测性方面是有前途的；但反对者认为这些做法可能短期内有助于金融控制，但能否提高效率、播散创新技术或有适当激励市场竞争机制的作用是值得怀疑的。药品预算上限封顶的战略是否能鼓励实现更好的健康结果有待深入探讨。

《医药经济报》2018年12月20日

CAR-T 细胞治疗定价报销策略思考

CAR-T 是一种细胞免疫治疗方法，在体外对来自患者的 T 细胞进行改造，使其表达能够特异识别肿瘤细胞表面靶点的受体——嵌合抗原受体（CAR），然后再回输到患者体内发挥抗肿瘤作用。因此，CAR-T 细胞治疗是一种个体化的治疗方法。

与传统治疗方法相比，CAR-T 治疗方法的效益在于其针对疾病基因缺陷的病因，而非针对症状治疗。而这类疾病过去往往没有治疗方法，或者即使有治疗方法疗效也很差，但基因疗法可能会带来实质性的延长寿命的临床疗效。

细胞和基因治疗的价值在哪里？有专家认为，患者能否获得持续可及的高价值医疗，短期来讲，要看价格的可承受性，也就是对医保预算的影响程度；长期来看，与临床疗效、成本-效果和其他优点和缺点相关。

吉利德生产的 Yescarta（axicabtagne ciloleucel）和诺华生产的 Kymriah（tisagenlecleucel）均为第二代的 CAR-T 产品，在 2017 年已获得美国 FDA 的批准。抗原靶点的选择一直是 CAR-T 领域的研究重点。Yescarta 的 CAR 结构的共刺激区使用的是 CD28，而 Kymriah 的共刺激区使用的是 4-1BB。不同共刺激区的选择能够对 CAR-T 细胞的活性、作用方式以及最终的疗效和毒性产生较大影响，包括：对 CAR-T 细胞蛋白磷酸化程度，能否使 T 细胞存活更长的时间以维持其抗肿瘤活性、有效清除肿瘤细胞、控制病情复发，以及导致患者出现严重细胞因子释放综合征（CRS），发生全身系统反应及 B 细胞再生障碍，与可能致命的毒性反应和安全性均有关。这种细胞免疫的新治疗方法是从每个患者身上提取一种免疫系统细胞,并对其进行重新设计,以更好地对抗某些血液肿瘤,其临床治疗效果明显,可使近 40% 的患者存活 2 年以上。

一、用于血液肿瘤治疗

2017 年 8 月,美国 FDA 批准嵌合抗原受体 T 细胞(CAR‑T)疗法 Kymriah 上市,用于治疗难治或至少接受二线方案治疗后复发的 B 细胞急性淋巴细胞白血病(ALL)。这是全球首个获得批准的 CAR‑T 疗法,也是美国市场的第一个基因治疗产品,具有里程碑式的意义(表 4‑4)。

表 4‑4　血液淋巴瘤的 CAR‑T 疗法适应证批准时间和治疗人数

血液淋巴瘤基因疗法	适应证	试验人数	批准时间
Kymriah 治疗急性白血病(ALL)	25 岁以上患有 B 淋巴细胞急性白血病难治性或第二次或以后复发型	接近 600 名患者	2017 年 8 月
Kymriah 治疗淋巴瘤	伴有复发型或难治性大 B 细胞淋巴瘤经过二次或更多次的系统治疗的患者	接近 6 000 名患者	2018 年 5 月
Yescarta 治疗淋巴瘤	伴有复发型或难治性大 B 细胞淋巴瘤经过二次或更多次的系统治疗的患者	接近 6 000 名患者	2017 年 10 月
Luxturna	患者伴有确定性的双等位 RPE65 突变与视网膜营养不良相关疾病	1 万～2 万病例	2017 年 12 月

美英两国的 HTA 机构曾对 Kymriah 和 Yescarta 治疗急性白血病和淋巴瘤的经济价值进行评价,但结论并不完全相同(表 4‑5)。

表 4‑5　不同细胞基因疗法对血液肿瘤治疗的经济价值

基因治疗	目录价格	HTA 机构	基本情况下估计效益	基本情况下估计效果	增量成本-效果比值
Kymriah 治疗急性白血病(美国)	$475 000	ICER	LY 7.9 年 QALY 2.7 年	>40% 治愈,存活 5 年后可算长期存活	$45 871/QALY

（续表）

基因治疗	目录价格	HTA机构	基本情况下估计效益	基本情况下估计效果	增量成本-效果比值
Kymriah治疗急性白血病（英国）	£282 000	NICE	LY≥8年 QALY无报告	一定比例治愈（未见报告），存活5年后可算长期存活	£30 000～£50 000/QALY
Yescarta治疗淋巴瘤（美国）	$373 000	ICER	LY 4.1年 QALY 3.4年	5年存活者可认为长期存活，与一般人群死亡率相同。治愈2～5年者可作为长期存活，但其死亡率要比一般人群高	$136 078
Yescarta治疗淋巴瘤（英国）	价格保密	NICE	无报告		约£50 000
Kymriah治疗淋巴瘤（英国）	£282 000	NICE	无报告		约£50 000
Luxturna	$850 000（两眼治疗）	ICER	LY无 QALY 1.3年	治疗10年完全有效，10年后效果减退	$643 813/QALY

最近，欧洲EMA也批准了CAR-T细胞治疗的Yescarta和Kymriah，在临床治疗前也面临着提交卫生技术评估报告的迫切性以及如何管理和细胞冷链物流供应问题。在开展CAR-T细胞治疗时需要考虑几个问题：成人和儿童患有实体或血液肿瘤的患者、CAR-T细胞、对参照物没有任何限制、开展CAR-T治疗需要的资源和程序，收集有关手术前和手术成本、不良反应、治疗成本等主题分析，以进行快速评估。

随着CAR-T技术的不断成熟，CAR-T细胞疗法未来有望逐步成为血液肿瘤的一线治疗方法，甚至可能改变血液肿瘤甚至整个肿瘤领域的治疗模式（表4-6）。

表4-6 不同国家的HTA机构对不同基因疗法的评价

项目	美国CMS	商业保险	英国NICE
Kymriah治疗急性白血病	等待做出决定，是否被医疗保险所覆盖有待于循证的发展，由CMS登记或临床试验	有严格限制，治疗前CD19测试需为阳性	当收集附加的ELIANA试验资料和真实世界Kymriah治疗患者资料后建议使用肿瘤药物基金（CDF）
Kymriah治疗淋巴瘤		有严格限制，治疗前基因测试CD19	当收集附加的JULIRT试验资料和真实世界Kymriah

(续表)

项 目	美国 CMS	商业保险	英国 NICE
Yescarta		需有变异 有严格限制，治疗前基因测试 CD19 需有变异	治疗患者资料后建议使用肿瘤药物基金（CDF） 当收集附加的 ZUMA-1 试验资料和真实世界 Yescarta 治疗患者资料后建议使用肿瘤药物基金（CDF）
Luxturna	没有全国覆盖计划，由各地自由决定	可见视网膜细胞或视网膜有或无萎缩，治疗前基因测试 RPE65 需有变异	评价正在进行中

二、用于脊髓性肌萎缩症

作为一种单一的基因缺陷性疾病，脊髓性肌萎缩症（spinal muscular atrophy，SMA）患者由于 SMN 蛋白缺乏，可出现进行性肌肉萎缩。该病是一种遗传性神经肌肉性疾病，由于脊髓运动神经原的变性而引起呼吸困难，最终造成婴儿死亡。美国约有 9 000 例 SMA 患者，发病率约为 1/1.1 万。根据婴儿发病的开始月份可分成 3 型，其中 1 型 SMA 发病率高，患病率很低，说明婴儿早期发病者，病死率高（表 4-7）。

表 4-7 不同型别脊髓性肌萎缩症的流行病学和临床表现

项 目	1型SMA，婴儿出生 0~6月后发病	2型SMA，婴儿出生 7~18月后发病	3型SMA，婴儿出生 18~36月后发病
诊断病例（%）	约 45	约 20	约 30
发病率（1/10万）	3.2~7.1	1.0~5.3	1.5~4.6
患病率（1/10万）	0.1~0.15	0.57~0.67	0.64~1.05
运动功能	没有支持不能坐起，肌肉张力过低，不能控制头和清理呼吸道	能独立坐起和站立，但不能行走，后凸性关节挛缩	能独立行走，经常跌倒，脊柱侧凸、肥胖和骨质疏松症
SMN2 基因拷贝数	1~3	2~4	2~5

Zolgensma 和 Spinraza（商品名 Nusinersen）被 FDA 批准用于治疗 1 型 SMA 新生儿，但这 2 个疗法之间并没有头对头的临床试验比较。运动障碍、需要使用呼吸机和死亡是临床治疗的终点。基因疗法使原本不能治疗的 SMA 获得希望，目前的立法环境是支持 SMA 基因治疗的，但对基因疗法的长期价值还有很大的不确定性。1 型 SMA 基因替代疗法也是目前世界上最贵的基因疗法。鉴于基因疗法是一种新的机制，还缺乏长期安全性和疗效的资料，为避免出现严重治疗风险，目前主要方法是与相关药企签订以结果为基础的价格谈判合同。文献报道 2 种主要基因替代疗法的药物经济学研究结果见表 4-8。

表 4-8 不同基因疗法对 1 型脊髓性肌肉萎缩症的成本-效果分析

基因疗法	每生命年 LY 值（$）	每 QALY 值（$）	报告单位
Spinraza	5.9 万	110 万	ICER
Zolgensma	18.2 万	243 万	ICER

三、公正定价细胞和基因疗法

基因疗法主要用于治疗罕见病，且采用单臂试验来评价，而从伦理和实践角度来讲不可能采用对照组的试验方法。由于小样本的原因在统计学证据的有效性上会受到影响，且目前治疗费用又极其昂贵，再加上对基因疗法的长期效益和安全性仍不太清楚。因此，经济学评价和医疗保险是否需要覆盖面临着特殊的挑战。

当前，国际正在合作研究，如何获得一个评价基因疗法可能治愈的方法和如何公正地确定以价值为基础的定价。鉴于目前基因疗法的临床试验时间短、治疗病例数量有限、研究设计和结果测量还不完善，所以临床的安全性和效果还有很大的不确定性。由于治疗费用的付出和累积效益的获得有时间差，因此，基因疗法获得的终身健康和成本的抵消与传统的治疗方法相比有很大的不同。

在处理效果的不确定性方面，可以提出基本情况，并给出合理、保守和乐观的情景。运用治愈分数模型（cure fraction model）和 spline 为基础的生存模型，当价格已知时，开展影响效果持久性的阈值分析。药企应收集长期的临床结果资料，同时关注希望的价值和保险的价值、科学溢价以及附加的 QALY 权重。英国 NICE 按高特技术评价时可以放大到 10 个 QALY 为阈值，药物经济学评价时可计算 QALY 的相对比例和绝对的差值。

应用单臂小样本试验由于罕见病 SMA 往往是小样本，难以做到真正随机，单臂试验实际是假设有对照组存在。

提升阈值的标准对超罕见病的以价值为基础的价格基准仍然确定为 10 万～15 万美元/QALY 的较高阈值，成本-效果的阈值也扩大到 5 万～50 万/QALY。

开展模型法研究是药物经济学中常用的一种方法，对 CAR-T 细胞疗法的研究十分合适。如在 SMA 疾病研究中，瑞典曾创造性地提出 2 种健康状况转移的 Markov 模型方法。一种是适合新生儿时期发病的 1 型 SMA，另一种适合于 2 型或 3 型 SMA。前者从基线开始；第二层次，分成情况转差、稳定基线时的功能、情况改善 3 种情况；第三层次从任何健康状况进入死亡或进入到后期发病（2 型和 3 型）。运动功能可分为 4 种：没有支持可以坐起、在帮助下能站起来、在帮助下能够行走及没有帮助能够站起来和行走。主要的临床干预措施是永久性使用呼吸机、消化道造瘘及脊柱侧弯进行外科手术矫正。模型模拟时间为 40 年。后一种模型是针对出生后晚期发病的 2 型或 3 型。主要模型的构建与前一种模型相仿，将稳定基线时的功能情况再按多种功能情况，按 HFSME 评分分成轻度、中度和在帮助下能站立和走路 3 个级别。模型运行的时间为 80 年。模型设计从 2 个方面考虑：一是从社会角度，将包含初级和二级医疗机构的直接医疗成本、患者交通费用和非正式的医疗成本和照护者的误工费用；二是从支付方角度，包括费用的敏感度分析。模型需要输入的资料包括临床资料、门急诊和住院费用、检验和材料，也可通过咨询临床专家获得相应的信息。该模型已在瑞典、英国、加拿大、爱尔兰、苏格兰及荷兰等国应用（表 4-9）。

表 4-9 Zolgensma 和 Spinraza 小样本治疗脊髓性肌萎缩症的效果

结　果	Zolgensma（$n=12$）		Spinraza（$n=80$）	
	人数 n	%	人数 n	%
死亡人数	12	100	67	84
永久使用呼吸机人数	12	100	62	76
使用呼吸机者中死亡人数	12	100	49	61
	Zolgensma（$n=12$）		Spinraza（$n=73$）	
患者伴有运动反应的人数	—	—	37	51
头部能控制	11	92	16	22
翻动	9	75	7	10
坐起无须帮助，坚持≥5 秒	11	92	6	8
坚持≥10 秒	10	83	—	—
坚持≥30 秒	9	75	—	—
爬行	2	17	—	—
拉到支架上	2	17	—	—
能够站立	—	—	1	1
独立站立	2	17	—	—
独立行走	2	17	—	—
能够讲话	11	92	—	—
将手放在嘴巴中	12	100	—	—
帮助下能坐起	11	92	—	—
吞咽	11	92	—	—

资料来源：2019 ISPOR Conference

鉴于50%的罕见病是儿童疾病，罕见病的卫生技术评价有其特点。首先愿意接受低水平的证据；由于没有有效的治疗方法，因此认为是"没有满足的需要"；允许较高的增量成本-效果阈值；重视对照护者的健康影响和更广泛的社会效果。另外，咨询患者和照护者在罕见病研究中十分重要，对了解疾病负担、相关结果的测量、提供明显改进的迹象有帮助，患者和患者组织的呼声往往可以提供关键的健康改善信息，应予重视。

四、细胞和基因疗法医保报销争议

美国在 2016 年 12 月通过了《21 世纪治愈法案》，其中再生医学先进治疗的立法（RMAT）已被批准。估计到 2025 年，FDA 将批准 10～20 个细胞基因产品。美国医疗保险管理机构 CMS 已宣布为追踪治疗白血病和淋巴瘤患者的临床结果，对 CAR‑T 高昂的医疗费用，报销比例最高可从原先的 50% 增加到 65%。

哈佛大学朝圣者医疗保健院的 Sherman 认为，医疗保险支付方对细胞基因治疗方法一般存在 3 个问题：一是这种细胞基因治疗与其他治疗方法有什么差别？二是这些差别会给医疗保险带来什么影响？三是医疗保险支付方对基因治疗面临怎样的挑战？以价值为基础的定价标准仍然是在 5 万～50 万美元/QALY，需要政策决策者接受这一阈值。当超罕见病治疗时对卫生系统以外的效益和成本的影响与卫生系统成本有很大的关系，社会角度的分析将与卫生保健系统角度的结果连在一起。

五、结语

细胞疗法和基因疗法领域正在进入蓬勃发展的新时代。自 2008 年起，全球基因疗法领域开始了稳步发展。发展速度从 2013 年起开始加速，至 2018 年更是达到了飞跃。但是细胞和基因治疗仍处于研究阶段，结果尚未成熟。现阶段我国的医疗保险属于基本医疗保险，从现有医保基金的承受能力来讲，尚不足以支付高昂的细胞和基因的治疗方法。至少在近阶段还需要进一步观察这些新技术的发展。

《医药经济报》2019 年 9 月 12 日

亚太高价药定价和支付方式参考

近几十年来，疾病治疗已取得了显著进展。美国从 1996 年起引入了 HAART 疗法（俗称鸡尾酒疗法），使得艾滋病的死亡率下降了 88%。随着新的治疗方法的应用，近 20 年来美国的肿瘤死亡率减少了 27%，肿瘤患者的存活时间增加了 73%。亚太地区 60 岁以上人口已占全球的 60%，中国、日本、新加坡、韩国和澳大利亚尤为明显。全球 50% 的心血管疾病患者在亚太地区，50% 的肿瘤病人也在亚太地区。亚太地区对药物的可及性，特别是对创新药物的需求正在增长。

当前已进入先进治疗的新世纪，新的治疗方法带来了实质性的健康效益，满足了亚太地区未满足的用药需要。为了提高亚太地区对药物的可及性，很多国家都出台了相关政策。比如，日本推行了 HTA 的补偿框架；越南扩大了医保覆盖面，使得治疗需求快速增长；泰国在 2013 年引入全民覆盖计划；印度从 2018 年起实行全面健康保险计划，提高低收入人群医保可及性；中国从 2016 年起修订了国家药品审评审批程序，加快了药品审评和审批过程，使创新疗法尽早纳入报销范围；韩国则自 2013 年起改善对抗肿瘤药物和罕见病药品的可及性，对一些新的治疗方式采用免除成本分析和风险分担的方式改善药品可及性。

治疗方法的持续进展，也给医保支付和患者带来了成本负担。统计显示，2017 年经合组织国家总医疗费用中平均 17% 用于药品。亚太地区药品人均花费约为 200 美元，家庭灾难性支出的医疗费用约占 14%，在欧洲平均只有 7%。

在西太区，韩国、澳大利亚、新西兰三国实行财务和绩效计划以应对医疗负担。澳大利亚在 2010 年引入管理准入计划（managed entry scheme），实行风险分担，从肿瘤疾病逐渐扩大到心血管疾病和丙型病毒性肝炎治疗，并在应用直接抗病毒药物（DAAs）时采用财务风险分担的预算封顶的方式。韩国在采用 Carbometyx 治疗肾细胞恶性肿瘤和 Her2 阳性乳腺癌时，曾利用风险分担的方式去支付，如预算封顶或采用有条件的支付分担。而新西兰同样引入了财务风险分担方式。

对高价干预措施的定价、评价和患者可及性的创新方法备受关注，不久前，在 2020 年亚洲太平洋地区的国际药物经济学和结果研究大会第三次全会上，来自韩国、泰国、新西兰的专家分别提供了各自国家的改革经验。

一、韩国：推行高价药风险分担合同

韩国对高价药价格控制实行风险分担合同（risk-sharing agreement，RSA）。对实行风险分担合同的高价药有较明确的遴选条件：针对无替代或无等效的抗肿瘤药物；对生命有威胁的罕见病的药品；由韩国药物补偿评价委员会（DREC）指定的其他药物，主要基于疾病的严重程度、社会影响及对卫生保健带来的影响做出判断。

韩国实行 RSA 合同的形式多样，例如：①根据治疗效果决定报销情况，即患者治疗一段时间后，若达到阈值目标，则可继续治疗并获得药费的报销，反之，药企需要返还医保报销的药费。②对最高的药品预算进行封顶。如对抗肿瘤药物或罕见病药物销售额度超过原先谈判设定期望目标用量的 130%，对免除进行成本效果试验的药物或是相同的药物采用超过目标用量值的 100%（即加倍量）。③资金返还。即超过预先确定的医保报销费用时需要返还资金。④对每个患者的药品费用封顶，该方法根据预设的销售量或医保报销的人数支付，如超过限额按百分比进行费用返还。可见，风险分担或是解决高价药可及性方法之一，也可看作是对高价药的一种隐性折扣。事实上，财务风险分担合同可有最高预算封顶或费用返还的方式已在多国实行。

风险分担合同的方式同样也是一种解决国际参考价格矛盾的工具。由于韩国药价（最高准许价）可在网上公开查询，随着韩国的药价被越来越多的国家参考，给患者对创新药的可及性带来了负面影响。而风险共担的合同可以公布较高的价格，避免将韩国的价格作为国际参考价格的最低价。

韩国还提出对需要医保报销补偿的药品开展评价的建议。因为目前韩国的药品一旦可以报销，很少再做药物经济学评价，如果效果不确定，便不能反映创新高价药的价值，药品就应降价。此外，韩国药企也抱怨医保机构对提交的药品材料评审时间过长。因此，未来韩国将引入对高价药补偿后建立新的评价系统，并进行前瞻性的资料收集工作，提供真实世界证据，与药品审批前的临床疗效等资料进行对比，并提出新的价格建议。

二、泰国：评价药物经济性阈值

泰国有全民覆盖计划（UCS）、公务员医疗福利计划（CSMBS）、社会保障计划（SSS）3 种医疗保险制度，其中以全民覆盖计划的基金数量最大，药费占总卫生费用比例从 1993 年的 26% 上升到 2018 年的 47%。2017—2021 年，泰国将鼓励发展国内医药工业自给自足，建立价格政策、控制药品费用，发展 HTA、价格谈判和补偿，增强药品的监测和评价，通过国家中央集中采购、实行国家标准编码，保证药品质量，作为其药品系统战略。

泰国制定的 ICER 阈值是小于一个人均 GDP，即 16 万泰铢/QALY，约 5 000 美元，再根据预算影响分析结果和 3 种医疗保险制度的可负担性确定谈判的价格。其决策分析方法（MCDA）多维，如：根据成本效果、增量成本效果值，其中成本效果是关键，但并非唯一标准；中长期预算影响的分析；伦理考虑；提高新干预措施的供应能力；公平性等。

预算影响分析，一是分成低度预算影响，即年度预算小于 2 亿泰铢，如治疗戈谢病 I 型的伊米苷酶（imiflucerase）；二是高度预算影响，即每年的预算大于 2 亿泰铢，如终末期肾病的腹透，治疗哮喘应用抗免疫球蛋白 E。是否为抢救生命的干预措施，是否具有高度临床和经济价值，是否符合标准的临床指南，治疗中是否有替代药品，为泰国在高价药品上重点的优选条件。

泰国应用 HTA 方法将药品分为覆盖程度（高度 80% 以上，中度 40%～80%，低度 40% 以下）和批准补偿报销时间（分为慢：上市 3 年后；延缓：补偿要等 1～3 年；快速：上市 1 年内）2 个维度，从而将药品分成 9 类（图 4-1）。可见，泰国根据药品使用覆盖人群的多少及其临床和经济学价值来分类，并非药品一上市就给予报销，而 1、2、3 类药品是医保定价和纳入报销的重点。

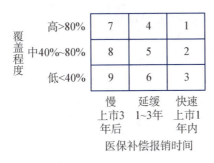

图 4-1　泰国的医保药品补偿时间和药品覆盖程度之间的关系

三、新西兰：招采采用邀请制

新西兰的药品采购局（PHARMAC）负责当地社区和医院的药品、医疗设备、疫苗、血液制品和药品的招标采购工作。其药品招标采购采用邀请制，为独家供应，签订 100% 的 3 年市场协议。供应商的义务是确保招标期限内的整个市场供应，可通过直接签订合同或谈判方式，包括回扣、费用封顶及多种产品的协议进行。政府采购行为推动了药品的降价、准入管理、风险分担。药品降价后可使更多人获得药品，且增加了药物的自身价值。

PHARMAC 的工作模式是使新药通过市场竞争，降低价格，节省费用。通过长期的市场调查、预测不同产品组的情况，做好预算影响分析和成本-效用分析，包括对生命周期的影响，从多角度分析药品费用，患者住院、诊断和个人负担情况的长期评价。药品谈判可以决定价格、回扣、改善循证证据、患者可能获得的效益，如增加适应证、改善疾病的严重程度。

当然，新西兰也面临着很大的挑战和压力，比如，大量新药的出现会提高药价，患者通过网络信息对新药的期望值大大提高；同时，存在罕见病药物报销的问题；肿瘤药快速准入更需要建立专门的基金来支持。

《医药经济报》2020 年 11 月 16 日

第五篇

医保药品管理

药品购销"两票制"政策的理论和实践

国务院办公厅关于《进一步改革完善药品生产流通使用政策的若干意见》(国办发〔2017〕13号)明确指出,推行药品购销"两票制",争取到2018年在全国推开。2017年1月,国务院医改办会同国家卫生计生委等8部门又联合印发了《关于在公立医疗机构药品采购中推行"两票制"的实施意见(试行)的通知》,通过开具增值税发票,公立医疗机构在药品验收入库时必须验明票、货、账三者一致方可入库、使用,以保证"两票制"政策的落实。

一、"两票制"政策的由来

药品流通是药品供应保障体系改革的重要环节。药品从生产到销售都要依赖物流系统,需要专门的组织来储存、运输,特别是在西部农村偏远地区,药厂生产的药品直销到医院是极少的,只有通过批发经销商才能到达消费者手中。这是社会的分工,也是药品流通的市场客观规律。从药品价格形成来看,药品出厂价应包括药品生产成本、销售成本及研发成本;批发经销系统包括物流成本、仓库储存成本及运输成本等。药品零售单位(医院和药店)也有仓储成本、人力成本及消耗成本等。因此,药品生产、流通的整个过程链均会有成本的消耗。

在计划经济时代,药品经销形成了一级、二级和三级批发商,层次比较清晰。但在目前市场经济条件下,据不完全统计,2010年底我国有1.35万家药品批发企业，39.9万家药品零售企业，下设门店13.7万家，零售单体药店26.2万家；医药电子商务企业264家，其中具有第三方医药物流资质的有116家；2014年，全国建成现代医药物流中心237个。前100位的药品零售企业只占市场销售总额的28.1%。总之，整个药品流通体系呈现多头、分散状态，缺乏比较集中的销售渠道。药品价格层层加码，以至于有些零售药品的价格超出药品出厂价格的几十倍到几百倍。因此，药品流通环节需要进行整治和规制。

对药品价格加成的规制是药品价格管制的一个部分，可以促使药品价格的下降，但需要法律的保障才能落到实处。流通渠道的加成目的是补偿药品流通的成本、费用及利润。因此，对整个药品流通企业的利润、批发差率、零售差率都应制订标准。但如果规制过严，也会带来偏远地区药物供应的困难。

"两票制"是指药品在流通环节中从药品生产企业卖给经销商开具一次发票，从经销商卖给医院再开具一次发票。以往由于药品流通环节不够规范，药品代理经销层次过多，层层加码，"过票""倒票"现象十分严重，不仅降低了药品流通效率，而且明显提高了药品的虚高价格。实行"两票制"一是有利于规范药品流通秩序，降低药品虚高价格；二是有利于加强药品监管，实现药品价格的追溯机制；三是有利于净化流通环节，打击非法挂靠等违法行为；四是有利于流通企业做大、做强，提高集中度。福建三明市最早推行了"两票制"，之后，安徽、浙江、陕西、青海等以省为单位试行"两票制"，减少了销售的层次，遏制了过度开具发票（over invoice）的机会，使大型药品批发企业得到了迅速发展，公立医院的药品采购行为公开透明。

二、药品批零差率的国际比较

世界卫生组织在2012年的药品价格指南报告中曾对发展中国家药品的批零差价进行了文献综述（表5-1），认为发展中国家的药品批零差率差异很大，低的10%左右，高的可以达到200%~500%，中位数在20%~50%。过去我国提出的药品批零差率西药是15%、中药是20%，大致也在这个范围以内。

世界卫生组织同时也报道了发达国家的药品批发差率，与发展中国家相比，发达国家药品批发差率在各国之间的差异较小，低的 2%～4%，高的 20%～30%，大部分在 10% 左右（表 5-2）。有的国家实行固定差率，有的国家实行累退性差率（regressive fixed fee %），对高价药品设定较低的批发差率。鉴于我国公立医疗机构综合改革的过程中，药品已实行零差率销售，国外流通渠道加成率的情况可供实行"两票制"时参考。

表 5-1 发展中国家及地区药品的批零差率

发展中国家及地区（年份）	批发差率（%）	零售差率（%）
亚美尼亚（2002）	25	25
玻利维亚（2008）	185～488	41～123
乍得（2004）	41～44	30～44
中国山东（2004）	16～25	30
中国湖北（2007）	—	15.6～177.8
厄瓜多尔（2008）	50～56	30～60
埃塞俄比亚（2004）	27～30	25
加纳（2004）	10	20
伊朗（2008）	—	15
科索沃（2002）	15	15
马来西亚（2004）	17～20	0
马里（2004）	20～50	24～45
毛里求斯（2002）	14	27
蒙古（2004）	15	0
尼日利亚（2005）	—	5
秘鲁（2005）	20	25
菲律宾（2008）	—	30
塞内加尔（2000）	20	50
斯里兰卡（2001）	7	12.5
苏丹（2005）	20～28	20
坦桑尼亚（2000）	0	50
泰国（2006）	—	原研药 30～41 仿制药 20～567

(续表)

发展中国家及地区（年份）	批发差率（%）	零售差率（%）
突尼斯（2004）	10	0
乌干达（2007）	23~25	0
也门（2006）	10	—
刚果民主共和国（1988）	—	150

资料来源：WHO and Health Action international. Regulation of mark-upsin the pharmaceutical supplychain review series on pharmaceutical pricing policies and interventions. Geneva，2011.

表5-2 发达国家药品的批发加成率

国　家	批发差率（%）	国　家	批发差率（%）
阿尔巴尼亚	12	希腊	8.43
奥地利	9	匈牙利	5~12
比利时	13.1	爱尔兰	15
保加利亚	7~10	意大利	6.65
捷克	29	挪威	5~7
爱沙尼亚	3~20	波兰	9.8
芬兰	4	西班牙	7.6
法国	2~10.3	土耳其	2~9
德国	6~15	英国	12.5

资料来源：OECD（2008）报告和 Prescription pricing and reimbursementin for mation（PPRI）（2008）报告

三、"两票制"能降低药品价格吗

实行"两票制"对医药企业、商业企业、医疗机构都会带来一定影响。给原有的药品企业营销模式和流通环节商业模式带来很大的变化，影响最大的是中小型企业和经销商。为净化药品流通环境，中小型企业和经销商面临兼并、重组、转型及退市等挑战。

公立医院综合改革的重要措施之一是实现"医药分离"和破除"以药养

医"。从严格意义来讲，医院药品的进价就是药品的零售价格。流通渠道经销商的利润来自于药品的批发差价。药品零售企业可以获得零售差价。

理论上，实行"两票制"后，通过规范或减少药品的经销渠道，会大大降低营销成本，可以直接降低药品价格；加上公立医疗机构实行药品零差率销售，药品零售价格会更低。尤其是如果能实行所谓的"一票制"，从药厂直销到医院，药品价格是出厂价格加物流成本，自然要比经过多层经销商或分销商营销便宜得多。但在实践过程中，直销的情况很少，大部分药品生产企业自建营销商机构不划算。

"两票制"在降低药品价格方面，还有很多不确定因素。过去药企对药品的出厂价格可能是"低开"的。药品在流通供应链各个环节中需要加价销售，实行的是"按环节收费"。实行"两票制"后，开票的次数大大减少。因此，药企对药品的出厂价格很可能会"高开"，试图将流通环节的各项营销费用打入出厂价格中，以便支付经销商以后的营销费用。

最近还有一种做法是在大型经销集团内部，不同层级之间的药品流通视为同一销售企业，可以不计票数。这可以说是"上有政策，下有对策"。如果中小经销商被兼并到大型经销商旗下，可以通过内部结算，同样不会违反"两票制"的原则。如果没有真正减少流通环节的话，要想降低药价是困难的。因此，实行"两票制"能否降低药品费用，有待进一步观察。

四、"控制药品流通渠道的加成率"是最佳政策

2010—2011年，笔者有幸参加世界卫生组织代表团对我国医药卫生体制改革基本药物政策的外部评估工作，当时药品流通环节的加价是一个引人注目的问题。

世界卫生组织代表团对药品加成政策提出一些建议。首先，药品加成作为整个药品定价策略的一个部分，国家应该考虑规制供应链中的加成率（包括配送商/批发商）。我国药品的出厂价和零售价之间的加成比例很高，应该得到控制。这个问题已列入我国有关政策，但由于很多原因而没有得到实施和落实。

其次，应该考虑规制零售渠道中药品的加成和各种费用。例如，药店应该怎样加价，医生处方费应该怎样开出，药师是否需要调剂费等。

如果药品加成已经规制，国家应该考虑累退性加成，高价药品采取低加成，低价药品实行高加成，这样才能促成合理使用仿制药品，避免医疗机构为获取更高差额而多使用高价药品。还要考虑的问题是，如何鼓励特殊药品的使用，比如，针对仿制药品、用量较少的药品以及能获得报销的药品，需要有不同的政策；对一些特殊患者，如脆弱人群或边远地区人群，也应该有不同的策略。另外，应该考虑规制药品回扣和打折的现象，公开药品加成和药价信息。这些建议对我国医药体制的改革具有重要的现实指导意义。

总之，笔者认为"两票制"的实行需要不断总结经验，监测和评价效果。监测和评价的内容包括：商业流通企业的集中度，药品价格的变化，药品市场的特点，基层配送的状况，流通差率水平等。在实行"两票制"过程中，通过计算出厂价、经销商购进价和医院药店进货价之间的差距，了解不同药品的经销批发差率，为完善"两票制"政策提供科学的依据。

《卫生经济研究》2017（4）:8－10

参考文献

[1] 2015—2020年中国零售市场运行态势与投资前景评估报告［EB/OL］.（2016－01－07）［2016－03－01］. www.chyxx.com.

[2] 我国公立医疗机构药品采购推行"两票制"［EB/OL］.（2017－01－09）［2017－01－15］. http：//news.xinhuanet.com/health/2017-01/09/c_1120274317.htm.

[3] World Health Organization. WHO Guidelines：Pharmaceutical Pricing Policies［Z］. 2012.

带量采购的经济学理论基础和影响分析

2018年，国家医疗保障局成立后，对过去的药品招标采购工作进行了重大的改革。根本的区别在于由医疗保险部门代表广大患者对药品进行战略性购买。医疗保险部门扮演了真正的购买者（purchaser）的作用。以往由卫生行政部门主持的药品招标采购工作只"招标"不"采购"，与药品企业建立的是不完全契约关系，因为真正的采购者是医院群体。因此，即使省级或地方招标后，药企和经销商还要再与不同医院进行"二次议价"。尽管三令五申不能进行"二次议价"，但这个顽疾还是未能改变。因为招标组织者并不购买药品，也不能反映医院的需求，这种不带量的招标也不可能使虚高的药品价格降到实处。

一、带量采购的意义

带量采购有很多不同的提法见诸报端，如带量采购、"4+7"城市药品集中采购、国家组织药品集中采购试点、国家试点联采及集采等。总之，4个直辖市（北京、上海、天津、重庆）和7个副省级城市（广州、深圳、沈阳、大连、西安、成都、厦门）于2018年11月15日正式落实药品带量采购工作。这次原定的带量采购药品有31个品种，大部分是在相关疾病领域销售量较大的品种。其中有12个品种是已通过药品质量和疗效一致性检验的药品。所以这类药品带量采购的结果，也是其他药企观望的对象。

用经济学的观点来看，这次"4+7"城市的带量采购属于"团购"（bulk purchasing）的性质，由于采购量巨大，医疗保险部门形成了买方的垄断（monopsony），而且医保部门规定中标品种将实行按通用名"单一货源"（single source）中标。也就是通常所讲的"市场统吃"。如果将来扩大到更多的省（市），这样中标的药企会垄断（monopoly）该品种的主要市场，尽管中标的价格很低，但已形成了垄断市场的价格（monopoly prices）。

带量采购的意义在于确定了价格和用量的合同关系（price-volume agreement），用量越大，价格越低。这样，相应的患者可以得到便宜的药品，医疗保险部门也可以节省大量医疗保险的统筹基金，药企通过薄利多销同样可以获得很高的利润。

这里关键的问题是如何制定正确、合理、公正和公平的定价（fair pricing）。按照世界卫生组织的说法，公正的定价并不意味着就是制定"低价"，而是指卫生系统和患者个人均可承受的价格，同时允许药企的投资得到合理的回报，有足够的市场，激励药品企业继续研发和创新，可持续性地发展，而不是造成药企"破产"性的定价。总之，带量采购最后形成的价格，应该是一个合理、公正的价格，政府、医保、患者和药企各个利益相关者均可接受。政府组织带量采购，通过市场机制最终形成卫生系统和患者个人均可承受的价格。

二、带量采购的基本模式

带量采购的具体做法，首先是带量采购药物的遴选，由医疗机构上报，并结合试点地区所有公立医疗机构上年度药品总用量的60%～70%估算采购总量。换言之，还有30%～40%的药品总用量并不在此次带量采购的范围内。实行的中标方式是单一货源中标。由医疗保障局提出遴选试点品种并提出采购量。召开药厂座谈会，鼓励药企应标。不分规格和剂型，可按差比价计算价格。最后公布带量采购方案。仿制药自身需要通过质量和疗效一致性评价。最后没有进入带量采购的品种，各医疗机构仍可采购省级药品集中采购平台的其他中标和挂网品种。但市场的占比会进一步压缩。

签约中标企业需要签订合同，首先要尽快落实到医院。医院如果不能落实采购总量将要受到各种方式的处罚。如医疗保险方面将会减少总额控制的医保指标；取消医保定点机构资格；减少地方政府对公立医院改革以奖代补的资金；影响医院等级评审和重点专科评审；影响院长目标责任制考核；医务人员首先要使用批量采购的药品，如果不处方批量采购的药物，将受到严肃处理。

三、带量采购的效果

这次带量采购试点的效果是非常明显的。在 31 个试点通用名药品中有 25 个集中采购拟中选。成功率达到 81%，其中通过一致性评价的仿制药 22 个（占 88%），原研药只有 3 个（占 12%），说明国产的仿制药占带量采购的主导地位。

从降价的幅度来看，与 11 个试点城市 2017 年同种药品最低采购价相比，拟中选品种平均降幅到 52%，最高降幅达 96%。阿斯利康的原研药吉非替尼片（易瑞沙）降价 76%，施贵宝的福辛普利钠片降价 68%，与周边国家和地区的价格相比降低 25% 以上。

带量采购能够取得大幅度降价的原因是值得分析的。一个明显的例子是正大天晴公司生产用于治疗乙型慢性肝炎的恩替卡韦片（0.5 mg，0.62 元/片）是拟中选价格降幅最大的一个，达到 95.496%。有记者报道说该厂的目标是要确保在肝病领域的战略地位，一定要确保中标。中国有 3 000 万潜在乙肝患者，如能低价中标，就能抢占市场份额，而且可以低价遏制以后的进入者，以价换量，提高规模效益，可以薄利多销，总之，成本还是可控的。

另一个案例是阿斯利康的吉非替尼（商品名易瑞沙，Iressa），它是第一代表皮生长因子受体-酪氨酸激酶抑制剂（EGFR - TKI）。肺癌患者治疗出现耐药的时候，可以选用第三代的靶向药物甲磺酸奥希替尼（商品名泰瑞沙 Tagrisso）进一步治疗，面对齐鲁药厂的吉非替尼仿制药的竞争，同时考虑到为未来第三代靶向药物泰瑞沙的市场需求做好产品衔接，因此降价 76%。

从首批招标情况来看，已经有 6 个流标的药物品种主动放弃了这次带量采购的机会，还有不少企业在观望中。其中石药欧意的 3 个品种，阿莫西林胶囊、阿奇霉素和盐酸曲马多片，均为低价药品种。企业能否中标，取决于多种因素：首先是药企自身的降价意愿，招标产品在 11 个城市的市场占有率和销售额占比，以及降价后对公司业绩的影响、成本底线等。总之，流标的深层次原因是值得思考的，可为今后批量采购和药价谈判提供经验和教训。

四、 带量采购的影响

带量采购的影响是深远的，它的影响分析需要很长的时间。药品行业将实现转型升级、医保带量采购也会推动药品流通渠道的转型，对药品生产、流通、使用中会加强全生命周期的质量监管，提高药品采购平台更加阳光和透明，鼓励医疗机构使用价格适宜的药品，减少患者的负担。

带量采购是未来的发展方向是肯定的。2018 年 12 月 7 日，国家组织药品集中采购和使用试点工作部署会议，国务院副总理、国务院医改领导小组组长孙春兰同志强调："要坚持市场机制和政府作用相结合，探索跨区域联盟集中带量采购，量价挂钩、招采合一，做好保证使用、确保质量、稳定供应、及时回款等工作"。

带量采购工作是在政府统一领导下，药品集中采购，以市场为主导的药价形成机制。现在已经探索出一条可行的方式，是促进药价回归到合理的水平的重要措施。因此，带量采购的政策今后还会不断地扩大地域范围，乃至全国的市场。外资企业的过专利期的原研药将不再一直维持在高价位，对原研药的定价政策也会发生相应的变化。

五、 带量采购的各相关利益方的反应

此次带量采购的中标药品降价幅度很大，超出预期，因此药界反应也特别强烈。药企的利润空间很低，因此，提出利润和市场之间应该怎么平衡？如果

我们不忘改革的初心，能让群众和患者用得上质优价廉的药物，以人民的健康为改革的最终目标，增加人民用药的可及性，药厂也会得到市场应有的回报。

一般认为应该是两三家共同中标为好，现在实行的是独家中标的政策，好像挺让人担心的？这可能与不同药品的特性和市场的规模有关。独家中标的缺点是缺乏竞争、挫伤未中标的多家药企为提高质量和疗效一致性试验前期投入的积极性，而且可能有供货短缺的风险。但优点是更能体现量价挂钩的作用，要求企业建立库存制度，通过协议规范配送行为，有的药企上市多年来已回收研发成本，制造成本也有所降低。因此，质量和供应是有保证的。

有人担心中标的药品价格过低，可能很难保证后继的质量？笔者认为凡是中标的企业应该多是通过质量和疗效一致性试验，在质量上应该是有保证的。而且在后继的供应中需要随时进行质量的抽检，以确保后继的质量问题。

还有人提出，"担心在带量采购的影响下，已通过一致性评价的中标仿制药企业需要付出更多的成本去与其他较差的仿制药企业竞争，因为政策要求中标的药品价格必须比没有通过一致性评价的还要大幅降价。这样不利于中国仿制药行业的发展？"笔者认为从长远的观点来看，中国不仅是仿制药的大国，而且是仿制药的强国。仿制药的质量是仿制药强国的表现。随着我国大型医药企业的建设，很多药企的设备已符合国家和欧美 GMP 的标准。引进国际先进的管理理念和质量控制标准，生产规模不断提升，药品的边际成本也会不断下降，这也就是为什么可以降价的底气。20 世纪 80 年代曾有过几次大规模药品降价的情况，21 世纪的今天，如果还有集中采购和使用试点的机会，我国的仿制药能全面取代原研药，一定能够确保群众用上质优价廉的药品。

目前的批量招标方式是否意味着"双信封"的制度已不复存在？所谓"双信封"制度是印度首创的，只是先比较质量，再比较价格的一个序贯的招标体系。在通过质量和疗效一致性检验后，药品质量应该均有保障，当然价格的因素就变成主要的指标了。这也是目前批量采购的主要因素。对那些目前还没有通过质量和疗效一致性评价的仿制药产品，质量问题仍然是主要的考量因素。

未来带量采购还需要进一步完善，鼓励在全国各地创造更多的方式和经验。迄今，全国还有超过 50% 的药品市场尚未开展带量采购，药品降价的幅度取决于联采市场的规模,以及市场竞争的充分程度。原研药的降价是必然的趋势,但由于患者和医生对原研药的信念和忠诚度(loyalty)仍然会在市场中占有一定的比例。下一步医疗保险支付价格的出台,将会对医药市场带来新的震荡。如果药品的支付价格按照带量采购的标准制定的话,就会加速带量采购工作的推进。

另一点需要考虑的是,由于不同品种之间有的是在质量前提下通过带量采购,有的仍然在不保证质量一致性前提下维持一般招标采购的方式,在不同质量的药品之间会有价格差异的存在。是"良币驱逐劣币",还是"劣币驱逐良币",其发展趋势是需要继续观察的。"4+7"城市带量采购的实践给我们带来了很多思考。

《卫生软科学》2019 年 1 月 33(1):3-5

参考文献

[1] WHO. Meeting Report on Fair Pricing Forum [R]. Amsterdam, The Netherlands, 2017.

[2] 刘彬. 划重点,国家联采影响几何 [N]. 医药经济报,2018-11-28(003).

[3] 新华社. 孙春兰:稳妥推进药品集中采购和使用试点 确保群众用上质优价廉药品 [N]. 健康报,2018-12-07.

[4] 边界. 回归普药!"4+7"集采打开仿制药薄利时代 [N]. 医药经济报,2018-12-25.

数字医疗医保关注点明确

上周，2019年欧洲ISPOR大会在丹麦哥本哈根召开，来自全球90多个国家和地区的代表出席了本次会议。今年，欧洲ISPOR会议的主题是"卫生保健的数字化转型：改变角色和分享责任"（Digit transformation of healthcare: Changing roles and sharing responsibilities）。大会共有3个主题报告：一是医疗保健数字化——方便及时、按需和始终连接；二是确定医疗保健系统的状态；三是医疗保健大数据——研究和学习的无限机会。

在专家们看来，新技术的发现正影响着疾病预防、诊断和治疗的方式，更加注重并确保为患者提供综合性和个性化的医疗服务。未来几年，医疗领域的重大变革不仅涉及技术（如机器人技术、持续的体内健康感知、人造器官和医疗决策支持的人工智能等），还涉及医疗保健的组织和提供方式（如远程医疗、患者参与等）。此外，医疗服务模式正在从治疗疾病模式转变为注重个人不同的福祉、维持不同的价值观和期望值上，使个体化医疗变得更加重要。在这一广泛的发展中，数字化被认为是医疗系统发展的主要驱动力。在主题报告一讨论中，7位专家就医疗保健数字化转型中新医保支付者的目标、激励方式和愿望进行了探讨，并就传统利益相关者在医疗保健中的角色改变，以及如何加强变革和努力实现预期结果发表了各自的看法。

一、与5个W相关联

数字医疗（digital therapeutics，DTx），即给患者提供以循证为基础的治疗干预措施，包含将高质量的软件系统用于预防、管理或治疗某些疾病，以及独立应用器械与药物或其他疗法，使患者获得最优的健康结果。数字医疗产品则是将先进的技术和最佳的实践用于产品设计、临床评价、应用和安全性方面，并得到立法规制机构在产品的风险、效果和应用方面的审批。目前，全球卫生系统均面临巨大的压力。据预测，全球卫生费用的年增长率为5.4%，2017—2022年全球卫生费用将从7.724万亿美元增加到10.059万亿美元，且全年约有3万亿美元医疗费用被浪费。其中，美国约占1万亿美元。在专家看来，数字医疗可作为一种让患者、临床医生和医保支付方可接受的工具，通过高质量、安全和有效数据推动临床干预工作，以减少医疗费用的浪费。

毋庸置疑，消费者更关心自身健康。以价值为基础的卫生保健将减少浪费和改善健康结果，通过整合医疗将转向基层医疗和居家护理，数字医疗将增加医疗保险、医生和患者之间的联系。数字医疗与5个W（who，what，when，where，why）相关联。首先关于"谁"（who）的问题，数字医疗涉及患者、研究者、临床医生、医药企业、立法规制者、医保支付者、教育者和技术人员，可见，影响面很广。关于"什么"（what）的问题，数字医疗涉及动态和静态、人员移动还是固定等问题。关于"时间"（when）问题，现在的患者是个性化和可流动的消费者，将来患者会更加精明和变得共享。关于"地点"（where）问题：研究者、临床医生、企业、立法规制者和医保支付者应共同理解数字医疗数据的优点和缺点，教育工作者要协助推广数据处理的技巧，技术专家要强调个人隐私、安全性和内部结构问题，患者需要看到数字医疗的有益之处。关于"为什么"（why）要用数字医疗，观点一致认为，数字医疗可以降低成本，获得更多、更好的治疗信息数据，能鼓励患者更多地介入自己的治疗过程，最终获得更好的健康结果。

二、区分数字健康与数字医疗

数字医疗将人、过程和创新联系在一起，使专业知识普及化、工作自动化，从而推动医学的前沿发展。这里需要将数字健康（digit health）与数字医疗（digit therapeutics）区别开来。前者并不直接参与预防、管理和治疗疾病，如帮助患者减轻体重。因此，用于生活方式和健身的产品、用于改善药品依从性的工具、诊断产品、远程医疗会诊的平台、临床决策支持和预测分析的产品、运用数字工具去支持药品试验和卫生保健过程的数字化，仅能视为数字化健康产品，而非数字医疗产品。

而数字医疗产品具体来讲则要满足以下几个基本条件：①预防、管理和治疗疾病；②由软件驱动的医疗干预措施；③设计、制造和有质量的最佳实践；④最终使用者会涉及产品的发展和使用过程；⑤注意患者的隐私和安全保护；⑥应用产品的发展、管理和维护的最佳实践；⑦要将临床试验有意义的结果公开发表；⑧数字化医疗产品要得到立法规制部门的批准，支持产品是安全、有效和使用的要求；⑨说明临床的验证和立法的状态；⑩收集分析真实世界证据及产品的绩效资料。目前数字医疗已应用在20余种疾病中。

对患者来讲，需要了解为什么要用数字医疗，这些方法是否安全有效。对临床医生来讲，需要了解数字医疗与其他治疗方法的关系，期望这些产品会有什么效果。对医保支付方来讲，需要了解哪些产品需要医疗保险制度的报销，对患者治疗有什么好处，哪些临床价值需要关注。对立法管理者来讲，需要了解每种数字医疗产品会给患者带来哪些风险，需要在什么水平上进行监管。数字化医疗的性质是改善患者功能，帮助患者管理疾病和治疗疾病。根据数字医疗产品的性质，一般可以分成3类（表5-3）。

表5-3 数字医疗产品的分类

项目	改善健康功能	用于疾病管理	用于治疗疾病
临床终点	必须应用临床终点，支持产品使用和索赔	必须应用临床终点，支持产品使用和索赔	必须应用临床终点，支持产品使用和索赔
临床证据	需要临床试验和获得证据	需要临床试验和获得证据	需要临床试验和获得证据
医疗索赔	低到中度风险	中度到高度风险	中度到高度风险

(续表)

项　目	改善健康功能	用于疾病管理	用于治疗疾病
立法监管	立法监管程度取决于地方立法体系	请第三方论证由立法或国家相当机构提出的功效和安全性	请第三方论证由立法或国家相当机构提出的功效和安全性
患者可及性	直接对患者销售，非处方或者需要处方	非处方或需要处方销售	需要处方才能销售

数字医疗为患者提供基于证据的治疗干预。这些干预由高质量的软件程序驱动，以预防、管理或治疗医疗紊乱或疾病，它们可以独立使用或与药物、设备或其他疗法一起使用，以优化患者护理和健康结果。DTx产品包含与设计、临床验证、可用性和数据安全相关的先进技术的最佳实践。它们由监管机构根据需要进行验证，以支持有关风险、功效和预期用途的产品声明。数字治疗通过高质量、安全和有效的数据驱动干预，为患者、医疗保健提供者和医保支付方提供智能和可及的工具，以解决各种各样的情况。

那么，新的DTx产品有哪些特性呢？首先要满足传统治疗的作用，即能改善机体的功能、管理疾病和治疗疾病，提供治疗干预，产生和测量临床结果，在真实世界中生成持续的产品性能的数据。其次，遵守循证医学的原则和实践，有产品发展的最佳实践和标准，通过临床试验能获得相关的证据。再有，能与临床指南和工作流程结合起来，并且能通过多种可及的渠道便于患者获得，如可通过处方或非处方销售。

三、结语

虽然对数字治疗一词有些新鲜，但这些疗法已经成为现实。随着这一新的医学类别在整个医疗保健生态系统中的不断整合，数字疗法将越来越影响全球医疗保健的提供和消费方式。数字治疗患者提供基于证据的治疗干预。这些干预由高质量的软件程序驱动，以预防、管理或治疗广泛的身体、心理和行为状况。数字治疗将技术和循证医学结合起来，转变个性化患者治疗方式。根据 DTx 行业提供的概述，确立了数字治疗的定义与这些产品的设计、制造、临床评估和监管监督有关的核心原则和最佳实践。

《医药经济报》2019 年 11 月 14 日

药价谈判讨价还价背后

药品价格不仅要考虑药品的制造成本、研发成本及药企的期望利润,还要考虑患者的意愿支付。这也是医保部门开展药价谈判的理念和理论依据,也许有人认为药品价格谈判很容易,无非就是讨价还价。"4是不吉利的数字,所以,药价还需要降一点儿。"其实不那么简单,"分分价格要计较"。因为,谈判的价格是社会意愿支付的反映。

众所周知,一个新产品上市前,药企就要定价。一个药品的价格不仅要考虑药品的制造成本、研发成本、药企的期望利润,还要考虑患者的意愿支付(willingness-to-pay)。因此,药企都需要在新产品上市前开展患者个体的意愿支付调查。在有社会医疗保险覆盖的国家,医疗保险机构作为第三方是主要的支付方。在我国,参保的患者除了个人共付的部分外(如乙类药品个人支付15%),医疗保险部门需要支付其他剩余的药费(或制定支付标准)。因此,社会保险机构就发挥了主要购买者的作用,这通常被称为"战略购买"。医保部门代表人民大众或患者群体的利益。在采购药品时同样会存在意愿支付的问题,但医保部门考虑的是整个社会意愿支付(social willingness to pay,SWTP)多少的问题。可以这样理解,社会意愿支付的概念,其实就是医疗保险部门开展药品价格谈判的理念和理论依据。

社会意愿支付是有调查方法的,本文对此进行讨论。

一、以干预措施能否被接受为前提

社会意愿支付代表了一种社会价值和社会偏好,也间接表达了公众对一种新药或创新医疗技术的价格的可接受性。它的基本前提是一个干预措施能否被社会接受,这取决于它的性价比———选择价格低廉、具有良好效果的干预措施。

反过来说,社会可接受度与干预措施的每获得一个质量调整生命年(QALY)的增量成本是呈反比的,每个增量成本效果比值(ICER)越高,社会可接受度越差。如果从患者个人的价值来看,就不一定会考虑新技术的费用,只看能获得多少 QALY,而且越多越好。因此,个人的成本价值与社会的成本价值是不完全相同的。

二、药物遴选引用 SCVA

成本价值分析早已列入经济学评价的范畴,它能帮助决策者代表公众的公正性和公平性去考虑资源的配置和优先重点的选择。如疾病的严重程度和人群实现健康的可能性。从 2007 年开始,卫生保健项目的优先重点选择,往往是依据每一个卫生项目提高一个 QALY 值需要多少费用(成本)。但从社会公平性角度考虑,决策者更应该以社会成本的价值来进行分析,最终做出正确的社会决策。

社会成本价值分析(social cost value analysis,SCVA)在药物遴选和卫生技术评价中经常会考虑应用这种方法。当前,我们要面对很多昂贵的治疗新技术,如终末期治疗、高价的抗肿瘤药物、精准医学的细胞和基因治疗、孤儿药产品、超罕见病药等。传统的卫生经济学评价的主要目标是最大限度地改善人群的健康状况。一些英国学者提出了质量调整生命年的概念用于药物经济学的评价,认为健康问题的成本-效果分析的基本前提是在任何给定的可用的资源水平下,社会(或者相关的决策者)都希望最大限度地增加总人群的健康效益。

20世纪90年代时,英国曾报道不同卫生干预措施延长一个QALY需要花费多少英镑,结果证明任何预防措施远比治疗措施要便宜得多。如抗高血压治疗每延长一个QALY只需要940英镑,而使用促红细胞生成素(EPO)治疗血透患者每延长一个QALY就需要花费126 290英镑(表5-4)。从社会愿望来讲,就是需要在费用和效果之间取得平衡。也就是说,一个新的干预措施,希望它增量成本-效果阈值(ICER)越小越好。

表5-4 对不同干预措施每延长一个QALY需要的成本比较

干预项目	成本/QALY[按1990年英镑值(£)]
全科医生劝告患者禁烟	270
抗高血压治疗预防脑卒中	940
植入心脏起搏器	1 100
主动脉狭窄瓣膜置换	1 140
髋关节置换	1 180
血脂检测和治疗	1 480
肾移植	4 710
乳腺癌筛查	5 780
家庭血透	17 260
住院血透	21 970
透析患者用促红细胞素治疗	126 290
颅内恶性肿瘤切除	107 780

从个体(患者)的意愿支付来讲,关注的是个人的使用价值和个人直接自付的比例;而全体公民关注的则是风险的不确定性、有无选择的机遇、商业保险的费用和社会保险的费用。一般来讲,对社会保险的支付意愿要大于商业保险的支付意愿,更大于直接自付费用的意愿。

图5-1对成本和效益进行了比较,可以从患者角度或从公民角度来比较支付的意愿。个人角度是对提供每一项服务(药品或技术)进行成本-效果分析(CEA),采用时间权衡法(time trade off,TTO)和标准博弈法(standard gamble,SG)方法来直接测定个人的意愿支付。如从公民角度则是对每一个公民或纳税人采用相对的社会意愿支付(RS-WTP)方法测定社会成本价值分析

(SCVA)。

从图 5-1 中可以看出，在成本-效益（效果或效用）分析方面可以从微观的患者视角来分析，也可以从宏观的社会公民角度来分析。前者从患者角度分析就是药物经济学上常讲的成本-效果（效用）分析，可用时间权衡法或标准博弈法来直接测量健康的效用值。但是从社会或公民角度来看，就需要从社会成本价值来分析。一般是用社会意愿支付或相对社会意愿支付（RS-WTP）来间接测量。

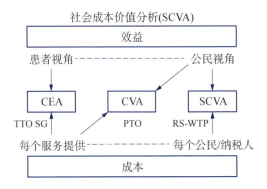

图 5-1　患者视角和公民视角下的支付意愿

《医药经济报》2020 年 4 月 30 日

6 方面入手，建立科学规范的医保药品管理制度

国家医疗保障局最近公布的《基本医疗保险用药管理暂行办法》（以下简称"暂行办法"）是贯彻中共中央国务院《关于深化医疗保障制度改革的意见》的精神，落实"完善医保目录动态调整机制"的一项具体的办法。它在建立管用高效的医保制度的体制机制中发挥了极其重要的作用。

一、牢记制定"暂行办法"的基本原则

近年来，临床技术进步、大量创新药物的涌现和药品评审速度的加快，给医疗保险药品目录带来了不小的冲击。《基本医疗保险用药管理暂行办法》是遵循深化医疗保障制度改革的基本精神，坚持"保基本"的原则和功能定位。因此，在纳入医保药品报销目录中的数量和品种方面只能做到尽力而为、量力而行。在当年既定总的全国医疗保险基金范围内，根据统筹基金和参保人员的经济承受能力，将临床价值高、经济性评价优良的药品，最大限度地满足人民群众基本用药的需求，为人民生命安全和身体健康提供最佳的药品资源，促进医药科技的进步和社会发展。

二、建立科学规范的动态调整医保药品报销目录机制

随着社会经济的发展，人民对健康的需求不断提高。因此，对疾病的治疗药物也要求及时更新换代，对效果不佳的药物，吐故纳新、调进调出。从 2000 年起，我国已进行了 4 次药品目录的调整，其程序也越来越成熟。目前，已明确药品目录原则上将每年调整一次，大大加速了新药审批和纳入医保药品目录的速度，有利于国内外创新药品的上市和研发。调整的原则也已确定，将根据医保基金的收支情况、承受能力、医保药品保障的需求、药品目录管理的重点（如慢性病、肿瘤、罕见病及儿童药等）确定调整的范围。

三、建立公开、公正、透明的调整评审程序

经过几年的目录调整评审，整个程序已日臻完善。如向社会和企业公布该年度的调整范围，建立企业申报制度、组织专家评审、公布谈判和竞价的结果。在专家遴选上既有权威专家，又有基层临床代表，不同专业范围的专家荟萃，随机组成。事先制定工作规范，明确调入和调出药品标准，整个过程做到客观、公正、公平及透明。在整个谈判定价过程中允许药品企业对参比品种提出意见或其他各种申诉意见，并将逐步建立评审报告公开机制，接受社会监督。

四、建立和健全医保药品的支付标准

医保药品支付标准的建立是对医保药品支付方式的改革。它有利于宏观控制药品的价格，稳定药品费用的增长速度。"暂行办法"要求药品在谈判、带量采购的过程中逐步将同步确定医保支付标准。各种药物的医保支付标准大体上是通过药品价格谈判、同类药品的药企间竞价和药品集中采购 3 种方式获得。

五、合理划分中央与地方目录调整职责和权限

"暂行办法"明确了国家医疗保障局负责建立基本医疗保险用药管理政策体系，发布国家药品目录并编制代码，对基本医疗保险用药进行管理监督。省级地方医疗保障部门负责制定本地区用药管理政策措施，做好药品目录落地实施工作。在中共中央国务院的关于深化医疗保障适度改革的意见中曾提到"各地区不得自行制定目录或调整医保用药限定支付范围，逐步实现各省医保用药范围基本统一"。而在"暂行办法"中提到的地方权限是"可将符合条件的民族药、医疗机构制剂、中药饮片纳入本地区药品目录，经向国家医疗保障行政部门备案后实施"。

六、促进药物经济学的发展

提升医保用药的安全性、有效性、经济性已成为医保用药管理的重要目的。这次"暂行办法"中有8处提到了药物经济学和药物经济性的字样。说明今后药物经济学在基本医疗保险用药管理中将被广泛地应用，医保用药管理政策会极大地促进我国药物经济学的发展。

在"暂行办法"中首先在组织专家评审方面提到了：①国家医疗保障经办机构按规定组织医学、药学、药物经济学及医保管理等方面专家；②国家医疗保障经办机构按规定组织药物经济学、医保管理等方面专家开展谈判或准入竞价；③建议新增纳入药品目录的药品，除集中采购和政府定价药品外，其他药品按规定提交药物经济学等资料；④对"综合考虑临床价值、不良反应、药物经济性等因素，经评估认为风险大于收益"的药物；⑤其他不符合安全性、有效性、经济性等条件的药物可以直接调出目录；⑥建议可以调出的药物按规定提交药物经济学等材料；⑦扩大限定支付范围且对基金影响较大的，按规定提交药物经济学等资料；⑧加强药品目录及用药政策落实情况的监管，提升医保用药安全性、有效性及经济性。此外，在谈判续约方面也提到"根据协议期内

医保基金实际支出（以医保部门统计为准）与谈判前企业提高的预算影响分析进行对比，按差异程度降价，并续签协议。预算影响分析的药物经济学研究方法也在"暂行办法"中明确地做了规定。

中国医疗保险公众号 2020 年 5 月 7 日

关于医保目录动态调整问题的回答

医保目录实行动态调整是一件非常好的事情，从 2009 年调整医疗保险药品报销目录后，时隔 8 年才重新调整，时间比较长。从 2004—2009 年，医保目录增加的药品比例达到 15.5%，而 2009—2017 年增长达到了 15.4%。每次的调整增长都是 15% 左右，今后的动态调整个人认为是 2~3 年的时间比较合适，每 2 年增加 5% 左右是比较合适的范围。

一、满足临床需求

（1）这次的 2017 版医保目录并没有收录进一个丙型肝炎的药物，实际上丙型肝炎药物是比较重要的。

（2）肿瘤药物方面，大部分都是常见的肺癌药物，其实像肾癌、卵巢癌及骨髓癌等一些少量的肿瘤，是否也可以考虑一下？

（3）老龄化问题带来的疾病，如阿尔茨海默症等精神方面疾病的药物，全球有 5~6 个产品占领着市场，老年病种的产品也有增加的可能。

（4）抗生素：多耐药的抗生素也可能是今后发展的重点。

（5）还有一些儿童用药。

所以，满足临床需求要把临床需要的病种进行分类排序，把需要尽快发展的药物进行分类，针对国际市场上用的产品、进口药，加快审评的速度。政府部门要做好前瞻性的研究，也能鼓励药企朝这个方向去创新，政府和企业做好衔接。现在药企重点研发的新药，也要考虑在今后的医保目录动态调整中的地位。

那么，如何选择药品呢？无论是医保谈判，还是目录动态调整，基本上都是专家评审。实际上，专家也会受到药企的影响，观点不一定客观，所以今后医保动态的调整要结合 2 个方面，一是建议药厂申报，二是专家评审提名，这样会全面一些。

二、如何平衡医保基金承受能力

当前，2017 年医保目录调整到了 2 535 种，今后还有省级目录的调整，当前还看不出医保基金的承受能力究竟如何，当然各地医保基金抗风险的能力也是不同的。目前是小步走地调整。目前，通过再提高医保覆盖率和提高医保基金 2 个方式来保证医保基金的承受能力已经不太可能。那么，调出的机制就显得尤为重要。哪些产品被调出的可能性大一些？

（1）对于一些无效或者效果不佳的产品，如果不踢出去，那么新药也进不去医保目录。所以，在这个基础上，对于一些辅助用药和营养性用药要做一些衡量。对于辅助用药，有不同意见的应该拿出临床证据。

（2）一些疗效不确切的中成药应该要坚决调出来。目前，在医保目录中中成药占比很高，占目录药品的 48.9%，占用药费达到 30% 以上，所以好的产品要留着，不好的产品要剔除。

还是回到要怎么挑选品种的问题。除了上述提到的 2 个结合，还有一个比较现实的，就是目前在各个省市进入大病医保目录的品种，在贫困地区有 9 种大病一定要诊治。那么，今后各省市大病医保目录中的病种的用药应该作为进一步的研究对象。

还有，2017 年的基本药物确定后，各省还会有医保目录的增补和调整，在增补结束后，这些产品也可以看一下，如果进入比较多省份目录的产品，也是未来医保目录动态调整的方向，可以参考。

青岛在试点过程中，其 32 个高值药品也是要重点考察的，至少在下一轮的调整中要考虑，无论是医保目录调整，还是价格谈判。

三、医保支付标准问题

现在我们国内福建、浙江、天津、重庆都在进行医保支付标准的试点，但是怎么做还没有形成一个统一的文件，我们其实可以参考欧洲国家的做法。

在欧洲，支付标准不是按照药品的价格制定，而是按照治疗的效果和临床治疗应用的价值来确定。例如，法国、德国和西班牙，这些国家患者住院期间的药物100%报销，门诊药品要看药品疗效，如果高度有效就报销80%或者60%，轻度就报销50%或者30%，营养性的药品零报销。这样，可以有效地降低医保支出的费用，让新药得以进入医保目录。

另外，还可以规定哪些产品不能报销，如有些被认定为非处方药（OTC）的产品，医保零支付，由患者自付。

这个其实比较重要。通过药品分类支付来作为一种医保支付标准，技术层面上比较简单，方式简单同时能够有效地节省费用。但是在药品分类上需要结合国情研究。

四、评价手段

在这次的征集意见中，也提出要鼓励药厂申报时要做药物经济学的评价，这点比较好。中国很多年都是靠临床专家的意见行事，所谓的"临床首选"。临床专家根据临床经验来遴选固然重要，但是很少会想到有药物经济学的证据。

现在指出来重视循证医学和药物经济学，也有利于学科的发展。特别是在鼓励发展中医药的今天。要发展中医药，一定要提供临床的客观证据，才能够更好地打入国际，所以循证依据非常重要。

今后在调整的过程中，政府一定要强调药物经济学的评价手段，不应该仅仅凭借临床经验来遴选产品。

五、关于医保谈判的准入机制问题

如何做好药品的谈判准入的机制，需要通过政府医保机构和临床专家包括药厂来进行申报和遴选。我国今后将进入价格谈判的常态化，整个过程中，药物价格到底和哪些国家比，应该有"被选国家"的一揽子计划。

现在大家一致的意见是会参考我国香港地区、我国台湾地区、韩国和泰国的价格，这些地方经济发展水平比较相当，药物经济学研究和评价的机制比较健全。当然，我们还要考虑我国本身地区之间经济发展不平衡的问题。

所以，我呼吁政府要从官方的角度建立参比国家目录，这点非常重要。当然，也要能够得到药企在这些国家的药品市场价格数据，尽可能想办法更换和要求不同厂家在申报的过程中标出参比国家的价格。

参比价格过程的谈判要注意国内的剂型可能和国际不一样，所以可以参考过去发改委提出来的参比定价的方法，进行换算和比较。

总体来讲，我们的医保目录动态调整体现了"小步走、不停步"的思路，每两三年调整一次。结合当前药品审评的加快，其他方面也要跟上。那么，医保目录的调整自然不能拉下，不然满足不了整个医药产业的周转。每个环节都要衔接起来，这是一个比较系统的工程。

第六篇 药物经济学评价

中药药物经济学评价建议

中医药是祖国医药的宝库,青蒿素的发现为治疗恶性脑型疟疾找到了有效的药物,不仅挽救了数百万患者的生命,而且产生了巨大的社会经济效益。2015年12月,国务院常务会议通过了《中医药法(草案)》,着眼于继承和弘扬中医药,坚持与规范并重,强化政策支持。中药的药物经济学评价与化学药物的评价既有共性,又有其特殊性。对中成药开展药物经济学的评价和研究,规范中成药的应用具有积极意义。

一、地位独特

中成药在中国的药品市场中占有独特的地位。据南方所《2012年中国医药市场发展蓝皮书》对中国医药经济运行分析系统、中国医药市场全景解读(CNA)和艾美仕分析(IMS)的综合报道,2011年,中成药与化学药的市场占比分析,化学药市场规模为5 823亿元人民币,占整个药品市场比例62%,市场规模的年增长率为11.1%;反之,中成药市场规模为3 500亿元人民币,占整个药品市场的38%。中成药的市场规模年增长率为30.6%,要比化学药的增长率高得多。

国家基本药物目录的遴选标准除了国家通用的标准,如防治必需、安全有效、价格合理及使用方便以外,我国还有"中西药并重"这一独特的遴选标准。因此,纵观1994年、1997年、2000年、2002年及2004年的5次国家基本药物目录调整,中成药占有很大的比重,分别占70.9%、64.3%、61.9%、

62.1%和62.0%。2009年和2012年新医改以来，2次修订的国家基本药物目录，药品的总量下降为307种和520种，中成药的比例也随之分别降低到33.2%和39.0%。

二、与化药的评价共性

药物经济学在中国的发展已有20~30年的历史。药物经济学（PE）与循证医学（EBM）、结果研究（OR）和卫生技术评估研究（HTA）往往是结合在一起的，主要内容包括宏观的国家药物政策研究和微观的药物经济学评价研究。药物经济学政策研究的转化涉及药物的定价与报销、基本药物目录和医保报销药品目录的遴选、药品招标采购、上市前和上市后的药物经济学评价、药品市场研究及价格谈判等。

化学药和生物药的药物经济学基本研究方法同样适用于中成药。如常用的一些药物经济学评价方法：最小成本分析（CMA）、成本-效果分析（CEA）、成本-效用分析（CUA）、成本-效益分析（CBA）、增量成本-效果（或效用）分析（ICER）、药品预算影响分析（BIA）、药品风险和效益分析（RBA）、药品真实世界分析（RWS）及药物不良反应分析（ADR）等。

药物研究中有很多障碍条件。一是药物的安全性，凡是药物首先要有安全性；二是必须要有临床治疗的功效；三是具有成本-效果，也就是成本要低、效果要好的经济学原理，才是值得应用的；四是要"物有所值"，药物的治疗成本是否具有货币的价值，在西药的评价中是以提高一个生命质量调整年需要花多少钱来衡量（QALY）；五是药品的价格是否具有可承受性。

对这5个条件，中成药的评价也不能例外。根据2013年国家药品不良反应监测年度报告显示，中药的不良反应占总不良反应的17.3%。2013年，全国由中药注射剂引起的不良反应者有12.1万例，严重报告者占5.6%。前10位引起不良反应的中药注射剂分别为清开灵、参麦、丹参、双黄连、香丹、血塞通、脉络宁、舒血宁、生脉及黄芪注射剂。当中药注射剂与其他药品联合使用时可增加安全风险。因此，中药注射剂的不良反应对患者的危害是不容忽视的。中成药的治疗无论是"同病同治"或是"异病同治"都应该有明显的疗效，如云南白药在外科止血方面具有明显缩短出血时间的功效。但有的中成药主要是对症治疗或是辅助性治疗用药，中药不是"安慰剂"，如果效果没有循证的依据，临床效果不是非常明显的话，就应该减少这方面的用药，节省药品资源，将有限的药物费用花到更有疗效的治疗药物上去。为加强辅助性用药的管控和限制，北京市已出台21种注射剂列为辅助用药，其中也包含部分中药注射剂。要指出的是，有些独家生产的中成药产品已非昔日中药廉价的概念，中成药的合理定价也是需要考虑的一个问题。

三、中成药评价的特殊与建议

然而，中成药药物经济学评价中与化学药评价不同的是，它的诊疗体系与西医不同，需要遵照中医学的辨证论治方法、中医疾病的分类和分型。因此，病例的选择标准应该不同。另外，大部分中成药已经过几千年的"人体试验"，也可以认为是一种真实世界的研究（real world study）。再有，中药有不少是辅助治疗，如何去评价其疗效是一个值得研究的问题。此外，还有很多值得思考的问题，如不少的治未病养生方剂、中药药物经济学的研究方法完全采用传统西药的评价体系是否合适？而且中成药有很多是独家产品，它的合理定价问题亦值得研究。

2015年，国家中医研究院基础医学研究所已开始组建中药药物经济学研究队伍，并将成立中药药物经济学专家咨询委员会，中成药企业对中药的药物经济学评价也日益重视。这些新的进展对我国的中药药物经济学研究将会产生深远的影响。

对中药经济学评价研究问题，笔者有以下几点建议：①应该进一步研究适宜中药药物经济学的评价方法和指标体系。②应开展中药的真实世界研究（real world study），需要对一些重点研究的中成药开展病例登记和随访。③中药治疗中并不像化学药有针对性的疾病治疗或靶向治疗。因此，应更加注重对生活质量改善（quality of life，QoL）的评价。④要特别重视中药针剂的不良反应，可以开展风险-效益的分析（risk-bene-fit analysis），以提高中药注射剂的质量。

中药治疗并不像化学药有针对性的疾病治疗或靶向治疗。因此，应更加注重对生活质量改善的评价。此外，要特别重视中药针剂的不良反应，可以开展风险-效益的分析，以提高中药注射剂的质量。

《医药经济报》2016年1月20日

罕见病定义不同挑战异曲同工

罕见病在世界各地的定义是不同的。例如，美国将发病患者少于20万的疾病称为罕见病，若以美国3.14亿人口计算，即患病率大约小于6.37万人口的疾病。欧盟国家将罕见病定义为患病率小于5/万人口的疾病。如按欧盟各国人口总和5.14亿计算，发病少于25万患者的疾病被列为罕见病，将患者少于1/5万人口的疾病称为超罕见病。日本将罕见病定义为少于5万的患者，如按日本人口1.28亿计算，则属于患病率小于4/万的疾病。韩国将罕见病定义为少于2万患者的疾病。我国将罕见病定义为小于1/50万人口发生的疾病或小于1/万名新生儿中发生的疾病，据估算，每一种罕见病在中国的患者人数2 800名左右，若按我国大陆总人口13.4亿人口计算，罕见病患者总数应在1 680万左右。中国台湾地区将罕见病定义为患病率小于1/万的疾病，为具有遗传性、难于诊断和治疗的疾病。可见，不同国家或地区对罕见病的定义和患病率有不同的界定，这种差异与其人口数量密切相关。以法布雷病为例，该病是一种进行性、遗传性、多系统的溶酶体贮积病，可引起神经系统、心血管系统和肾脏疾病症状，患病率为（1~5）/万，需要通过酶替代疗法对患者进行治疗。另一个例子是血友病，是一组由于血液中某些凝血因子缺乏而导致患者产生严重凝血障碍的遗传性出血性疾病，患病率为（1~9）/10万。该病的有效治疗方法是注射重组凝血因子。显然，罕见病的治疗是一种未满足的需要，缺乏质量好的证据，人们也缺乏对疾病的认识和理解。因此，加速对罕见病的研究意义重大。

在第八届亚太地区国际药物经济学与结果研究大会中，有一场关于罕见病的专题演讲，本文对这场报告的精华进行总结并与读者分享。

一、从上市到获得医保报销路漫漫

一种新的罕见病治疗药物，从面世到获得医疗保险报销需要经历很长的时间。以治疗疑似特发性肺纤维化（IPF）的新药 Pirfenidone（吡非尼酮 pirfenex）为例，在日本，从该药上市到获得医疗保险补偿，一般需要 2 个月的时间。澳大利亚和中国台湾地区对罕见病的新药批准时间一般比非罕见病药物短，为 4～11 个月。而在德国和英国，罕见病新药的批准时间一般要比非罕见病药物的批准时间适当长一些，为 13～26 个月。在中国和韩国，罕见病的新药批准时间较非罕见病药物批准的时间长得多，一般需要 39 个月。

未来 10 年，如果要增加罕见病药物的可及性，需要考虑以下几个因素。

（1）如何保证罕见病治疗的公平可及？

（2）哪些方法可以有效减少罕见病患者，扩大孤儿药的可及性？

（3）如何将这些方法应用到其他卫生系统中？

（4）如何确保能够收集足够的临床和经济学证据使得罕见病患者快速获得治疗？

（5）随着病例数的增加和创新药物的出现，如何制定和调整孤儿药的补偿机制？

二、亚太地区罕见病防治水平差异大

1. 中国大陆：诊治研究和保障水平等不断提升 会上，笔者介绍了我国在罕见病防治上的最新进展。

2010 年 5 月，中华医学会制定了罕见病的定义；2016 年，我国发布了可防可治的 56 个罕见病的目录；2018 年 6 月，五部委联合发布了国家级罕见病目录，第一批共收录 121 种疾病。然而，迄今全球只有 44 个罕见病（36.4%）拥有治疗药物，其中只有半数在中国上市。

据笔者了解，2015年，北京市所有三级医疗机构均已开展罕见病研究，从40多万电子病例分析中已找到1 423种罕见病。其中前6位主要的罕见病为先天性畸形、神经系统、内分泌代谢性疾病、循环系统疾病及骨骼肌肉及结缔组织系统的疾病。另一项协同研究在全国7个省93家三级医院开展，对40.5万病例进行分析，共发现了952个罕见病，占总病例的2.27%。半数以上是先天性疾病，包括血友病、唐氏综合征、川崎病、阵发性夜间血红蛋白尿、血栓栓塞性肺动脉高压（CTEPH）、遗传性小脑无张力调节（SCA）等。此外，还建立了国家罕见病研究协作网络，建立国家级和地区级50种以上的罕见病例登记制度。

2016年，国家卫计委成立了罕见病诊断和治疗专家委员会，优先重点选择部分罕见病，改善患者对孤儿药的可及性。国家医保局通过价格谈判已将部分孤儿药纳入报销范围。药企和红十字会联合开展向患者赠药的援助计划。

与此同时，罕见病的立法环境获得改善：2016年加速了罕见病的立法工作；2017年36个开展价格谈判的新药中有5个是中成药，15个是抗肿瘤药物，14个是慢性病治疗药物，孤儿药则占了2个。2018年，我国出版了《中国罕见病的研究报告》，8月国家药监局拟加速审批的48个新药中，38%属于罕见病用药。

对于我国未来罕见病的防治，笔者有如下建议：制定罕见病防治规划；在罕见病的防治上要发挥政府和社会保险的作用；加强罕见病的登记和监测系统；建立罕见病的临床中心，发布罕见病临床指南以及整合社会力量措施。

另据笔者了解，我国部分省市已开展了对孤儿药大病保险报销的先行先试工作。如青岛市将一些孤儿药纳入医疗保险报销范围；宁夏开展了针对戈谢病孤儿药的报销以及患者援助计划；上海市社会保险将青少年儿童住院保险的封顶线设在每年10万元；浙江省从2016年起，将戈谢病、苯丙酮尿症和肌萎缩侧索硬化症纳入社会保险、医疗救助和大病医疗保险报销的覆盖范围。可以看到，中国罕见病的诊治、研究和保障等环境在不断改善，未来将会越来越好。

2. 中国台湾地区：优化报销和定价方式挑战重重　据台湾大学卫生政策和管理研究所杨铭钦教授介绍，目前台湾地区总人口为 2 360 万，2014—2018 年人口增长率为 0.15%。台湾地区在 1999 年 6 月制定了《罕见病法案》，2000 年 1 月对罕见病进行了"立法"。

我国台湾地区罕见病防治的特点是将防治和药物结合在一起。为预防发生、早期诊断和治疗罕见病，对低收入家庭实行医疗费用全额免费，包括提供紧急药物及维持生命所需的特殊营养食品。对需要送去境外检验的项目费用，40% 由罕见病基金会补助，40% 通过行政部门补助，患者自付 20%。此外，加大对新生儿的筛检力度，2005 年起建立"孤儿药特殊基金"，并按治疗结果进行医保支付试点，对创新药物给予 10 年治疗的保护期。

中国台湾地区对罕见病药物的认定有明确的程序，一般管理过程需要 45 天，最后获批额外需要 30 天。孤儿药报销方面也存在着很多挑战，如近年来批准的 98 个孤儿药中只有 57 个（58%）最终能获得中国台湾地区"健保"的报销。不被批准的原因有多种：45% 为没有提供成本-效果的资料，33% 是疗效证据不足，22% 是没有被签发新药证书。中国台湾地区采用的是 10 个国家的国际参考定价。例如，年销售量上限 ≤ 17 万欧元时，按 10 国的中位价上浮 20%；如果年销售量在 17 万欧元以上，又低于 34 万欧元的罕见病孤儿药，最高限制则按 10 国中位价上浮 10%；如果年销售量 > 34 万欧元，则取 10 国的中位价，说明孤儿药的定价高低与销售量有关。

另一种方法是以成本加成定价。对进口的孤儿药计算进口成本，包括运输、报销和仓储费用，外加 30% 的管理和市场费用。对本地产品则包括制造成本（除外研发费用）以及 30% 的管理和市场费用。10 国的最低价格是制定的一个标准，但孤儿药定价规则比其他药物更宽松一些。

我国台湾地区从 2005 年起建立了孤儿药的特殊基金，10 多年来孤儿药的费用从开始的 11% 增加到 25%，总的孤儿药的费用大约在 1.79 亿美元。2005 年起，台湾地区还对血友病治疗药物建立了特殊的基金，免除患者的共付费用。2014 年后，我国台湾地区"健保"可对血友病开展预防性治疗。当前，孤儿药的补偿面临很多挑战，如批准药品补偿的概率较低、评审孤儿药的机制比较复杂、延缓了孤儿药的可及性以及有降低补偿价格的趋势。

3. 德国：市场宽容，卫生费用无爆炸式增长 德国 IGES 研究所理事会主席 Bertram Haussler 教授介绍了德国对罕见病的解决方案。

在德国，任何一个新药，包括孤儿药，只要经过欧盟或德国批准，即可上市。只要孤儿药经过临床评价有附加效益，便可获得补偿，不需要特别征求患者的意见。2000 年，欧盟立法规定，同一类药品治疗指征，新药需要尽早证明其具有附加效益，并通过价格谈判。

当然，孤儿药在德国的发展也曾经历过一个曲折的过程。起始于未被满足的某种罕见病的治疗需要，然后通过罕见病的确定，制定政策和激励措施使治疗人数逐步增加而面临价格制定的挑战，之后又对孤儿药的补偿政策进行再评价，最后才达到可持续性地、公平地、可及性地应用孤儿药的目的。

现今，德国是一个非常吸引和宽容孤儿药的市场，孤儿药在德国新药市场中占 30% 左右。如 2001—2015 年，孤儿药获批数量节节攀升，2015 年被 EMA 批准进入市场的孤儿药有 120 个之多。德国的孤儿药价格也较高，其也制定了费用阈值，一年超过 5 000 万欧元销售额的孤儿药便需要进行再评估。但从预算影响分析来看，德国并没有因为孤儿药审批而产生卫生费用的爆炸式增长。

未来 10 年，如果要增加罕见病药物的可及性，就要考虑如何确保能收集足够的临床和经济学证据使患者尽快获得治疗等问题。且随着病例数的增加和创新药的出现，还要思考如何制定和调整孤儿药的补偿机制（表 6-1）。

表 6-1 不同国家和地区的卫生系统状况比较

项　目	英国	中国内地	中国台湾地区	德国
卫生系统	国家卫生服务体系	职工基本医疗保险制度和城乡居民医疗保险制度	"全民健保"制度	法定健康保险制度
公共卫生保险覆盖	全民卫生保健服务	全民卫生保健服务	全民卫生保健服务	全民卫生保健服务

（续表）

项　目	英国	中国内地	中国台湾地区	德国
卫生保健筹资	总税收收入	城市职工工资和政府对城乡居民医疗保险投入以及患者个人支付	保险基金占99%，患者自付1.0%	法定健康保险及私人保险（被排除法定健康保险以外的高收入人群）
2017年人GDP（占卫生费用%）	42 514 USD（9.7%）	7 329 USD（6.2%）		
孤儿药费用占总药品费用%	1.0%	<1.0%		
卫生技术评估决策	NICE			

《医药经济报》2018年10月25日

比起各行其道，联合临床评价更需要协同作战

2018年欧洲 ISPOR 大会，第一个主题报告是关于欧盟成员国决策者对相对效果的联合临床评估的看法。该主题讨论会由南丹麦大学 Kristensen 博士主持，内容包括：什么是临床评价？什么是联合临床评价（joint clinical assessment，JCA）？进行联合临床评价有哪些条件？如何改善联合临床评价和各个国家临床评价的机制，如效率、立法过程以及如何收集产品生命周期中发生的证据等。健康是多维度的，包括健康问题和近期所做的干预及其技术特性、临床效率和效果、安全性、成本并涉及患者、社会、伦理、立法等方面的内容。

一、卫生技术临床评价流程

药物经济学评价中提到的临床评价（clinical assessment）是指一个新的产品与市场上已存在的相关药物、医疗程序、医疗器械产品的临床疗效的比较，是一项科学性和技术性很强的工作，包括对不同措施的分析。通过评估过程（appraisal），对不同产品做出政策决策。

2011年，欧盟 EUNetHTA 组织曾提出跨边界的不同国家患者的权利问题。欧盟将支持和动员各成员国之间合作和交换科学信息，联合各成员国内有关部委和从事卫生技术评估的团体成立这一自愿参加的网络组织。该网络组织需要有良好的治理原则，包括透明化、客观性、专家的独立性及程序的公正

性，能与相关利益部门密切沟通，避免不同国家各自开展经济学评价工作而造成的重复性。

HTA 的决策过程，应先由卫生决策部门提出，要求 HTA 给予支持，再是决定需要研究什么问题，以及研究应当如何进行、如何将研究结果应用于实际，之后再提出建议，最后进行决策。

EUNetHTA 曾发表《HTA 方法学指南》以及 HTA Core Model 用于相对经济学评价（REA），包括 HTA 核心框架和生产企业提交报告的模板，通过 EUNetHTA 和各国 HTA 组织的早期沟通在技术生命周期中出现的所有证据，以及与欧洲 EMA 开展平行的咨询工作。

整个决策过程是先从国家（地区）实际情况出发，通过各国的联合临床评价，提供全球的证据，最后回到国家（地区）的实际中来，并就此撰写评价报告。联合临床评价报告应包含以下内容：①分析卫生技术的相对结果的评估，需要建立在与患者有关联的健康结果上；②相对结果的确定性程度，应基于已有的证据进行判定。如果需要有关人群亚组资料的结果，需要相关的卫生技术评估者提交包括信息、资料和需要进行联合临床评估等在内的证据。

卫生技术的临床评价内容应包括：①对该健康（疾病）问题的描述，以及最近其他卫生技术应用在这个健康（疾病）问题上的情况；②描述应用这项卫生技术的技术特点；③这项卫生技术的相对临床效果及其相对安全性。

在建议立法过程中，决策的形成需要有国家层面上的评估报告。总结该技术的附加价值（added value），作为国家评估的过程，还需要考虑临床和非临床资料和标准，其他要考虑的如社会价值（social value）因素有可负担性、伦理问题、可行性及可及性等。审议由评估和补偿委员会进行，包含分析和判断。

二、欧盟代表热议联合临床评价

欧盟各国均有自己的科学和技术 HTA 组织和医疗保险支付方以及多种相关利益集团方的支持和联合机制的存在。因此，联合临床评价在欧盟国家间的科学和技术合作是有存在的可能的，包括：建立统一的科学和技术标准；将各国相关专家集合起来，开展能力培养；增加 HTA 产出的数量；强化公共治理条件；对新需求作出快速反应等。

波兰华沙 HTA 评价机构的 Roman Topor-Madry 博士在报告中介绍了波兰卫生系统面临的挑战。他认为，联合临床评价对决策的制定有重要意义，只有纳入报销目录才可以改善患者的治疗可及性。联合临床评价自身不会影响创新技术的可及性。因此，立法规制时也不应测量其可及性改善的情况。

来自意大利的 Ballini 女士回顾了 EUNetHTA 组织成立后的工作。在 2006—2008 年间主要联合进行项目研究，2009 年后进入合作阶段，2010—2012 年为 EUNetHTA 联合行动 JA1 阶段（Joint action 1），2012—2015 年为 JA2 阶段，2016—2020 年进入 JA3 阶段。在 EUNetHTA 组织最初成立时，欧盟各国没有开展 HTA 项目，长期以来 HTA 是建立在临床决策基础之上。自从 2010 年建立起国家级的 HTA 项后目，并出现由地区推动的网络组织架构，包括 EUNetHTA 的工具和联合临床评价之后，地区负有传播基于 HTA 的临床实践决策。要使 JCA 的合作流畅，要有一定的条件：如早期各 HTA 组织的对话（early dialogues，ED）和上市后的附加证据形成（additional evidence generation，AEG）的信息均要无缝衔接。

对于联合临床评价，比利时国际互利协会 Menno Aarnout 先生建议应加强欧盟的 HTA 研究质量，增加 HTA 评价的速度，增加资源的有效利用，提高业务可预测性，且 HTA 与医保支付方的沟通要进一步加强。医保支付方是 HTA 的最终使用者，应当了解评价方法的质量，包括参照物、临床终点以及未来发展。

罗氏 HTA 工作组主席 Ansgar Hebborn 作为药企代表表达了观点。他认为，联合临床评价的科学和技术合作要符合药企需要，同一个药物是否需要在欧洲 30 多个单位进行临床科学效益评价报告值得深思。重复进行 HTA3 评价工作造成证据和预期分析之间的矛盾，可能混淆临床价值的命题，限制和延迟患者对药品的可及性。从药物的生命周期来看，包括发展上市前的规划、生产过程以及上市后的研究，每一个阶段都需要立法机构和 HTA 机构的合作。在药品上市前，需要有早期法规方面的科学指导，同时对医保支付方进行 HTA

评估方面的指导，前者包括法规对药品质量、安全和效率等方面的要求，HTA 方面则需要了解相对的临床效果、伦理、法律和社会影响，以及成本、效益和对预算的影响。上市后则重视法规的决策、真实世界效果、共同构成评估和决策，包括定价、补偿等。例如，孤儿药的数量正在不断增加，但上市前的信息很少。因此，可用生命周期的方法来促进药品的发展。孤儿药可用较小的、集中的随机对照双盲试验（RCT）和适应试验的设计。一方面，可扩展应用单臂试验，运用替代指标或中间的终点指标；另一方面，在上市后增加开发的，可使临床标准疗法得到快速发展。

三、结语

医药工业如何增加联合临床评价的应用？包括联合共同努力和政治承诺。首先是要有能力建设，集中有关经验，有不同利益相关方的参与，如 HTA 机构、患者、医保支付方、学术界、医疗服务提供者、临床专家、医药工业、消费者和护理人员等。

而从这次大会专题讨论中，笔者发现，欧盟各国的决策者均希望能对新药、医疗程序、医疗器械的相对效果开展联合临床评价，而不是由各国分头各自评价，以免造成资源的重复投入和结论的不一致。因此，亟待各国加强信息、技术和科学的合作，其中欧洲 HTA 网络组织（EUNetHTA）起到了关键的领导作用。联合临床评价不仅是一个技术性问题，还存在着很多立法规制问题，绝非短期内能够解决的。其未来的走向也有待进一步观察。

EUNetHTA 提出的核心模型（Core Model）是一种 HTA 信息产生和分享的方法学框架。包括 8 个方面：①健康问题及最近技术的应用（CUR）；②描述技术的特性（TEC）；③安全性（SAF）；④临床效果（EFF）；⑤成本及经济评价（ECO）；⑥伦理分析（ETH）；⑦患者及社会方面（SOC）；⑧立法（LEG）。前 4 个方面是用于快速相对效果评价（REA）。

《医药经济报》2018 年 12 月 13 日

药物经济学评价方法论

药物经济学应用的是经济学的理论基础,经济学评价被定义为有关成本和结果的备选方案的对比分析。英国约克大学卫生经济研究中心教授 Drummond 等将经济学评价分为 6 类:结果描述(只调查服务或项目的结果)、成本描述(只评估服务或项目的成本)、成本结果描述(在研究中同时描述成本和结果)、效果研究(只测评效果并与各可选择方案进行对比)、成本分析(比较各备选方案的成本)以及全面经济学评价(比较多个方案,同时测量成本和结果)。前三者无参照物,需对比两个或更多的备选方案。

我国药物经济学指南将药物经济学评价的目的明确为应用经济学的理论基础。系统、科学地比较分析医药技术的经济成本和综合收益,从而形成决策需要的优选方案,进而提高医药资源使用的总体效率。因此,药物经济学评价是一种有关医药技术成本和结果的备选方案的对比分析,是一种全面经济学评价。

一、4 种常用的测量方法

全面经济学评价有 2 个主要组成部分,即比较备选方案的成本和结果。成本通常用货币单位进行衡量。以药学服务项目为例,成本可视为资源消耗,如直接医疗或非医疗成本、间接成本、隐性成本;结果则是健康产出,如经济产出、临床产出及人文产出。基于不同的结果测量方式,可以分为以下 4 种评价方法。

1. 成本-效益分析（CBA） 比较单个与多个药物治疗方案之间，或多个药物治疗方案之间，或其他干预方案所消耗费用的成本和由此产生的结果值（效益）的一种方法，它要求成本和效益均用货币来表示。

测量指标：B、C。

计算方法：净现值法（$B-C$）、效益-成本比（B/C）、投资回收率法（$B-C$）$/C$。

判别标准：净现值＞0，$B/C \geqslant 1$，投资回收率越大，表明效益超过成本。

优点：成本-效益分析可以用来对各具有不同目标的备选方案进行对比分析。包括对相同疾病的不同诊疗方案的比较，不同疾病不同诊疗方案的比较，医疗领域方案与非医疗领域方案的比较。

缺点：健康的货币化计算比较复杂，难以准确评估。

同时患者死亡、伤残等计算效益时难以用货币指标来衡量，使得这种评价方法在医学界和伦理学界引起一定冲突。

适用范围：一项干预措施的结果很难用 QALY 进行评价（如短期缓解症状，患者由于筛查而放心或焦虑）；干预措施的某种属性难以用任何健康结果予以体现（如治疗措施耗时短或者次数少，或者更加方便的用药方式）；过程结果是分析一项干预措施时的主要关注因素（如对某些卫生服务的可及性或者满意度），与其他领域的比较。

比利时、挪威、墨西哥及奥地利等国家不推荐使用 GBA。

2. 成本-效果分析（CEA） 主要用来对健康效果和成本差别进行比较，其结果以单位健康效果增加所需成本值表示。其特点是治疗结果的评价采用临床指标来进行评价。

测量指标（E）：中间指标间接反应治疗最终效果或疾病预后，如血压、血糖指标。终点指标：直接反映治疗最终效果或疾病预后，如死亡率、治愈率及获得的生命年等。

计算方法：成本-效果比（C/E）、增量成本-效果比（$\Delta C/\Delta E$，ICER）。

判别标准：成本-效果比、增量成本效果比越小，方案的实施越有意义。

优点：结果指标明确，易测量，易于被患者接受。

缺点：受临床指标的限制，对于不同治疗方案表现出的不同临床效果则无法进行比较，而且对不同疾病的治疗方案无法进行比较。

适用范围：这种方法是国际常用的一种方法，可获得同类临床效果，并同时对符合可比条件的两个或两个以上备选方案间的评价与比较。

3. 成本-效用分析（CUA） 成本-效果分析的发展，与成本-效果分析有相似之处。所不同的是成本-效果分析中，效果指标为一种单纯性的生物指标（如延长寿命时间、症状改善及体重增加），而效用分析是将生命的数量（生存时间）和质量（健康状态）结合在一起进行分析的方法。

经济学中，效用是指对获得一物的满足感、偏好或赋予的价值，即人们对所接受的预防或诊疗项目给自身健康状态带来的结果和影响的满足程度。客观指标和主观感受为效用的相关因素。

效用的测量主要采取直接测量法，如直观类比刻度法（VAS）、标准博弈法和时间权衡法（TTO）；以及间接测量法，如健康质量量表（QWB）、欧洲五维健康量表（EQ-5D）和健康效用指数（HUI）。健康效用的指标主要为质量调整生命年（QALY）、伤残调整生命年（DALY）、挽救年轻生命当量（SAVE）、健康期望寿命（HLE）、伤残调整期望寿命（DALE）及健康当量年（HYE）。

测量指标：C、U。

计算方法：类似于 CEA。

评价标准：类似于 CEA，不存在"金标准"，存在阈值。国内还没有关于 QALY 价值的统一标准，根据世界卫生组织关于药物经济学评价的推荐意见（世界卫生组织，2010）：ICER＜人均 GDP，增加的成本完全值得；人均 GDP＜ICER＜3 倍人均 GDP，增加的成本可以接受；ICER＞3 倍人均 GDP，增加的成本不值得。

优点：患者对卫生服务质量的主观评价，允许不同类型的健康干预措施的成本和它们的效果间的比较。

缺点：缺乏统一的"金标准"。质量调整生命年假设的是统一的偏好，即无论对象是谁，每个质量调整生命年的值都是相同的。同时更关注健康而不是幸福感。

适用范围：国际优选的方法，可用于相同疾病的不同诊疗方案的比较、不同疾病的不同诊疗方案的比较，医疗领域和非医疗领域不能比较。

4. 成本最小化分析（CMA） 成本最小化分析是成本-效果分析的一个特例，它要求在临床效果完全相同的情况下，比较何种药物治疗（包括其他医疗干预方案）的成本最小。因此，该方法的临床应用受到一定的局限。

测量指标：C。

计算方法：$\Delta C = C1 - C2$。

判别标准：$\Delta C > 0$，说明 $C2$ 比 $C1$ 更有实施意义。

优点：简单易学。

缺点：难以证明结果完全相同。

适用范围：在其他方法学表现为浪费评估资源的特定情况下适用该分析方法。然而，在使用最小成本分析之前，有足够好的支持文件显示相互竞争的替代品具有大约相同的效果是必不可少的。有国家认为没有最小成本分析。

查阅各国指南可以得知，允许使用上述所有分析方法的国家包括澳大利亚、比利时、芬兰、法国、德国、挪威、葡萄牙及瑞士等。推荐成本-效果分析和成本-效用分析的国家包括意大利、荷兰、波兰、西班牙、瑞典、英国及泰国等。推荐成本-效益分析和成本-效用分析的有加拿大。仅推荐成本-效用分析的为新西兰。

二、其他分析方法

除了上述 4 种常用的分析方法，还有以下方法可以参考。

1. 成本-结果分析（CCA） 对比指定技术和其主要参照物的经济评价，作为以自然单位计量的所有材料成本和结果。

计算方法：将成本和结果以分解的方式分别列出经济学评价类型，该分析不进行结果的整合。

优点：可将药物治疗或其他健康照顾介入活动的价值，以最完整的方式表示出多种健康疗效的信息。有益于获得干预措施实施影响的全景图。

缺点：缺少对比分析。

适用范围：一般不推荐单独使用，可以作为中间步骤在报告时予以分析，其他类型经济评价的透明度将改善。

2. 预算影响分析（BIA） 预算影响分析是广义经济学评价的基本组成部分。预算影响分析可独立开展，亦可作为广义经济学评价的一部分随同 CEA 一起开展，旨在测算纳入新的一个医药产品对医保支出的综合影响。

适用范围：预算影响分析取决于所在国家的卫生制度，如在英国国家卫生服务体系下，政府与医生签订合同的体制，往往是医疗服务的提供者和患者很难了解和确定干预措施的财务和经济成本。

3. 效率前沿 在卫生经济中，效率前沿的概念是增量成本-效果比的标准方法的延伸。它允许在单个治疗领域考虑资源的合理利用，同时保留开展的效益评估结果，避免歧视。

其目的是在不对医疗保健系统进行优先排序的情况下，比较某治疗领域各个治疗方案的效率。这样，评估的结果是为决策者比较新技术与现有技术的效率而服务的，而不是用于判断某个疾病情况与其他情况相比是否更应获得治疗或者应该支付多少钱。

除上述方法外，还有财务影响分析（FIA）、基于真实世界的研究、HTA 等分析方法。但要强调的是，方法只是手段，更重要的还是整个评价方案的合理性。

《医药经济报》2018 年 5 月 17 日

肿瘤免疫疗法经济学评价思路

混合模型方法比传统方法在存活寿命外推计算方面有更多优点。治疗效果越好，随访时间越长，越能减少不确定性。

肿瘤免疫治疗是继传统治疗肿瘤，如手术、放疗、化疗后，又一种新颖的治疗方法，主要为抗 PD‐1/PD‐L1 的抗体。肿瘤细胞表面 PD‐1 与 PD‐L1 结合后可传递抑制信号，抑制 T 细胞的功能，而抗 PD‐1/PD‐L1 抗体可以起到恢复 T 细胞免疫监视及抗肿瘤作用。目前，已经上市的肿瘤免疫治疗药物有纳武单抗（nivolumab，商品名 Opdivo）、派姆单抗（pembrolizumab，商品名 Keytruda）、阿替唑单抗（atezolizumab，商品名 Tecentriq）及度伐鲁单抗（duravulumab，商品名 Imfinzi）等。

一、评价肿瘤免疫治疗困难多

成本-效果分析评价是传统药物经济学评价的方法和医保补偿的主要依据。在肿瘤药物评价中，主要以总生存时间（overall survival，OS）来反映长期结果的价值，也是最有影响力的一项指标。一般统计学方法中应用的是 Kaplan-Meier 生存曲线，观察 50% 中位数生存时间。由于临床试验随访时期有限，在肿瘤药物临床试验中只能预测到大约 26% 总患者的生存时间。因此，需要外推预测 100% 随访患者的总生存期究竟有多长。

在肿瘤的卫生技术评估中，标准的参数模型主要是估计长期存活的情况。

例如，通过 Weibull 模型、Exponential 模型及 Gompertz 模型计算生存期。而肿瘤免疫治疗方法又牵涉复杂的危险度函数（hazard function）。一般开始治疗时由于病例的选择标准，危险度较低，随着病情进展，危险度逐渐增加，后来由于延迟效果，危险度再次下降。标准的参数模型未必能适合复杂的情况。肿瘤治疗中有部分患者可以治愈，有的患者不能治愈，于是就出现了参数治愈模型。其中，参数混合模型可以用于 2 种或多种人群的生存曲线状况。Landmark 模型就是其中的一种模型研究方法。它可以在治疗后 2 个月作为一个里程碑的时间，将治疗对象分成有反应者和无反应者 2 组。这 2 组患者的生存曲线具有明显的差异，有反应者相当于肿瘤没有进展。无论使用哪种方法测算生存曲线，均存在一定的限制条件。

由于新的肿瘤免疫治疗方法价格昂贵，其效果评价面临着很多困难。如试验病例资料有限、免疫治疗具有延时效果、可能存在一些长期的存活者、缺乏真实世界的研究等。

二、外推生存率存在偏倚

免疫治疗后往往会出现存活曲线后期的平台现象（图 6-1），如果外推总的生存率会有很大的不确定性。此外，发现肿瘤患者的治疗结果也有明显的差异性。也就是说，患者治疗后的反应结果有很大的不同，有的可以有治疗反应（治愈），有的没有治疗反应（没有治愈），而且总的生存期在带有不同生物基因的患者中也是不同的，会受到 PDL1、肿瘤细胞的变异和多种 PDL1 测试方法和判断阈值不同的影响。实体瘤反应评价标准（response evaluation criteria in solid tumors, RECIST）不一定能够反映临床治疗反应的类型。在免疫治疗中也不一定适用传统的实体瘤反应评价标准，因为其中没有无进展的存活时间或总生存时间指标。随机对照试验的结果，特别是总生存时间由于肿瘤免疫治疗而产生偏倚。肿瘤免疫一线治疗时在对照组患者中，后期可能会再使用免疫治疗方法，也会对结果产生偏倚。

例如，2015 年，学者 Schadendorf 在文献报道中提到，在伊匹单抗

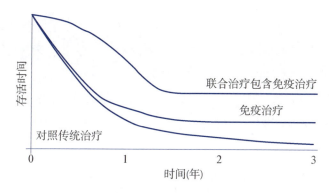

图 6-1 传统治疗、肿瘤免疫治疗和联合治疗对生存曲线的影响

（ipilimumab）二线治疗转移性黑色素瘤患者中发现，临床随机对照试验中只有 26% 存活率，模拟试验证明在以后的 10 年随访中，累计的总生存率（OS）几乎可以达到 100%。

三、计算方法不同，结论亦不同

肿瘤药物治疗的效果一般以总生存时间来代表临床效益的"金标准"，如 3 年或 5 年生存时间。但用 OS 指标也有很多争议，如观察随访的时间长短、治疗方法的交叉和竞争风险均会影响到 OS 的长短。而常用的替代指标如无进展的存活时间（progress-free survival，PFS）和总治疗反应率（overall response rate，ORR）均不能可靠地反映总生存时间。那么，可以采用什么样的指标对肿瘤免疫治疗进行早期评价呢？

肿瘤免疫治疗后，病例可以分成有反应组（responders）和无反应组（nonresponders）。前者往往有较长的生存期，类似于无病者，需要后期随访，花费更多的医疗费用。说明即使在同一种肿瘤病例中也是异质的，它们之间存活的平均时间有明显差异，总生存曲线需要外推。除了经典的 Kaplan-Meier 曲线外，还有多种计算方法，如可以应用 Weibull 模型等。设想如果将不同临床反应的患者混合在一起计算一个平均的存活时间值，便可能存在评价的偏倚。因为治愈的肿瘤患者的总生存时间总要比没有治愈的患者来得长，而且会长于试验的观察时间；如果将治愈和未治愈的患者放在一起计算一个平均的总生存时间，也就会有偏倚。因为没有反映出肿瘤患者的异质性。因此，也可以说是对肿瘤治疗方法的一种不完全的评价。

从生存曲线来看，往往有一个很长的"尾巴"，呈现一个平台期。平均的总存活期（OS）是不可能从生存曲线来估计的。美国专家 Scott Ramsey 提出需要采用混合参数模型（parametric models）分别估计有治疗反应和无治疗反应的患者的总生存时间。应用回归模型来估计治愈组的概率，并预测未治愈组的存活时间。

总患者的生存时间 $= P_{治愈组概率} \times 存活期_{治愈组} + (1 - P_{治愈组概率}) \times 存活期_{未治愈组}$

以 ZUMA—1 试验为例，它是一个用 CAR-T 细胞治疗复发性和难治性的 B 细胞淋巴瘤Ⅱ期临床的单臂试验，54％的患者治疗后有完全反应出现。观察治疗期 18 个月时的 Kaplan-Meier 生存曲线，OS 中位数存活时间为 15.4 个月。治疗的反应率为 42％，其中 40％为完全反应。比较传统的生存曲线和用 Weibull、Log-normal 方法计算出来的生存曲线，发现混合模型以及后两者生存曲线的尾部明显延长。治愈组的平均生存年为 28.1 年，要长于未治愈组仅 8.2 月的平均总存活时间。用 Log-normal 和 Weibull 分析方法计算出来的未治愈组平均总生存时间分别为 4.6 年和 2 年，也要远远长于在混合模型分析中的平均总存活时间（8.2月）。由此可见，采用什么样的方法来计算生存曲线对肿瘤免疫治疗效果的结论影响很大。

不同生存曲线的计算方法均有不同程度的拖尾现象（表 6-2、图 6-2）。

表 6-2　不同计算生存曲线方法对平均总存活时间的影响

统计学总结	平均总生存时间（OS）	OS 的 95％可信限
Log-normal 分析（未治愈组模型）（年）	4.6	2.3～10.3
Weibull 分析（未治愈组模型）（年）	2.0	1.5～3.0
混合模型分析治愈组比例（％）	52	36.3～64.1
治愈组模型（年）	28.1	26～30.1
未治愈组模型（月）	8.2	7.1～9.9

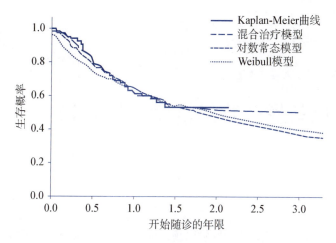

图6-2 不同计算生存曲线的模型方法的比较

对模拟试验与 Kaplan-Miere 标准方法进行比较，混合模型的效率不高，对未治愈患者的存活时间有高估的可能性。采用混合治疗模型计算时，当治愈率＞5％，随访时间短，则可能会低估存活时间。

由此可见，混合模型方法比传统的 Kaplan-Meire 方法在存活寿命外推计算方面优点更多，治愈的肿瘤患者往往有更多的机会再次入院治疗，存活的时间也越长。治疗效果越好、观察随访时间越长，便可以减少很多不确定性，这也正是肿瘤免疫治疗需要解决的问题。

《医药经济报》2018 年 7 月 26 日

抗新冠肺炎药物经济学评价释疑

自新型冠状病毒肺炎疫情暴发以来，国内外都在积极探索药物治疗这一棘手问题。

1月，《新英格兰医学杂志》刊登了以 Holshue 领衔的 24 位华盛顿 COVID-19 病例调查组成员联名发表的"2019 年美国首例新冠病毒病例"论文，采用瑞德西韦（remdesivir，RDV）对一例患者出现临床症状恶化时进行同情治疗（compassionate use），这篇系治愈个案的临床报告，尽管它的循证医学证据级别不高，但已引起了全球的关注。

而中国科学院武汉病毒研究所与军事医学科学院联合研究，通过实验室药物筛选，发现瑞德西韦和磷酸氯喹能在体外有效抑制新型冠状病毒（2019-nCoV），2 种药物在细胞水平上能有效抑制 2019-nCoV 的感染，但其在人体上的作用还有待临床验证。为此，进行了对该治疗方法的中国发明专利登记。

李兰娟院士团队在实验室细胞实验中已证实阿比多尔（arbidole）和达芦那韦（darunavir）能有效抑制 2019-nCoV 复制的作用。前者是一种治疗抗甲型和抗乙型流感病毒引起上呼吸道感染的药物，后者则是用于治疗 HIV 感染的抗反转录酶 RNA 病毒类的药物，在临床上使用的商品名分别为玛诺苏和普泽力（达芦那韦/考比司他）。虽然在临床已经使用，但对新冠病毒肺炎是否具有效果，还有待临床试验和观察。

此外，还有双黄连口服液等一些中成药在抗击疫情的对症疗法上也已被广泛应用。国内现注册"新型冠状病毒"的临床试验已达到 30 多个，希望能从中获得几个有效临床试验的结果。

众所周知，一般在成千上万个化学单体药物筛选中，也许只有极少数最后能成为有效的治疗药物，实验室的抑制病毒结果不代表临床的疗效。一个药物的成功需要经过Ⅰ期、Ⅱ期、Ⅲ期临床试验以及上市后的真实世界研究，通过安全性、有效性和经济性的检验（ECHO模式）。尽管目前还没有任何药物的抗2019-nCoV药物经济学评价研究报告，但笔者希望通过本文的研讨，提出抗新冠病毒肺炎的药物经济学评价方法，作为抛砖引玉，将来能对多种抗2019-nCoV的治疗药物进行药物经济学评价的比较研究。

一、要以临床试验为评价基础

新冠病毒肺炎的临床表现可以国家卫生健康委员会发布的《新型冠状病毒感染的肺炎诊疗方案（试行第五版）》为依据。主要表现为发热、咳嗽、肺部X线检查或CT检查双侧肺部呈磨玻璃影。需要对患者测定血压、每分钟心率、呼吸次数，重症患者需要监测氧饱和度和动脉血氧饱和度。患病48小时内从口腔或鼻咽部拭子、血液中用rRT-PCR试验快速检测核酸（NAAT）。患者还可表现呕吐、腹泻、胸痛、呼吸短促困难、呼吸衰竭及急性呼吸窘迫综合征、心脏损害、死亡等危象。用瑞德西韦治疗48小时后，体温恢复正常，但仍伴有咳嗽。治愈标准为2次核酸检测为阴性后可以出院。也不排除CT胸片检查确定肺炎影像的改善情况。

可见，这些临床症状表现可以作为药物经济学评价的客观治疗效果指标。

二、做好临床随机对照试验设计

瑞德西韦属于核苷酸类似物，是RNA依赖的RNA聚合酶（RdRp）抑制剂，可以通过抑制病毒核酸合成抗病毒。该药原本是针对埃博拉病毒研发，目前已在国外完成了Ⅰ期和Ⅱ期临床试验。这里引用吉利德公司提供的有关瑞德西韦的临床试验设计方案。瑞德西韦曾用于治疗非洲埃博拉病毒，该药虽有对病毒的抑制作用，但治疗后并没有降低病死率，其效果不如其他干扰素产品，但通过 175 例临床试验，证明其是安全的。这也是为什么国家药品监督管理局快速批准瑞德西韦在我国开展期临床随机对照双盲试验的原因，以期尽早确定是否对 COVID-19 具有临床疗效。

北京中日友好医院等多中心开展此项研究，从原来的 270 名轻型和中型新冠肺炎患者随机分成试验和对照 2 组，已扩大到首批拟入组病例共计轻、中、重症患者 761 例。对照组采用平常的传统支持疗法。试验组采用瑞德西韦每支 100 mg，首日静脉滴注 200 mg，以后每天 100 mg 维持，连续 9 天。整个疗程为 10 天，总剂量 1 100 mg，患者是知情同意的。入组的病例有选择标准和排除标准。

三、药物经济学评价的主要参数

药物经济学研究中主要的参数是成本和效果。鉴于这次全民抗疫，间接的社会成本是巨大的。因此，在 COVID-19 药物经济学评价中应以测定直接医疗成本为主。效果也以直接的临床效果为主。在收治的住院患者中很多医疗成本是国家财政补贴的，因此属于沉没成本。可以按照类似级别医疗机构的普通病房或 ICU 病房收费标准计算。瑞德西韦目前尚未上市和定价，只能用敏感度分析的方法来对药价给出一个区间分析。

至于效果，可以用中间指标或终期指标来评价，如发热天数（率）、咳嗽天数（率）、有无急性呼吸窘迫综合征发生、一般氧疗、高流量吸氧/无创通气、有创机械通气时间（天数，率）、取消吸氧后氧饱和度能维持在 94% 以上的天数，乳酸脱氢酶（LDH）和肌钙蛋白值及炎症因子筛查结果、肺部 CT 检查随访结果、转 ICU 病房的发生率、记录药品治疗后发生的各类不良反应等。终期指标则可用 2 次血液或咽拭核酸检测阴性的时间作为出院和痊愈标准以及病死率等。

笔者曾对治疗流行性感冒的"达菲"进行过药物经济学的评价研究，当时计算效用值采用 0.50，由于流感的病程较短，即使目前的 COVID-19，痊愈者的平均住院时间也只有 9 天。因此，可用 QALY 来计算瑞德西韦的成本-效用分析。

四、未来药品研究和医保方向

如果最终阿比多尔和达芦那韦这类抗病毒的药物通过临床试验证明有治疗 COVID-19 效果的话，这些药物已在医疗保险药品报销的目录中，只需要扩大适应证即可。

如果最终瑞德西韦通过临床试验证实是有治疗 COVID-19 效果的话，则可考虑以下 2 种情况。

1. 实行强制仿制（compulsory licensing） 这次 COVID-19 疫情的暴发流行已属于国际关注的应急公共卫生事件（PHEIC）。在这样危及全球安全的情况下，即使瑞德西韦有专利的保护，也完全有条件可以进行强制仿制。中国的医药产业有能力，也有技术在短期内进行瑞德西韦的化学合成，提供国内应急的需要。

2. 通过价格谈判纳入医疗保险药品报销目录 据笔者了解，吉利德公司正在采取多种措施加快生产进度，增加供应。鉴于瑞德西韦具有专利，且目前还没有市价。通过Ⅲ期临床试验确实有效，国家医疗保障局可在国内药企提供生产成本的参比基础上，通过价格谈判，与吉利德公司取得共识，能在当前全球公共卫生应急事件的大环境下，以一个合理的价格进行带量采购，保证在短期内供应瑞德西韦的需要数量。

《医药经济报》2020 年 2 月 13 日

第七篇

卫生技术评估

医疗器械的经济学评价

近年来,医疗设备和实验诊断已成为卫生技术评估和药物经济学研究的重要内容之一。在不久前结束的第 22 届国际药物经济学和结果研究大会(ISPOR)上也开辟了专场对此进行讨论。

一、医械与药物经济学评价有别

按照全球协调工作组的定义,医疗器械(medical device)是指作用于人体的仪器、设备、机械、器械、植入物、体外诊断产品或软件、材料或其他类似或相关的物品。可见,其内涵十分广泛。因此,彼此之间的具体研究方法也不完全相同。

医疗器械的经济学评价与药物的经济学评价不同。药品需要进行 I 期、II 期及 III 期临床试验,且药品进入人体后会发生药代动力学变化,但医疗器械的研究不需要开展 I 期、II 期及 III 期临床试验,植入物会在体内长期存在,改变了患者的通路(pathway),使用者(患者或医生)的技能(skill)和学习曲线(learning curve)的过程提供了收集真实世界数据的机会。医疗器械的评价不同于药物评价中常用的临床随机对照试验,而是更多地使用真实世界的研究方法。

早在 2009 年,Tayor 就指出医疗器械和药品在效果评价方面有 3 个不同点:一是器械上市需要有许可证制度;二是医疗器械的治疗效果与操作者的熟练程度密切相关，操作者有一个学习的过程，俗称"学习曲线"，是器械和操作（使用）者交互作用的结果；三是器械有明显的渐进性的创新特点。因此，医疗器械的更新速度快，带来了技术评估的复杂性（图7-1）。

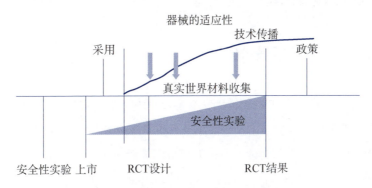

图7-1 医疗器械技术的传播和学习过程（Patrizio Armani，2017）

图7-1显示一个技术或一个医疗器械发明后，有一个技术传播的过程，逐渐被采纳应用。医疗器械自身也会在临床应用过程中不断地改进以适应临床需要。其次，临床医生在使用过程中会不断累积经验，提高使用的效果。

可以通过传统的成本-效果分析方法研究医疗器械的功效（efficiency），但大量的机会是在上市后，在医院运用过程中进行真实世界效果（effectiveness）的评价。一个新技术的产生需要通过临床适应期、纳入疾病的诊疗指南、获得医保补偿，继而计划推广。不同时期的决策也是不一样的，如前期主要是临床决策，需要有循证依据证明这个新技术是值得推广的，并得到医疗保险的补偿。一个新技术在上市前，要先证明其安全性，如果只有单臂的临床试验，没有对比的技术，只有登记病例试验的资料，则不可能开展临床-对照试验。在新的医疗器械进入市场后，可根据临床的使用和技术的传播，再开展相关的临床随机试验，如果疗效好，便应做出医保决策，列入报销范围。从政策制定者角度来看，真实世界的研究结果往往是最有用的。

医疗器械生产厂商的观点认为，真实世界研究数据的质量是最重要的。从个案角度来看，要以患者为中心；从人群角度来看，要以效果为基础。临床随机试验往往不能得到真正效果的数据。其次，要将医疗器械的检查或应用列入疾病临床诊疗的规范中，才能够获得真实世界的数据。最后，真实世界的数据要适合于多种相关利益者的评价，价格是由价值来反映的货币价值。那么，什么样的证据是最需要的呢？临床随机试验的优点是能够控制由于混杂因素引起的选择偏倚，缺点是内部或外部的效度较差。

二、6个方面评价医械价值

Drummond 教授在 2009 年提出从 6 个方面评价医疗器械的价值。

（1）要考虑医疗器械的不同性质及其在路径中的应用。

（2）证据的产生和功效、效果的评价时要明确是通过观察研究、随机对照试验，还是真实世界的研究方法来比较患者治疗后的健康结果。

（3）组织的改进，包括医疗器械的评价方法。

（4）医疗器械的应用技术和学习曲线过程对安全性和治疗效果有影响，如何在真实世界研究中定量成本，支持医疗器械最佳的应用价值是值得研究的。

（5）研究医疗器械产品的短期生命周期，是否采用风险分担的方法去适应路径和产品的快速创新。

（6）当医疗器械不断发生创新时，如何采用经济学模型及时研究与比较产品价格的快速变化。

三、需要医械临床试验数据

医疗器械立法的需要不如药品那样严格，在进入市场时临床的定性或定量的资料经常是不充分的，或者证据的质量不高，致使决策者难以做出是否给予补偿的决定，使服务提供者在应用时也具有一定的风险性。Andrisani 提供了一组数据，在 2007—2017 年意大利的植入性心脏医疗器械市场中共有 1 889 种产品，其中只有 59% 具有临床试验结果。以治疗二尖瓣反流的 Mitraclip 为例，基于 27 例 I 期临床试验（EVEREST - I）在 2006 年得到美国 FDA 批准，2009

年得到了109例的随访试验结果,2011年才开展了第1个279例临床随机试验,结果并未证明优于其他常规方法。2009年进入意大利市场,到2014年进入使用高峰期。

另一个例子是治疗心房卵圆孔未闭的先天性心脏病的器械,2000年进行了Ⅰ期临床可行性试验,2005年法国HAS进行了第1个卫生技术评估,包括系列病例分析和回顾性病例分析,直到2010年才进行第1个临床随机对照试验(CLOSURE Ⅰ),结果证明该设备与常规治疗方法没有显著差异。直到2016年,才再次开展大规模的临床随机对照试验(RESPECT)。可是,早在2013年,该产品已进入意大利市场,到2014—2015年,每年已有2 500例患者进行了手术。

从这2个案例中可以看到,医疗器械的研究仍然需要临床随机对照试验来进行评价,临床随机试验是最佳的。那么,真实世界的研究又会起到什么作用呢?总的来说,如果受到时间、费用及伦理等因素的影响,不可能开展临床随机对照试验的话,医疗器械的真实世界的研究是最好的解决办法。

《医药经济报》2017年7月27日

HTA：弥合知识与行动间的差距

不久前，笔者赴加拿大温哥华参加了第 15 届国际卫生技术评估年会（HTAi）。在年会前的卫生技术评估导论专题讨论会上，前 HTAi 主席、现任 Lewin Group 高级副总裁 Clifford Goodman 博士分享了卫生技术评估（HTA）的新观点。

一、八大用途

众所周知，卫生技术评估是对卫生保健技术的性质、效果和其他因素进行系统的评价，其目的是对卫生保健技术的直接结果和希望达到的结果制定政策。以超声检查为例，它可用于诊断不同脏器的疾病，但也可能引起一些间接的和意想不到的结果，如被错误地用于胎儿的性别鉴定。

HTA 往往需要不同专业的专家，通过清晰的分析框架和不同方法来进行评估研究。卫生技术不适当地应用，体现在下列 3 种情况：一是过度应用，如对患者多次应用同一技术，或者该患者根本没有应用该项技术的指征证明应用是有益的；二是利用不足，如一些应该使用该项技术的患者没有应用或使用次数过少；三是不适当地应用，虽用于有指征的患者，但应用得不恰当，如使用不正确的外科手术、不正确的药物剂量、不正确的 X 线照射等。例如，抗菌药的过度利用或不当应用会产生多耐药菌株；对前列腺肥大患者进行 PSA 指标（即前列腺特异抗原，是目前前列腺癌早期诊断和疗效监测的重要指标）测定，可能造成不必要的穿刺检查；对 HIV/AIDS 患者进行抗反转录酶病毒的 HAART 治疗，反而会促使高风险性行为的增加；用减肥手术对糖尿病患者进行治疗等。

因此，卫生技术评估在卫生决策方面的用途主要体现在以下几点：①对立法机构是否批准某项卫生技术上市或对某个适应证给予批准做出指导；②为医保部门和卫生部门对新技术的补偿和支付提出建议；③就临床医生和患者对卫生技术的应用给予指导，如制定诊疗指南；④帮助医院管理者和医疗机构获得医疗技术的投资；⑤支持国家和地区的公共卫生实行有关公众的卫生计划，如急性传染病埃博拉病毒的流行防治；⑥支持医疗器械行业决策发展新技术；⑦帮助投资者在医疗保健部门的投融资；⑧提示研究机构需要证据研究和未满足需求的方向。

二、HTA 涉及 5 方面

卫生技术评估主要涉及 5 个方面：①改进卫生技术的性质；②安全性；③效能和效果；④成本和其他因素；⑤社会、立法、伦理和政治带来的影响。

其中，临床效能的研究是指在理想状况下的疗效，如随机对照双盲试验的结果。效果是指在常规情况下应用技术的治疗结果，也就是通常所讲的"真实世界研究"。功效和效果的测定一般是指患者的健康结果和试验终点，如死亡、发病、治疗后出现的各种不良反应。其中，生活质量、功能状况、患者满意度及患者效用，可以作为测量中间替代指标。如测量血压、心电图测定、糖化血红蛋白测定、骨密度测定以及各种生物指标等，则能可靠地预测健康的结果。

通常所讲的以患者为中心的健康结果，不是以疾病为中心或以医生为中心的结果评判，而是指健康状况、功能状况、生活质量、死亡质量、各种症状表现，如疼痛、呕吐以及心理健康，也就是通常所说的"患者报告的结果"。测量患者为中心的健康结果可用多种量表，如 CAHPS、EuroQol（EQ-5D）及 SF-12 等，除了这些通用量表外，还有不同疾病的特异量表，如测量心绞痛、哮喘、癫痫、肾病、偏头痛、脊柱损伤、尿失禁及视力等量表。

三、HTA 新趋势

卫生技术评估的需求正在日益增长，发展趋势表现在以下方面。

（1）满足卫生服务政策、医疗保险服务设计、临床实践指南、患者保健决策、支付制度及药品购买等方面的研究和政策制定的需求。

（2）政府或私立部门的 HTA 组织机构及其功能日益增加。

（3）不断增加 HTA 的研究方法、在专家和功能方面争取国际合作。

（4）在 HTA 的实践方面正趋向于更加透明化、系统性及负责性的过程。

（5）医疗政策正在更多地支持水平扫描和系统优先重点的选择。

（6）研究高标准的证据和证据评估框架或层次的应用。

（7）更强调真实世界研究的证据，而不仅仅是随机对照双盲试验的功效研究。

（8）HTA 研究结果更加特异性，如认识患者不同亚组间治疗效果的差异、确定临床实践和服务提供者的经验。

（9）更加强调以患者为中心的结果报告和支持以患者为中心的健康服务。

（10）更多地应用系统综述、荟萃分析、决策分析和其他综合的方式，如多目标决策分析、网络荟萃分析。

（11）更加强调成本-效果分析、预算影响和相关的经济学影响，改进研究方法的标准化。

（12）更加注意 HTA 方法适应特殊技术的要求。

（13）为满足政策决策者的需要，更加重视快速评价方法的研究。

（14）注重国际发表的低成本的证据、HTA 报告以及目前正在进行的一些 HTA 研究。

（15）更加注重协调各国的 HTA 研究去支持药物的上市批准和支付功能。

(16) 医药行业更加注意 HTA 的发展，与 HTA 共同工作，而不是持反对 HTA 的态度。

四、多样化的国际合作

HTA 的国际合作有很多方面：如共享信息资源（文献数据库）、水平扫描（horizon scanning）、优先重点选择、改进 HTA 的过程和方法、联合发表 HTA 报告、HTA 职业学会和协会、教育和培训及访问学者等。目前，与 HTA 有关的国际合作和网络有：EuroScan 国际网络、国际卫生技术评估（HTAi）、亚洲的 HTAsiaLink（由 12 个国家 18 个组织参加）、国际卫生经济学会（iHEA）、卫生技术评估机构的国际网络（INAHTA，有 33 个国家 52 个非政府组织参加）、国际药物经济学和结果研究协会（ISPOR）等。

卫生技术评估研究通常有 10 个步骤：确定评价主题→确定评价的特殊问题→确定评价的地点和责任→检索的证据→收集性的初始材料→对证据的解说→证据的合成→形成研究结果和建议→传播有研究结果和建议→监测评估的影响。

进行 HTA 研究时，专家来源是多方面的，如医生、护士和其他临床工作者、药师、实验室和放射部门的技师、医院管理者、生物医学工程师、流行病学家和生物统计师、经济学家、决策科学家、信息专家、患者和社区代表、律师及伦理学家。而 HTA 循证信息来源的类型也是多样的，如文献资料数据库、临床和管理数据库、实践指南的数据库、政府报告及单印本、政策和研究机构的报告、专业协会的报告和指南、市场研究报告、公司报告和新闻内容、研究报告的参考文献、特殊的有关健康的消息和报刊、调查报告等。

五、结语

卫生技术的评估取决于不同政策决策者的需要，不同利益相关者需要一个透明和可以预见的结果。较早地进行技术评估往往会限制新技术的应用，也可能由于没有足够的经验和评价信息导致错误的结果。总之，卫生技术评估是一个迭代的过程，需要周期性、系统性的评估，基线的调查往往可以积累基础资料。随着技术决策者数量的增加和 HTA 方法的传播，未来将会从不同角度提出多重评价，而不是一次性、特定的卫生技术评估。

《医药经济报》2018 年 7 月 19 日

从证据到行动 HTA 要跨"三道坎"

加拿大是循证医学的发源地,也是具有循证决策文化底蕴的国家。不久前,在加拿大温哥华落下帷幕的第 15 届国际卫生技术评估大会,着重强调了全球范围内在卫生技术评估领域以循证为基础决策的重要性,从而确保产生和合成的证据能够满足政策决策者的需要。

大会的 3 个主报告:①以决策为基础的证据,不确定性和机遇;②弥补知识到行动之间的差距,以循证为基础的政策和实践的有效策略;③多点联系,有效卫生技术评估生态系统的基本成分,分析了如何在基于循证和合作的基础上,加强证据到行动的联系。

一、卫生系统证据:不确定性和机遇并存

在当今快速变化的世界里,卫生技术评估需要研究的是如何改变研究方法、合成和提供循证的证据。卫生技术发展步伐加快和医疗保健效率最大化的愿望,给决策者带来了挑战。以循证为基础的政策,要求通过可信的研究来推动卫生政策决策。不可否认,尽管 HTA 研究可以减少健康保健决策中的不确定性,并指出哪些地方可能仍然存在不确定性,但决策的竞争目标之间(如强调科学的严谨性,还是及时性和关联性)和重要政策的外延性(如加速监管审批途径)导致了不同的证据对实践判断意义上的差异。

HTA 被定义为一个交叉多学科的活动。在大多数情况下,它处理和解决不

确定性的方法都局限于采用辅助临床研究和进行计量经济学的评价方法。

会议引导听众去思考卫生系统决策证据的不确定性表现在哪里？它在做出判断时会带来怎样的挑战？HTA 可以从其他学科处理不同类型和标准的证据中获得哪些经验？HTA 学术界可以用怎样的方式使 HTA 不仅能合成和提供证据且能保持其相关性？

一项卫生技术可被接受，一定包括以下几个方面：①不会给健康保险带来财务风险；②技术的可及性；③费用的可负担性；④能否增强初级卫生保健；⑤对医疗保险团结互助的影响程度；⑥门诊医疗服务的覆盖程度；⑦是否对门诊服务组要投入更多的资金；⑧对公平性的影响；⑨有无及时干预的手段；⑩对不同利益相关者的可接受程度。

二、以循证为基础：弥补知识到行动的差距

直到证据被用来改善个人和人群的健康结果时，证据才具有价值。如加强患者与医生之间的联系、加强临床证据的收集等。虽然各种其他因素不可避免地也会影响个人、组织和系统层面的决策，但证据应该是政策制定和行动的关键决定因素。人们常认为，证据将在 17 年后才会付诸实施。当然，我们可以做得更好。

本次会议从研究、政策和实践层面去探索以证据为基础决策的挑战，无论这些决策是宏观的、中观的还是微观的。通过卫生系统的案例研究，应用 HTA 来支持更好的健康、更好的患者体验和更好的价值。以循证为基础的政策制定和实践是一种有效的策略，证明证据和实施之间的差距是可以弥合的。

三、多点联系：多方参与，共同发展

一个有效的 HTA 生态系统，其基本要素是多点之间的联系。

首先是，谁需要参与 HTA 工作？毋庸置疑，包括研究者、患者、HTA 评估者、法规政策制定者和决策者，尤其要考虑的是让患者参与决策。

其次是，一个有效率的 HTA 生态系统。要了解整个系统的状况，共享资源是成功的关键。非洲有句谚语说："如果你想走得快，就一个人走；如果你想走得远，就和大家一起走。"这句话很好地说明了全球 HTA 学术界的机遇。HTA 的参与必须扩大到科学研究人员和临床工作者以外的人员，以获得最大的影响。世界各地许多 HTA 组织都开始让患者和公众参与卫生决策。

三是 HTA 系统要考虑患者需要：①在早期发展阶段，需要考虑成本问题；②早期 HTA 需要资料收集和专家的指导；③适应计划的变化，弥补证据与行动之间的差距；④重视真实世界的绩效和治疗效果，但有时不一定能看到结果；⑤重新进行再评价，决定是进一步去创新，还是终止投资发展。

总的来说，大会第 3 个议题主要强调要使证据到行动的生态系统变得更有效、更具效率，就需要有更多人来参与。因此，如何在时间和地缘政治上共同发展 HTA 值得深入研究。

四、好钢要用在刀刃上

开展卫生技术再评估是为了更合理地使用有限的卫生资源。从医学、经济学、社会和伦理角度开展卫生技术评估已得到广泛应用，成为评价卫生技术的最佳方式。那么，为什么要开展卫生技术再评估呢？因为目前世界各国有很多卫生技术应用和医疗服务是多余的，并不值得投资。

例如，在哥伦比亚，阿瓦斯汀（Avastin）被用于未受 FDA 批准的疾病的治疗。一些地区的计划免疫覆盖率低于 50%。在哈萨克斯坦，将 50% 以上的胰岛素预算用于胰岛素类似物。在非洲 HIV 防治中，有 40%～50% 符合治疗条件的患者没有得到治疗，二线和三线治疗 HIV 药物的 20% 预算只用于不到 5% 的患者。英国在肿瘤治疗中，有 10 亿英镑花在没有任何成本-效果的药物上。

另以肿瘤药物曲妥珠单抗（赫赛汀）为例，在美国和英国治疗时获得 1 个 QALY 的价格只相当于 1 个人均 GDP，芬兰和加拿大相当于 2 个人均 GDP，而在南美洲的哥伦比亚、阿根廷，获得 1 个 QALY 的价格相当于所在国家的 14 个人均 GDP，更有甚者是玻利维亚，相当于 38 倍的人均 GDP。这说明越是贫困和不发达的国家，抗肿瘤药物的 QALY 阈值越高，患者的经济负担越大。无论是从消除资源浪费，还是更合理地使用有限的卫生资源来说，已开展的一些卫生技术方法需要进行再评估。

即使是在一些发达国家的部分地区，如加拿大西部的阿尔伯塔省（Alberta），其卫生资源还是有限的，一些低价值的医疗服务还在伤害着患者。该省卫生部门提出，通过一个系统的步骤对卫生技术项目进行再评估。其方法是首先确定设定政策、组成研究队伍、合成证据快速评估、组成专家委员会包括临床专家和卫生决策者。主要执行过程包括资料收集、建立再评价的常规方法、争取各相关利益集团的合作、可执行的措施并考虑项目的高度投资回报。具体的再评估过程包括 5 个步骤：①编辑建议书；②评估和编码；③收集该技术使用的频度和费用的资料；④排序和优先重点的程度；⑤评估结果的传播。该省将 1 746 种卫生技术进行了分类，排除英国 NICE 和澳大利亚 PBS 列为不推荐和低价值的卫生技术、排除重复和仍在研究中的一些技术或未能收集到使用和价格情况的技术，结果共有 173 项，有的卫生技术有待评估。另外，再从预算影响分析角度考虑，将每个财政年度使用费用达到 100 万美元以上的卫生技术作为过滤条件，对这类技术优先重点地进行再评估。

这些做法值得我国借鉴。当然，主要面临的挑战是评价材料的可得性和不同利益集团对优先重点评估的影响。

由此可见，卫生技术再评估应该包括 3 个方面：一是技术的选择，包括确定评价的技术和技术的优先重点选择；二是决策，包括评估证据的合成和政策的开发；三是政策的行动，包括再评估政策的执行以及政策的监测和评价。

《医药经济报》2018 年 8 月 9 日

三大案例透视 HTA 评价效用

HTA 评价可以提供循证决策的依据。本文以 3 个案例通过不同视角展示 HTA 评价的作用。这些案例对建立我国抗肿瘤药物价值框架、开展医院卫生技术评估研究以及未来将直接抗丙型肝炎病毒类药物（DAAs）纳入医疗保险药品报销目录均有一定的启示。

一、案例一：抗肿瘤药价值评价 3 国差异

1. 加拿大：开展 pCODR 加拿大药物和卫生技术评估机构（CADTH）是一个独立的非营利组织，对药物、诊断试剂、医学和齿科及外科器械和程序进行卫生技术评估，并利用客观证据帮助相关部门做出决策。对于抗肿瘤药物，还开展了泛加拿大肿瘤药物审查（pCODR）。这是一个以证据为基础的抗肿瘤药物审查过程，通过审查临床证据、成本-效果、患者偏好、药物利用等信息对加拿大各省（除魁北克省）做出药物资金使用的建议和决策。

2012 年 1 月—2017 年 5 月，pCODR 组织已对 84 个抗肿瘤药物提出补偿建议，其中 40 个（48%）抗肿瘤药物还收集了真实世界的资料，以减少药品审查中的不确定性。pCODR 组织还专门设立了专家审查委员会（pERC），对抗肿瘤药物的审查需经过 4 个审议框架，分别为临床获益、经济评价、使用可行性以及患者为基础的价值。

2. 美国：以价值定价 在评价临床获益时，美国临床肿瘤协会

(ASGO)的价值框架与欧洲肿瘤内科协会(ESMO)的临床获益量表(MCBS),目前还不能证明两者之间的一致性。ASCO 中的"价值"是指在一定治疗费用下,临床的治疗获益、治疗过程发生的不良反应和患者症状以及生活质量改善的综合结果。可以将这些变量做成软件给医生和患者应用,以便其做出治疗决策。它涉及肿瘤治疗中价值的公共政策问题,应用有限的公共和个人资源去衡量有效的和经济可承受性的肿瘤治疗方法。患者的价值同样代表患者群体的社会需要以及患者个人的价值,在进行决策时要注意收集患者报告的结果(PRO)以及患者组织的看法和意见,并将其作为抗肿瘤药物评价的定性证据。

不同利益相关者对抗肿瘤药物治疗价值的看法是不同的。例如,患者组织希望得到平等、及时和有效的治疗,改善患者的健康结果;医生群体希望有更多治疗肿瘤的方法,以便从中选择更好的治疗方法;医院和医疗服务提供者希望在他们的系统和预算范围内有最好的治疗方法;立法者希望能有公正的、更好的风险-效益比值的评价方法;第三方医保支付组织希望在现有的医保基金经费预算范围内获得最高价值的处方药物;政府则希望有政策指向,更好地使用经费,确保人们能够获得良好的健康水平。

加拿大肿瘤患者全球行动项目 Barry Stein 先生提到,随着肿瘤治疗方法的不断创新,患者存活率会不断提高,肿瘤已开始向慢性疾病管理及注重患者生活质量转变。患者的偏好及其价值,要求提供有效的、能够承受得起的治疗方法。目前,抗肿瘤药物存在 3 个特殊的持续性挑战:一是抗肿瘤药物品种在不断增长,目前已有 150 个抗肿瘤新药进入临床试验;二是新发现的肿瘤患者在不断增加,到 2030 年估计肿瘤患者总人数会较目前增加 40%。存活率的提高,也会带来复发率的增加,新的诊断方法也会不断出现;三是随着多种抗肿瘤药物的应用,多种治疗方法的引入,治疗指征也会不断增加。抗肿瘤药物的预算每年将以 12%~15% 的速度不断增长。抗肿瘤药物的研究过去是以产品为中心,建立在临床功效的基础上,现在已转向药物评价,包括药物经济学、治疗管理、患者依从性和生活质量的评价。正如美国 ICER 组织循证报告中指出的那样:"提供价值框架的目的是希望有一份代表广大利益相关者和公众参与的严格的、有证据的评价报告，帮助美国卫生系统给所有肿瘤患者提供可持续性、可及的及高价值的医疗保健。"

3. 德国：用增量成本计价 药品价格取决于它的价值。德国法兰克福财务及管理学院报告认为，以价值为基础的定价（VBP），需要通过经济学评价应用增量成本效果的阈值（ICER）。在这样一个以价值为基础的定价制度下，药企就有可能将药价定在阈值范围内。制药企业对一个新型的能延长寿命的抗肿瘤药物最大可接受的价格决定于以下定价公式：

$$C/H = (P - S + B)/H = \lambda$$
$$P = \lambda H + S - B$$

注：C = 增量成本；H = 增量健康结果；P = 新药最大可接受的价格（包括与药物有关的成本）；S = 避免患病节约下来的费用；B = 避免过早死亡节约下来的费用；λ = 成本效果阈值（ICER）。

二、案例二：测定优先重点选择的新技术

传统的医院卫生技术评价方法（HB-HTA）注重技术的安全性、效果和费用；决策的终点是根据成本-效果分析结果做出决策。而在目前技术创新日益发展且卫生资源又有限的情况下，卫生技术评估方法应该更加注意新技术的附加值有多少，更加精准地对新技术方法进行优先重点选择。

例如，加拿大对表7-1中12项卫生技术进行优先重点选择时，采用的方法是对52位专家进行专家咨询法调查，以1~12分打分，最重要的打12分，最不重要的打1分。然后，计算各项卫生技术的平均分值、中位数、众数和标准差。评分指标采用2种方法：一种是分级重要性排序，以反映不同卫生技术的治疗效果；第二种是比较分数排序，反映患者的意愿支付情况。

评价的12种卫生技术包括：①药品方面，如治疗原发性高血压的坎地沙坦（gandesartan，商品名Atacand）、免疫治疗用药PD-1派姆单抗（pembmlizumab，商品名Keytruda）、治疗铁过量的药品地拉罗斯

(deferasirox,商品名 Exjade)、治疗青光眼的眼药水;②器械方面,如电击除颤器、非侵入型葡萄糖检测仪、家庭透析器及达芬奇(Da Vinci)外科手术系统(机器人);③治疗程序方面,如干细胞治疗、高压氧舱;④IT/CMR方面,如电子化病案、急诊手机应用。分级重要性的排序意愿支付的情况见表7-1。

表7-1 对医院遴选的12项卫生技术方法评估结果

卫生技术种类	平均数	中位数	众数	标准差	重要性	意愿支付费用(加元)排序
坎地沙坦	11.15	10	10	10.83	1	580
电击除颤器	10.48	10	10	8.18	2	545
非侵入型葡萄糖检测仪	13.71	10	10	11.65	3	713
派姆单抗免疫治疗	10.45	10	10	7.08	4	544
电子化病案	8.17	5	0	9.92	5	425
家庭透析器	6.46	5	0	6.60	6	336
地拉罗斯	5.04	5	0	5.10	7	262
达芬奇(DaVinci)外科手术系统	9.46	10	0	9.63	8	492
治疗青光眼的眼药水	7.29	5	5	8.1	9	379
干细胞治疗	8.10	5	0	9.91	10	421
高压氧舱	5.63	4.5	0	6.24	11	293
急诊手机应用	4.04	0	0	6.77	12	210

表7-1可见,效果重要性排序以坎地沙坦、电击除颤器和非侵入型葡萄糖检测仪3项的效果最好。派姆单抗免疫治疗排列第四,对达芬奇外科手术系统和干细胞治疗的效果评价并不理想。有了上述这2个维度的数据就可以将项目的排序作为横坐标,将意愿支付的金额作为纵坐标制图。如果患者意愿支付的价值高,而项目分级的排序在前的话,医院就应该引进或列为优先重点的项目。图7-1显示如以意愿支付350加元为标准,以中间排序第6的家庭透析为中间点,就可以划分成4个象限的结果。左上角第1象限的项目是重点,右上角第二象限的项目是有附加值的,但有待进一步开发的项目。而其余的项目应该被淘汰。

图 7-2 中最初的 5 个项目坎地沙坦、电击除颤器、葡萄糖检测仪、派姆单抗免疫治疗和电子化病案应该是优选的，其次是需要进一步评价是否有附加值的 3 个项目，分别为达芬奇（Da Vinci）外科手术系统、青光眼治疗和干细胞治疗。所谓评价有无附加值，是指从技术价值、临床价值和社会伦理的价值（表 7-2）3 方面评价。通过卫生技术评估认为应该淘汰的项目为地拉罗斯药物、高压氧舱和急诊信息的手机应用。

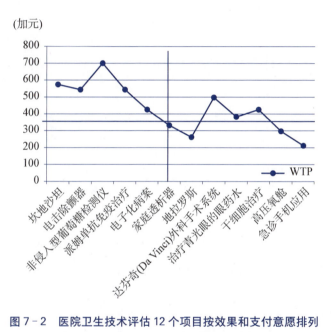

图 7-2 医院卫生技术评估 12 个项目按效果和支付意愿排列

表 7-2 卫生技术项目附加值的评价范围

项目	重要性排序	意愿支付排序	附加值评价		
			技术价值	临床价值	社会伦理价值
达芬奇外科手术系统	8	5	创新	改善生活质量	—
青光眼治疗	9	8	—	改善生活质量	提高老年弱势人群的公平性
干细胞治疗	19	7	创新	治愈？	未来适应广大人群的机遇

因此，在开展医院 HTA 研究时，对任何一种新的医疗服务项目都要进行

价值评估，看其是属于传统有作用的项目，属于需要进一步研究其未来附加值的项目，还是属于需要淘汰的项目。价值是多方面的，不同测量方法的相对权重对确定卫生技术的优先重点选择是有帮助的。

三、案例三：丙型肝炎药物治疗成本-效果比较

参加 2018 年国际卫生技术评估大会期间，笔者感触较深的一个报告是由国家卫健委卫生发展研究中心赵琨教授领衔的团队所作的直接抗丙型肝炎病毒药物（DAA）卫生技术评估的报告，内容包括成本分析、成本-效果分析和预算影响分析。

统计数据显示，我国有 760 万～1 000 万慢性丙型肝炎患者，其中 250 万患者亟待治疗。但据估计，由于抗丙型肝炎病毒药物价格昂贵，迄今为止只有极少数丙型肝炎患者得到了治疗。

笔者比较了 3 种丙型肝炎治疗方案：未治疗、聚乙二醇干扰素（pegIFN）和利巴韦林（ribavirin，RBV）联合应用（PR）治疗 48 周、索磷布韦（SOF）+PR 治疗 12 周。后者按照世界卫生组织基本药物目录 2014 版的联合用药方案，治愈率按 90% 方案计算。索磷布韦的价格则按印度价格治疗 12 周 6 000 元人民币计算。

采用 Markov 模型，通过慢性丙型肝炎、代偿性肝硬化、失代偿性肝硬化、肝癌、肝移植、死亡 6 个发展阶段和 SVR 关系的设计。假设条件是：①亟待治疗的 45 岁以上的 250 万慢性丙型肝炎患者，其中 20% 为慢性肝硬化，属于基因 1b 型；②生命周期 30 年，测定时段为 5 年、10 年、20 年和 30 年；③健康结果测定包括 QALY、并发症和死亡人数；④成本计算：从卫生系统角度分析直接医疗成本（包括药品费用、检查费用、门诊次数、实验室检查费用、治疗并发症和随访费用）；⑤成本-效果分析和 ICER 值；⑥敏感度分析。

通过 12 家医院调查和文献报告数据获得患者的医疗费用，在预算影响分析时假设每年增加 10 万慢性丙型肝炎患者治疗，计算每疗程每名患者的治疗费用以及医疗保险补偿率。

模型计算结果显示,DAA 治疗后可预防 20% 肝癌发生和预防 18% 的死亡。预测 20 年后 DAA(索磷布韦)治疗组要比常规治疗对照组平均每个患者可节省 95 000 元。测算 5 年后 PR 治疗与 SOF 治疗的 ICER 阈值比较见表 7-3。

表 7-3 结果显示,中国当年 1 个人均 GDP 为 41 908 元。因此,治疗结果的 ICER 值小于 1 个人均 GDP。从 2 个维度治疗后持续病毒学应答率(SVR12)和以 DAA 索磷布韦为基础的综合疗程的价格进行双向敏感度测定,结果证明 SVF12 在 80%~99%,价格在 28 000~34 000 元都是具有成本效果的。

表 7-3 比较索磷布韦和 PR 治疗 5 年后成本效果比较

组别	增量成本(元)	增量 QALY	ICER 值	净货币效益(元)	成本-效果分析结果
PR 治疗	41 969	0.27	155 441	-30 654	无
DAA(索磷布韦)	1 367	0.32	4 272	12 004	有

索磷布韦目前的治疗费用平均为每患者每疗程 45 700 元,如果一个疗程能降价到 30 600 元,每片价格为 214.2 元。如果按印度索磷布韦仿制药的价格,一个疗程的费用是 11 400 元,每片价格为 71.4 元。由于索磷布韦尚未列入报销药品目录,所以目前患者是 100% 自费。

通过模型法测算,从长远来看,5 年后可节省社会成本 4 亿元,10 年后为 21 亿元,15 年后为 183 亿元,25 年后可以节省 470 亿元。相当于投入 1 元人民币,可获得 4.6 元人民币的产出回报。在预算影响分析方面,如果医疗保险能够按 70% 补偿治疗费用,治疗 50 万名慢性丙型肝炎患者,则需要医保基金 32 亿元,相当于 2013 年卫生总费用的 0.26%。

《医药经济报》2018 年 8 月 16 日

日本 HTA 一叶知秋

如何在创新和财政的可持续性方面达到平衡为未来研究方向,如何确保药价透明化和可预测性、更好地利用成本-效果分析方法引导支持定价系统,值得进一步研究。

日本从 2019 年起全面开展 HTA 的成本-效果分析,因此,在 2018 年东京第 6 届亚太地区药物经济学与结果研究大会上,日本专家的报告备受与会者们的关注。

一、日本医保制度及 HTA 进展

日本厚生劳动省副部长铃木矢原郎(Yashuhiro Suzuki)在发言中对日本卫生体制的情况和 HTA 的进展做了介绍。

1. 医保互助共济作用明显　铃木矢原郎介绍,目前日本人口数量趋于平稳,总生育率为 1.44,将面临人口下降的趋势。人口学预测到 2065 年,日本总人口数将减少到 9 000 万以下,65 岁以上的老年人口数量占比将上升到 38.4%。1980—2013 年的 33 年间,日本老龄化率达到 16%,致使日本社会支出增加了约 13%。日本人的期望寿命是全球最高的,日本老年人的期望寿命也是最长的,65 岁以上的老年人男性为 18.6 岁,女性为 23.6 岁。

不同年龄组的医疗费用及医疗保险的保险金和共付的费用有很大差异,从表 7-4 可以看出,20 岁以下儿童和青少年的医疗费用大于医疗保险费用的支出，60 岁以上的老年人也是同样情况，但在 25～60 岁的青壮年人群组缴纳的医保费用大于使用的医疗费用。因此，日本的医疗保险充分发挥了互助共济的作用，年轻人资助儿童和老年人。

表 7-4　日本不同年龄组人群医疗费用和医疗保险金加共付费用的比较

（单位：万日元）

年龄组	年医疗费用	年医保支出	年龄组	年医疗费用	年医保支出
0～	22.0	3.7	55～	26.0	30.2
5～	11.6	2.6	60～	34.6	23.4
10～	8.0	2.0	65～	44.5	21.2
15～	6.6	2.4	70～	60.9	17.6
20～	7.0	11.5	75～	76.1	13.5
25～	8.8	20.8	80～	89.1	14.3
30～	10.3	23.5	85～	96.7	13.5
35～	11.3	26.0	90～	106.7	12.0
40～	13.0	28.6	95～	115.2	12.5
45～	16.2	31.6	100	118.5	12.3
50～	20.5	32.3			

2014 年，日本卫生总费用占国民收入的 11.2% 和 GDP 的 8.3%。2018 年，卫生总费用的增长率超过国民收入和 GDP 的年增长率。

日本健保服务呈现出 4 个特点：①公共社会保障覆盖所有人；②对不同的医疗机构有就医选择的自由；③提供高质量和低成本的医疗服务；④社会保险是基础，公共资助作为资源，补助全民医保所需要的费用。2011 年，日本卫生总费用的数据说明，健康保险金的投入占 48.6%，其中参保者个人支付的医疗保险费用占 28.4%，雇主支付的医疗保险费用占 20.2%。相反，公共资助部分占 38.4%，其中包括中央政府补助 26%，地方政府支付 38.4%，而患者个人支付的费用大约占日本卫生总费用的 12.3%。

2. 评估市场份额大的产品　日本在卫生技术评估方面对临床试验的成本效果分析设置了选择的标准。准入评估标准是选择具有较大市场份额的药品进行研究。排除标准为难治性疾病、血友病和艾滋病。在药物方面应用类似疗效比较的方法重点选择了 7 个药物,包括治疗丙型肝炎的 5 个药物进行比较研究,如索磷布韦(Solvadi 索华迪)、哈维尼(Harvoni 内含索磷布韦 400 mg + 雷迪帕韦 90 mg)、维建乐+易奇瑞(Viekirax 内含奥比他韦 12.5 mg + 帕利瑞韦/利托那韦 50 mg)、百立泽(达拉他韦 Daklatasvir 60 mg)、阿苏瑞(Sunvepra)和 6 个医疗器械的项目,包括治疗胸壁动脉瘤的 Njuta 胸膜支架移植系统、美敦力生产的活化剂 RC 神经刺激器、VERCISE DBS 系统、BRIO 神经刺激器等产品。此外,利用成本计算方法评价的有免疫治疗方面的 2 个生物制剂,纳武单抗(Opdivo)和曲妥珠单抗(Kadcyla)。医疗器械方面也有 2 个评价项目,J-TEC 自体培养软骨(J-TEC Autologous Cultured Cartilage)和 Sapien XT。

日本将成本-效果分析作为再定价的一个工具(表 7-5)。与其他国家不同的是,日本的医疗和保险系统是由厚生和劳动省统一领导,健康保险全民覆盖,共付率为 30%,而且有个人自付的封顶线,每月 770 美元。长护险针对 65 岁以上的患者,覆盖居家服务以及护理院的费用。

表 7-5 成本-效果分析的国际比较

项目	日本	英国	澳大利亚	法国	德国
评价机构	NIPH	NICE	PBAC	HAS	IQWiG
启动年份	2016	1999	1954	2005	2004
应用	再定价	补偿和价格谈判	补偿和价格谈判	价格谈判	价格谈判
遴选标准	占市场大份额的产品	由 NICE 指定	所有新药	高价的项目	所有新药
选择的品种	13	51	53	59	不详

2012 年,日本成立了成本绩效评价专家组,2016 年起对 13 个药品及医疗器械进行了成本-效果评价,计划 2018 年 4 月起将对部分目标产品进行成本-效果评价,以后将全面推行。

总体来说,日本面临的挑战是应该选择多少目标进行评价、评价过程和方法,特别是再评价的计算方法等。如何在创新和财政的可持续性方面达到平衡是其未来的研究方向。在药物定价方面,不再是按生产成本来定价,而是将转变为按价值定价。如何确保药品价格的透明化和可预见性,如何更好地利用成本-效果分析方法引导支持定价系统,值得进一步研究。

二、药品再定价原则

日本公共卫生研究所健康结果研究和经济学评价中心福田隆(Takashi FuRuda)教授介绍,2014 年,日本卫生总费用占 GDP 的 8.3%,相当于人均 32.1 万日元。健康保险的覆盖决定和补偿价格由厚生和劳动省负责,而不是由中央社会保险医疗委员会(Chu-1-Kyo)负责,每 2 年调价一次。该组织由 7 位医疗保险组织的代表,7 位医院医生、牙医和药师代表,6 位公众和学者的代表组成。

1. 评价组织与流程改变 2012 年 4 月,日本组织了一个新的成本-效果评价委员会,由 22 个委员组成,包括 6 位保险组织代表、6 位卫生服务提供者代表、4 位公众代表、4 位药企代表和 2 位专家。2015 年,日本进行了经济与财政管理改革,明确提出要注意医保覆盖药品和器械的成本效果,并于 2016 年起引进成本-效果分析方法对治疗进行测试,之后将全面实施。目标产品是新产品和已有的产品,其评价的结果将决定医疗保险是否覆盖和补偿的价格水平。目前,几乎所有药品均已在医保报销范围内。按照规定,新药提出申请必须在 60 天内获得解决,最长为 90 天内。但考虑到药物经济学评价需要时间,不一定能在 60 天内完成,以及患者对新技术的需求迫切,希望将其尽快纳入医保报销范围。因此,委员会做出相关规定:排除对难治性或罕见病药物的评价;对列入 2012—2015 财政年度的药品价格,将根据类似药品的价格或计算成本的价格,制定最高的溢价或规定最高的销售量。

值得一提的是,申报过程包括资料递交、评估和再分析及评价 3 个部分。资料由营销授权持有人进行递交,基于分析指南并提交成本数据和功效的分析结果。在分析开始之前进行分析框架的初步协商。提交的数据将由公立组织独立审查,并与外部专家合作。在成本-效果的特别组织会议上由公司提供效果和分析的结果。评审组将根据专家的观点和评估草案（不公开讨论）提出意见，并提交数据给营销批准持有人。

日本公共卫生研究所提出成本-效果分析方法的指南，包括 15 项要求：目的、分析的角度、目标人群、参照物（药品）、效果和安全性的附加效益、分析方法、时间带（time horizon）、结果的选择、临床资料的来源、成本的计算、长期保健的成本和生产力的损失、折旧、模型法、不确定性及研究报告的发表。QALY 作为基本的结果单位，生活质量的分值可采用 EQ－5D、SF－6D、HUI、SG 或 TTO 方法。

2. 增量成本-效果值为再定价依据 对已上市药品的再定价则是根据增量成本-效果值（ICER）。如果 ICER 值小于 500 万日元，药品的价格不会改变；ICER 值在 500 万～1 000 万日元，则将根据 ICER 值而降价；ICER 值大于 1 000 万日元，将根据最大的降价率（90%）降价。另外，还可以根据成本节省的情况提高药品价格，可以提高 10% 的总价格或可提高到 50% 的溢价（图 7-3）。

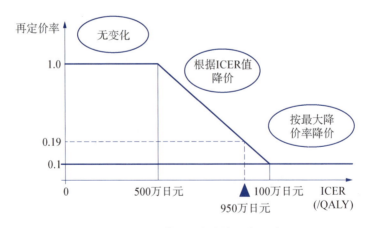

图 7-3　日本药品再定价的调价原则

未来日本将全面实行成本-效果分析的 HTA 评价，但其中也有不少问题值得探讨。

（1）选择问题：目标医疗技术的规模、选择的标准（高价、市场规模等)、排除标准、选择的时间、选择的过程及公示的时间。

(2) 企业递交材料:初步专家咨询材料、确定企业递交的时间、分析指南的概念、涉及成本-效果评价的专家组织等。

(3) 再分析:确定再分析的标准时间、从支付方角度建立一个高度透明化的组织、涉及成本-效果评价的专家组织等。

(4) 评估:从科学性角度验证方法、伦理和社会因素的考虑、总结评价结果的方法、总结和发表的方式、从支付方角度建立一个高度透明化的组织。

(5) 再定价:再定价的比例、确定再定价的参考价值(包括意愿支付的调查)、再定价的系数以及再定价的时间等。

三、多角度评价日本 HTA 时代

此外,也有日本专家总结了当前日本 HTA 试点工作的特点: ①从已经批准报销的药物中遴选试点研究; ②研究结果是为了药品定价而不是为了是否需要将药品列入报销目录(类似法国 HAS 的做法); ③HTA 的研究结果是针对溢价(premium)的那一部分; ④ICER 值是与阈值进行比较,决定是否具有成本-效果(类似英国 NICE 的做法); ⑤阈值需要通过若干个调查获得(包括意愿支付); ⑥评估过程除成本-效果外,还要考虑其他因素(类似英国 NICE); ⑦如果药物具有多种适应证的话,评价时需要考虑多种 ICER 值(表 7-6)。

表 7-6 有 50% 可能被拒绝的 ICER 值

疾病系统	有 50% 被拒绝的 ICER 值(£)
呼吸系统	20 356
心血管系统	37 950
肿瘤	46 082
感染性疾病	49 292
肌肉骨骼系统	55 512
其他	32 263

日本的 HTA 阈值与其他国家有很大的不同，如英国、荷兰等国家根据疾病和药物种类的不同设有多个阈值（表 7-6），不同干预措施的阈值是不同的。一般来讲，每个 QALY 的 ICER 值在英国为 20 000~30 000 英镑。但日本 HTA 的阈值对任何干预措施来讲只有 2 个阈值，500 万日元和 1 000 万日元。

在考虑其他因素对 ICER 值影响时，包括有无公共卫生的价值，在传染病防治时有无外延保护群体预防的作用、除医保第三方支付外，还要考虑护理者的成本和对劳动生产力的影响、疾病的严重程度，特别是疾病的终末期、有无其他治疗方法可以应用等。

日本还提出了 ICER 值的权重概念（weighted ICER）。通常的方法是，如果一个药物有多种治疗适应证的话，先计算所有适应证治疗的成本和所有适应证治疗的结果，然后依次加总结果除以加总成本得出总的 ICER 值。另一种方法是政府考虑的可能是各种适应证的患者人数不同。因此，先计算不同适应证的 ICER 值，然后乘以不同适应证的患者人数比例，最后加总获得加权 ICER 值。

《医药经济报》2018 年 10 月 11 日

药物经济学讨论重点悄然转变

11月10—14日,笔者参加了在西班牙巴塞罗那召开的国际药物经济学与结果研究协会(ISPOR)第21届欧洲大会。本届大会的主题是"改善21世纪卫生系统的新视角"(new perspectives for improving 21st century health systems)。这是迄今规模最大的一次欧洲ISPOR会议,有来自80多个国家的5 300余位代表出席,投稿者有3 000余人。

一、新课程与新热点

会前2天的32门短期课程中有6门课程是今年新开设的,也可从中了解药物经济学的最新进展。例如,可重复的真实世界资料分析工具;卫生保健研究的约束优化方法(constrained optimization methods);长期资料分析:固定的和随机结果的模型;表达医疗保健价值和资源分配决策的替代经济评价;信息分析的价值;群体决策的多维度支持系统等。

此外,还有77个不同专题的座谈会和讲习班。除了传统药物经济学的成本-效果研究、生活质量研究、心血管病研究、糖尿病研究、神经疾病研究、依从性研究、模型研究、应用真实世界证据构建药物经济学模型的挑战、多维度决策分析、卫生技术评估的问题和趋势、卫生技术评估机构的研究、药物可及性及利用研究等内容外,大部分分组报告的重点已转向价值框架,如肿瘤治疗价值评价、精准医学的价值框架、医疗器械和诊断方法的价值评价、欧洲HTA

中新的价值测定、中东新兴国家市场的价值框架及信息价值分析。另外，罕见病和肿瘤疾病已成为选题讨论的热点。例如，对罕见病药品资金的挑战、东欧国家罕见病的管理（优先重点、标准和过程）、肿瘤存活模型的研究方法、全球生物制药创新、定价和资金问题等的讨论。

由不同药企举办的 6 场专题教育报告会分别聚焦：①以脊髓性肌萎缩症为例，如何来测量罕见病对生活质量的影响；②公共卫生决策的自动化；③以治疗指征为基础的定价；④通过交互学习技术提高真实世界研究中的组织流畅性；⑤通过预测疾病结果和确定正确的患者来降低医保支付者的不确定性：事实或幻想？ ⑥药物经济学和结果研究的进展：人工智能发展的前沿。

二、主题报告吸睛

大会设有 3 个主题报告。

第一次报告是"欧盟成员国决策者对相对效果的联合评估的看法；计谋还是处理"（Joint assessment of relative effectiveness：" Trick or treat" for decision makers in EU member states）。主要内容是基于证据的卫生政策和卫生决策，需要更多和更好的临床证据来证明新的或现有的卫生技术的相对疗效、效果和治疗的效益。然而，各国要求发展关于增加治疗价值的证据以及对于随后的决策评估过程的透明度的要求是不同的，并且经常是不均衡的或者是缺失的。这也给欧盟（EU）成员国带来了一系列挑战，包括各种卫生技术评估（HTA）机构产出的评估报告存在质量问题、患者能否获得创新技术的问题以及危及欧盟成员国卫生保健系统的可持续性。欧盟委员会（European Commission）关于 HTA 的规章草案提议在全欧洲引入联合临床评估，旨在解决上述问题的一些挑战。来自欧洲 HTA 机构和不同利益相关者要求进一步讨论联合临床评估的风险和益处。

第二次大会主题讨论内容是"药品定价：诸多方面的公正性"（pharmaceutical pricing：many faces of fairness）。2017 年，世界卫生组织召开了第一届药品公正定价的论坛，集中全球关注的限制获得高价专利药物的状况，以及不可预测地降低药品价格导致了仿制药的短缺。讨论会由世界卫生组织 Sarah Garner 女士主持，有 6 位卫生决策者的讨论重点放在如何体现药品定价的"公正性"。专家们还探讨了是否可能（或必要）达成对公平公正的共同理解，并讨论了解决当前不公平的现象和急需改善提供药品的可及性的可能的方法。

第三次大会主题报告是"预算影响和支出限制：潜在还是陷阱"（budget impact and expenditure caps: potential or pitfall）。欧盟很多国家的卫生系统试图通过实施财政封顶和将药物支出与国内生产总值挂钩，来控制卫生政策的预算影响。预算封顶或设定上限政策的拥护者认为这些政策在控制药品成本、对药品费用可承受性和可预测性方面是有利的，并且认为这些方法是防止影响其他社会政策目标的必要措施。而这些政策的批评者则认为，尽管这些政策可能会出现，在短期内有助于金融控制，这种宏观经济行动方案是否有助于提高效率、创新技术的播散或提供适当激励市场竞争机制的作用值得怀疑。重要的问题在于，药品预算上限封顶的战略是否能鼓励或削弱在短期和长期内实现更好的卫生结果与总体社会目标相一致，值得进一步探讨。该报告的主持者、西班牙巴塞罗那 Pompeu Fabra 大学的 Guillem Lpez-Casasnovas 教授，曾在 20 世纪 90 年代与我国卫生经济网络有密切的联系。有关上述 3 次大会的报告以及一些主要的专题研究内容，笔者将在近期的报道中陆续介绍，以飨读者。

除了传统药物经济学的成本-效果研究、生活质量研究、心血管病研究、多维度决策分析、卫生技术评估的问题和趋势、药物可及性及利用研究等内容外，大部分分组报告的重点已转向价值框架，如肿瘤治疗价值评价、精准医学的价值框架。

《医药经济报》2018 年 11 月 22 日

热议医疗器械创新与规制

医疗器械的创新和规制是 2019 年国际药物经济学和研究结果大会的重要议题之一。在此次医疗器械的创新和规制讨论中，与会专家主要希望解决以下几个问题：一是医疗器械市场的规制不断变化，不同国家有哪些变化相同、哪些变化不同；二是 HTA 机构对医疗器械的要求与监管部门有什么区别；三是医疗器械的创新对提高疗效和安全性方面有哪些影响；四是立法规制对整个医疗器械产业会有什么影响；五是与药物相比，关于医用器材的 HTA 研究有哪些异同点。

一、市场准入：医械监管对标美国

医疗器械的市场准入在不断变化。不同的国家在医疗器械规制上有何异同，对这些国家的医疗器械工业会带来怎样的影响，都需要认真研究。对 HTA 机构的要求也随不同国家规制要求而有所不同，包括对创新医疗器械的效果和安全性要求。在美国，医疗器械主要由 FDA 管理，且与该国医保和商保的发展密切相关。从全球范围来看，不同国家和地区的医疗器械监管政策也与美国 FDA 的做法有一定相关性，如欧盟和中欧的一些国家。

美国 FDA 对医疗器械的管理是通过器械与放射健康中心（CDRH）进行的。该中心监督医疗器械的生产、包装、经销商是否遵循相关法律而进行经营活动。医疗器械范围很广，FDA 将医疗器械分为Ⅰ、Ⅱ、Ⅲ类，类别越高，监督越多。美国 FDA 医疗器械上市前许可 510（K）文件是医疗器械厂商向

FDA 递交的上市前申请文件，目的是证明申请上市的器械与不受上市前批准（premarket approval，PMA）影响的合法上市器械同样安全有效，即为等价器械（substantially equivalent）。申请者必须把申请上市的器械与现在美国市场上一种或多种相似器械对比，得出并且支持等价器械的结论。如果 FDA 认为这项技术与原有技术安全性和效果方面相同，则认为是同类的。反之，则属于Ⅲ类医疗器械，需要 PMA 证实。除非将新的技术定为是Ⅰ类或Ⅱ类（表 7-7）。

合法上市器械是指在 1976 年前合法上市的器械（pre-amendment device），或者从Ⅲ类器械中分入Ⅱ或Ⅰ类的器械，或者通过 510（k）程序发现与这样的器械等价的器械，或者通过自动的Ⅲ类器械定义的评价建立的器械，与之等价的器械被称为"predicate device（s）"。美国的大部分医疗器械是通过 510（k）文件证实的，如 2017 年有 3 287 件医疗器械是通过 510（k）文件证实，而通过 PMA 上市前批准的只有 59 件（1.76%）。医疗保险能够对医疗器械补偿和报销是基于循证为基础的评价。在美国，药品 100% 需要 FDA 批准，但在医疗器械方面，经过 PMA 证明的 90% 可以得到报销，而通过 510（k）证明的只有 65% 左右可以得到报销。但前者是 60% 的费用可以报销，后者可有 79% 的费用被报销。

过去，医疗仪器主要由 FDA 审批并发放批准文号，现在美国联邦医疗保险（medicare）和商业保险公司也积极介入。在欧盟也需要有新的市场准入证明文件以及需要有 HTA 的评估。

美国医疗器械的规制和补偿是分开的，对循证的要求也在不断增加。在 510（k）文件提交 FDA 时，与支付方的要求一致。FDA 批准的时间不等于上市时间。在按证据为基础的补偿情况下，快速提交的 510（k）文件不一定能满足市场的要求。

二、HTA：建立以价值为基础的执行计划

医保支付者对医疗器械 HTA 的要求在于：一是希望能够证明其价值和成本

表 7-7 美国 FDA 已转向以价值为基础的补偿框架

项目	2018	2010	2012	2014	2015	2018	2019
通过立法	为患者和服务提供者改进卫生保健法案（MIPPA）	可负担保健法案（ACA）		保护医疗保健法案（PAMA）	联邦保险可及性和儿童青少年保险重组法（MACRA）		
规划执行			终末期肾病质量激励计划（ESRD-QIP）医院以价值为基础的药品采购项目（HVBP）减少医院再入院规划（HRRP）	医院获得减少项目（HAC）	价值修饰和医生以价值修饰的法案（PVBM）	护理院以价值为基础的药品采购计划（SNF-VBP）	以价值为不同支付方（APM）绩效为基础的激励支付制度（MIPS）

效果。通过成本效果、成本-效益和预算影响分析得到证实；二是物有所值，如果不能证实物有所值，美国商业保险机构或欧盟一些国家完全有权力不予报销；三是要明确定义目标的患者人群，因为越是大量患者使用，越容易造成医疗技术的乱用，造成医保基金的浪费；四是需要有当地的临床证据资料，如日本和中国；五是价值判断主要是依据临床效果和经济性。近10年来，美国FDA已转向以价值为基础的补偿框架，不同时期出台不同的法案，通过立法提高医疗保险的覆盖率和降低医疗保健的负担，同时也创造了一些以价值为基础的执行计划。

美国健保服务中心（CMS）确定了29个住院病种和3个门诊病种实行捆绑式支付（bundle payment），也就是说，由医疗保险的支付方（CMS）根据该医院前4年的有关费用的平均值再减少1%~3%的费用作为定额支付给医院，包括住院或门诊期间和以后的90天内的所有费用，有利于提高服务质量，节省费用。

在美国，FDA与CMS 2个组织平行评审，帮助医疗器械公司早日利用真实世界的数据，商业的支付方提供资金促进创新技术的临床试验。对医疗器械实行管理式准入合同（managed entry agreement）。另外，还有一个NEST合作中心项目是由FDA资助、MDIC组织推行，旨在收集真实世界的数据，满足不同部门组织的需要。

在欧盟，在医疗器械方面有一个3年过渡期，在卫生经济和结果研究方面注重临床评价，其次是注意警戒和上市后的监测，在附加的临床证据收集方面，强调临床评价和风险，同时文献评阅和临床报告，包括收集上市后的资料和监测。上市后的临床随访（post market clinical follow-up，PMCF），当发生反应时由原来30天内报告缩短到15天，要求对所有的医疗器械进行新的电子监测和周期性的安全性报告（表7-8）。

欧盟各国HTA的发展也是不平衡的，各国使用的HTA研究方法也不同，研究的时间点也不一样，接受的申报材料也有所不同。使用的HTA方法反映了当地市场准入的模型、不同卫生服务提供和筹资的方式。各国之间的研究是碎片化的，合作研究也有限。

表 7-8　欧洲 5 国对医疗器械的补偿制度

国家	基本住院补偿制度	年度预算	经济学评价
德国	DRGs	预算影响	注重在成本效益分析 GBA 对门诊和部分住院 HTA 评价
英国	DRGs	地方预算	NICE 成本-效果分析
法国	DRGs		HAS 成本-效果分析
西班牙	DRGs 仅作为核对	医疗机构年度预算	地区性 HTA 评价
意大利	DRG 与医院总额结合	地区预算	全国和地方编码 AGENAS 开展 HTA 评价

2018 年 1 月，欧盟建议开展联合 HTA 临床评价研究。运用共同的 HTA 工具和评价方法来决定医疗器械的定价和补偿问题。其认为医疗器械应集中在以下 4 个方面进行研究：①联合临床评价：集中在创新技术方面，而且对患者健康影响较大的技术；②联合科学咨询：创新者可以得到 FDA 的建议和帮助。③能早期确定新出现的技术；④促进在其他领域继续自愿合作。至今欧盟已有 81 个国家级、地区级和非营利性质的合作组织，从事 HTA 方面的研究。荷兰国家卫生保健研究所（ZIN）是项目的协调单位。将来会对风险性比较大的医疗器械开展联合比较研究。也会创造机会联合开展监测和上市后的研究，总之，真实世界的研究将被医疗保险部门和法规部门所接受。

三、真实世界研究：挑战与机遇并存

之所以说医疗器械的真实世界研究很重要，是因为医疗器械的临床试验充满着挑战，对患者或医生不可能采用盲法研究。外科医生的手术或技术有一个学习过程，对结果存在很强的混杂因素。医院的使用过程也会影响医疗器械的结果。医疗器械的发展很快，每 3～5 年就是一个创新周期，治疗后的长期随访也相当困难，具有高度的失访率。研究招募患者也比较困难，往往患者数量少。

真实世界数据的来源有医疗器械公司的数据库、医院数据库、医院的电子病历、医保患者报销的数据库和病例登记材料。此外，还可进行患者调查、医生调查、患者偏好调查，以及依据穿戴式的设备记录、社会舆论和医疗器械自身的数据。总之，医疗器械研究存在着太多的挑战。如缺乏长期的、综合的、纵向的资料、有限的外科、专家和技术的资料，缺乏患者报告和发生的资料、有限的和有质量的临床数据，缺乏器械标识的标准。

不过，医疗器械的研究也有很多机遇，如果可以改进分析的方法，控制混杂因素、模拟临床试验，应用新的真实世界研究指南，则有利于减少不确定性，保证医疗器械的安全性和疗效，提供效果的证据。

《医药经济报》2019 年 6 月 20 日

迎接新 10 年，HTA 准备好了吗

当前，正处于创新技术的发展阶段。多种基因疾病的发生，基因治疗等颠覆性治疗手段的发现，需要合作研究为卫生技术评估提供证据，建立起一种新的模式，改变人们的行为，改进治疗方式，适应技术的发展。

近日，以"2020 年后的卫生技术评估：是否准备好迎接新十年？"（HTA beyond 2020： Ready for the new decade?）为主题的 2019 国际卫生技术评估年会（HTAi）在德国科隆召开。参会者来自 71 个国家，我国共有 100 多位代表参加了此次会议。

一、 四大国际卫生技术评估网络

1993 年至今，全球已建立了四大国际卫生技术评估网络。第一个是欧洲卫生技术网络（EUnetHTA）在 2006 年成立的，由欧盟组织支持，其目的是在欧洲各国之间建立合作关系，除了发展和共同利用 HTA 信息外，还包含交流和联合发展方法学。共有国家级和地区级 81 个合作研究组织参加。

在 1994—2002 年，欧洲开展 HTA 的主要任务是协调 HTA 方法、信息共享、对新出现的技术优先重点的选择，选定共同研究题目，将 HTA 与政策的制定联合起来。2006—2009 年，EUnetHTA 是在 2006 年成立的，由欧盟组织支持，其目的是在欧洲各国之间建立合作关系，除了发展开展合作研究，学习以前的研究项目。为减少工作上的重复，2010—2012 年开展联合行动 1

（JA1）；2012—2015 年开展联合行动 2（JA2），加强实践应用和联合行动；2016—2020 年将开展联合行动 3（JA3），主要内容是将试点的工作转向标准做法，重点放在共同工作，收集早期信息和上市后的证据，保持可持续性的合作。EUnetHTA 提出了 HTA 核心模型的相对效果评价（REA）应包括 8 个部分：①健康问题和最新的应用技术； ②描述技术的性质； ③安全性； ④临床效果； ⑤成本及经济学评价； ⑥伦理的分析； ⑦组织系统方面； ⑧患者及社会方面； ⑨立法方面。

第 2 个是亚洲 HTA 联合组织（HTAsiaLink）。这一组织成立于 2006—2008 年间，由泰国卫生干预技术评估规划（HITAP）、中国台湾地区药品评价中心（CDE）和韩国循证医疗合作局（NECA）参与组建，目的是在亚太地区交流信息和发展 HTA 方法，目前已有 11 个国家和地区的 14 个成员组织参加。

第 3 个是拉丁美洲国家的 HTA 网络（RedETSA），其建立于 2011 年，为一非营利组织。由各国卫生部、立法部门、HTA 组织、世界卫生组织和不同研究组织组成，建立 RedETSA 数据库。共有 15 个南美国家参与，目的是促进 HTA 在美洲地区的交流。

第 4 个是卫生技术评估机构的国际网络组织（INAHTA），也是一个非营利组织，网络成立于 1993 年，目前有 31 个国家，50 个研究机构参与。目的是交流信息，传播 HTA 报告，中国参与这个组织。这 4 个组织的网站分别为 EunetHTA. EU， HTAsiaLink. org， INATA. org， Redetsa. org。读者可通过这些网站进一步了解不同 HTA 组织的详细内容。

德国《卫生保健证据和质量杂志》（ZEFQ）在 2014 年曾总结 7 个国家在发展 HTA 方面卫生经济评价工作（表 7-9）。

对比我国 HTA 的发展历程，可以看出，卫生保健是以社会保险为主加上国家税收辅助的体制，已建立由卫生健康委员会和国家医疗保险卫生技术评价组织以及大学为主的 HTA 网络组织，从 2009 年的医药卫生体制改革文件中确定了药物经济学评价可用于新药价格制定起，直到 2018 年全面用于药品的谈

表7-9 7个国家的卫生经济学评价(HEE)

项目	英国	瑞典	德国	澳大利亚	荷兰	巴西	泰国
卫生保健系统类型	税收支付的Beveridge系统	税收支付的Beveridge系统	保险费支付的Bismarck系统	税收支付的Beveridge系统	保险费支付的Bismarck系统	税收支付的系统	3个公立保险系统,全民健康覆盖(UHC)
HTA机构	NICE, NSC, JCVI, HPA（2013年起是英国公共卫生PHE的一部分）	TLV, SBU, SALAR, NLT, NBHW, 瑞典公共卫生机构	IQWiG, G-BA	PBAC, MSAC, PLAC	ZINL, (2014年前为CVZ)	CONITEC	HITAP
HTA机构建立的时间	NICE: 1999	TLV: 2002 SBU: 1987	IQWiG: 2004	PBAC: 1953	CVZ: 1999	2011	2007
HEE作为官方标准	1999	2002	2007	1993	2005	2003	2004/2008
哪些机构开展HEE	药品企业、外在研究机构	药品企业	药品企业和IQWiG	药品企业	药品企业	药品企业	卫生经济工作组,由公立医疗保险组织支持的大学、私立研究机构,每年提出12~18份报告
HEE规模	主要为药品、疫苗、公共卫生	药品、医疗器械、临床指南、卫生保健领域	主要为药品、医疗器械、筛选项目、公共卫生	主要为药品、医疗器械及其他程序	主要为药品,也包含医疗器械	主要为药品,也包含医疗器械及其他程序	UHC药品服务包,医疗器械、疫苗、公共卫生干预

(续表)

项目	英国	瑞典	德国	澳大利亚	荷兰	巴西	泰国
HEE 指南（最近修正年份）	2013 年和 2014 年	《TLV 指南》2017, SBU 手册 2018	2017 年作为 IQWiG 一般方法	2016	2016	2014	2014
对药品开展评价	负面清单	正面清单	负面清单	正面清单	正面清单	正面清单	药品最优化清单作为正面清单（有别于世界卫生组织基本药物清单）
HEE 角度	卫生保健四通或全社会	全社会	社会健康保险	社会和健康保险系统	全社会	全社会	全社会
HEE 结果测定	QALY	QALY	特殊指征（和 QALY）	特殊指征（和主要 QALY）	QALY	特殊指征（和 QALY）	QALY
HEE 阈值	£20 000~30 000/QALY	无	无	无	无	无	160 000Baht/QALY
HEE 影响	已很好建立	药品：有清晰和明确作用	无作用	药品：有清晰和明确作用	已建立	已建立	对药品已建立
HEE 影响（真实实践）	很少，生命终末期如肿瘤有特殊基金补偿	HEE 是 3 个基本决策原则之一，不同地区有很大的决策自由权	如仲裁不能取得最后同意由 AMNOG 程序在做出最后决定	在决定是否进入药品报销目录，HEE 作为成本效果评价重要依据	微弱，HEE 为 ZIN 的 4 个建议标准之一（必要性、效果、成本效果、可行性）	HEE 并不能单独决定是否补偿	HEE 可决定是否补偿（也有可能有例外情况）

判、定价与补偿。药物经济学评价已有药品企业、科学研究机构推动,HTA 的研究范围也从药品开始发展到诊断、医疗器械、耗材和医疗程序的评估,已用于制定医疗保险的报销目录、基本药物目录。但在 HEE 的阈值方面还没有明确的规定,多以 3 倍人均 GDP 的标准作为参考阈值。在当前药品招标、带量采购、医疗保险药品报销目录修订中发挥了积极的作用。

二、德国 IQWiG 的国际性作用

"2019HTAi 年会"由德国卫生保健质量和效率研究所(IQWiG)主办。德国 IQWiG 组织每年接受国外研究机构、HTA 组织和药品企业的请求开展活动,在 2015 年立法中明确了它参与国际循证医学的合作活动。包括参与国际循证医学的项目、提出卫生技术评估(HTA)方法在国际上的评估意见、参与 EUnetHTA 的合作网络,并组织了 2019 年在德国科隆的 HTAi 年会,负责会议议程的制定(表 7-10)。

表 7-10 德国卫生保险质量和效率研究所发挥的国际作用

科学协会	IQWiG 的作用
欧洲的 HTA 网络	德国组织专家参与
欧洲 HTA 网络(EUnetHTA)	参与执行委员成员 "质量、管理和科学指南、工具"(WP6)的领导成员
国际卫生技术评估(HTAi)	委员会成员国 2019 年 HTAi 科学年会科学委员会主席 科学发展和能力建设委员会主席 全球政策论坛委员
HTA 国际网络(INAHTA)	成员国
国际药物经济学与结果研究协会(ISPOR)	欧洲 HTA 圆桌会议成员

有关 IQWiG 的国际性经济学评价方法已发展到第 5 个版本(Version 5.0),

其内容的特点是遵循以循证医学为基础，以患者为中心的、独立的、透明的评价方法。评价注重增加期望寿命、减少症状和改善生活质量，评价结果是可以复制的，评价报告不受医药企业、健康保险基金或政府的影响。

三、新时代下 HTA 要有实质性改变

本次大会共有 3 次主题报告和讨论。第 1 个报告讨论了"能否用一个模式通用于所有国家？联合所有的国际评估是否会改进或阻碍卫生技术评估的发展？"在卫生技术评估模型，研究方法论以及 HTA 评估和决策是否应该适用于任何环境，在欧盟内部讨论卫生技术评估国际合作方面明显具有不同认识，并未达成共识。要求联合进行跨中心评估的人士认为，应该支持基于联合的方法，通过合作有可能增加 HTA 报告的可利用性，以及获得高质量的"真实世界"数据。然而，反对者则担心，随着反映不同国家特色的内容减少或者消失，得出的研究结论对各级决策者的可利用性也会随之降低。

会议期间对上述问题展开的调查结果显示，与会者认为：①欧盟最主要的发展 HTA 的能力是合作，其次是透明度、信任和灵活性；②发展新的 HTA 能力需要的动力是患者和不同利益集团的期望；③HTA 学界应该通过评价全生命周期的卫生技术并加强执行能力，创造更好的工具和方法去收集真实世界的数据和分析资料；④对今后国际卫生技术评估组织（HTAi）应更多地发展新技术还是改变已有的技术，参会者建议应发展更多研究工具、系统、方法和过程。通过大会讨论，大部分代表投票认为欧盟应通过联合强制性地开展评价，以改进 HTA 的评价和决策。

第 2 个大会报告围绕"2020 年后的卫生技术评估：数字化健康的时代"展开。数字化提供了许多新的治疗、诊断和研究选项，以及智能医疗设备、移动应用程序和远程医疗等工具。目前，尚不清楚新的数字化的卫生干预措施是否可行，需要使用传统的 HTA 方法对其进行评估。另一方面，卫生技术评估可以直接从数字化中受益。因为数字数据的可利用性可以允许更快、更详细地研究和开发，甚至卫生技术评估过程的本身也可以数字化和自动化。总之，数字

化给卫生技术评估带来了许多机遇，但也面临着很多挑战。

第 3 个大会报告的题目是"2020 年后的卫生技术评估：是否需要智能的能力建设"。随着 2020 年的临近，为了满足利益相关者的期望不断变化、数据和证据的可利用性以及生物医学和医疗服务的创新，需要对卫生技术进行有效性的评估。例如，发展新的方法学，能力建设和水平扫描。由于卫生系统已经受到了卫生资源的限制，发展额外的卫生技术评估力量需要卫生技术评估的学界和机构去开展能力建设的工作。总之，需要通过关键的成功因素和最佳的实践来指导 2020 年后卫生技术评估工作的发展。参会代表投票结果表明大部分人认为在数字健康的时代，卫生技术评估的过程需要有实质性的改变。

《医药经济报》2019 年 7 月 25 日

第八篇

医保补偿

健保新药给付评审

一、激励开展本土研究

我国台湾地区目前认为药品的预算影响分析报告（也可称为预算冲击分析）比成本-效果分析报告更为重要。在研究时可将目前的情况与新药上市后的情况比较，提供一个简单的指南并不断地修订。但理想的内容还应该包括通过市场研究了解当地的治疗模式，以及当地疾病的流行病学研究资料（患病率、病原体的亚型分型、药品使用率和治疗的时间）。

我国台湾地区的财团法人医药查验中心（CDE）现在还处于发展阶段，以后它的工作将会被更多的单位接受。目前，CDE的要求还不是强制执行，而是激励开展当地的药物经济学评价研究，将来理想的状况应该是开展台湾当地的成本-效果分析，今后还需要医疗保险的数据分析、流行病学研究资料、系统回顾、成本研究和模型研究。在确定药品报销目录后，还有很多后继工作要做，如有很大的不确定性存在，而又急于做出决策时，还需要补充做一个2年的前瞻性的效果和成本-效果分析的数据收集，并不断回顾评价。总之，卫生技术评估是有关价值的研究，需要收集所有关于疾病和药品的信息，鼓励开展台湾当地的药物经济学与结果研究。

二、评审过程透明公开

我国台湾地区和信医院药学进阶教育中心陈昭姿主任从临床运用角度介绍了台湾健保新药给付的沿革历史。中国台湾地区自 1995 年 9 月—2012 年 12 月成立药事专家评审小组，2013 年 1 月后改为药品专家咨询会议。两者的主要差别是实行二代健康保险后由原来的"决定权"改变为"建议权"。主要的功能为：①全民健保新药收载和药价的核定（定价）建议；②保险药品的给付规范制定建议；③非新药的申报（新学名药核价建议、药价调降申报的建议、基本药物和临床需要药物认定的建议）；④其他有关全民健保药价基准研究事项的建议。

我国台湾地区健保新药给付的评审成员初期包括卫生主管部门人员、专家学者、健保局代表和审查医生等，共计 15～20 名，涉及卫生经济学、药政、专科医学、临床药学等。2002 年后，开始实行主审制，每个新药至少有 2 个委员主审，通常一名为医生、一名为药师。主审的内容包括建议参考品及其理由，药物不良反应，新药的疗程和剂量，临床经验和效益，定价方法的建议，要否给付的规定等。之后几年的改进内容包括：增加主审委员至 3 人、增加新药级别建议并加入 HTA 小组评估意见、会议内容公告上网、会前委员要填报回避案件调查表等。总之，使整个评审过程透明、公开、公平、公正。

三、药事小组重点工作

有些技术问题需要在这里介绍一下。一是做好财务评估如我国台湾地区曾对用于肺癌维持疗法的厄洛替尼（erlotinb，商品名：特罗凯）和用于肝癌的索拉非尼（nexava，商品名：多吉美）进行财务风险分析。对影响药品费用接近 20％的抗癌药物进行新药核价时，需要邀请一名健保局审核医生担任主审委员。

对目前用于抗风湿性关节炎的 TNF－α 抑制剂，原则上不将计划内容写入给付范围，而需要对这类药品做风险管理计划（risk management plan）。我国台湾地区也遇到因药品含量时有高低，造成药价不合理的情况，而药事小组只提供药品分类分组原则，并不讨论药价问题。2012年8月后，确定了复方药剂的定价方法，其加算程序是先一般加算后再做规格量的换算。如有复方制剂A＋B，核价的计算方法是（A＋B）×0.7，或只按A或B计算。如含3种成分的复方制剂duovir‐N（拉米夫定＋齐多夫定＋奈韦拉平），核价时取3种药的70%。对最低药品价格的保障也制定了一些措施，如对锭剂、胶囊、口服液、100～500 ml输液、500 ml大输液和注射液均规定了最低价。

药事小组的报告内容包括8个方面：①药品基本情况；②疾病的治疗现况；③HTA报告摘要；④药厂建议；⑤核价参考药品；⑥10个国家的国际药价资料；⑦健保局建议，是否收载、参考品、定价方法和计算结果、给付规定；⑧专家及病友团体意见。药品专家咨询会议的建议应向"药品给付项目及支付标准共同拟定会议"报告。因此，药事小组或专家会议的重点工作是：①建议新药是否收载于给付项目；②建议新药的支付价格；③建议给付规范；④附带诀议供日后参考；⑤修订新药定价原则；⑥建议换算法争议案件；⑦建议和认定基本药物（我国台湾地区称为必要药品）和临床需要药品；⑧对量价协商的争议案件的建议等。

《医药经济报》2013年5月29日

哪些证据和过程适用于医保补偿

一、亚太地区专家说法

从全球的发展情况来看,澳大利亚、加拿大和欧洲部分国家如英国,是较早采用卫生技术评估、成本-效果分析和药物经济学研究的国家。从 20 世纪 90 年代起,这些国家便对创新药物开展评价和定价研究,但总的说来研究得还不够深入。有观点认为,药物经济学的应用放缓了各国医疗费用支出的增长速度;但也有观点认为,卫生费用的增长并没有获得根本的改变。同样,在药物治疗对健康的收益和健康的损失方面,亦研究得不够。

在第 20 届欧洲药物经济学与结果研究大会亚洲 ISPOR 专场,来自中国、韩国、日本的专家,围绕"亚太地区的药物创新和市场准入——什么样的证据和过程适用于医疗保险补偿"这一主题,介绍了其所在地的情况。

二、中国大陆:药价和医保可承受性决定新药能否入市

笔者在报告中介绍了近年来中国药品市场准入政策的变化。2017 年 2 月发布的新版国家基本医疗保险药品目录中,新增了 15% 的品种,共计 2 535 种基本医疗保险报销药品;之后人力资源与社会保障部对 36 个创新和专利药物的价格谈判成功,预示着药物经济学评价和预算影响分析已经在药品价格谈判中得

到了应用。

4种医疗高值耗材，包括冠状动脉支架系统、人工髋关节、植入式心脏除颤器系列和心脏再同步治疗系列的价格，也在同年开始谈判。2017年10月后，2个重要的影响药品市场准入的政策先后出台，包括国务院办公厅发布的《关于进一步改革完善药品生产流通使用政策的若干意见》和中共中央办公厅、国务院办公厅印发《关于深化审评审批制度改革鼓励药品医疗器械创新的意见》。

报告对基本医疗报销药品和谈判药品的特征、遴选条件和价格谈判过程、降价的比例、药品分类以及取得的效果进行了介绍。引入药物经济学评价，对提高新药的可及性和促进中国医药工业发展的作用是十分明显的。鉴于中国各省经济发展的不平衡，谈判药物价格的补偿比例在各地也不尽相同。药品价格和医疗保险基金的可承受性仍然是今后新药能否进入中国市场的一个重要因素，动态目录的调整和高价药的谈判将在今后工作中形成常态化。

三、韩国：卫生技术评估由多部门合作进行

韩国国立健康和临床研究协调中心（NHCR）和国家循证保健合作机构（NECA）的Sukyeong Kim专家在报告中介绍了韩国的药品市场准入情况。

韩国从1977年开始启动医疗保险计划，到1989年已实现全民覆盖。其中，大约还有3%的人群受到医疗救助计划的资助，全国已成立了统一的、单一支付的医疗保险制度。韩国健康保险的管理机构由4个部门组成（表8-1）：卫生福利部（MoHW）负责计划和决策，国家健康保险部（NHIS）负责参保、财务和支付，健康保险回顾和评价服务机构（HIRA）负责参保人员的报销、服务包设计和服务质量，国家循证卫生保健合作机构（NECA）则负责卫生技术评估和健康干预。医保的支付方式基本上仍然是按项目付费。

表 8-1　韩国负责卫生技术评估的相关组织

项　目	医疗程序	新技术分类医疗设备	药品
安全性和功效	NECA	MFDS	MFDS
成本效果	HIRA	HIRA	HIRA
可负担性	HIRA	HIRA	NHIS
最后决策		MoWH	

* MFDS 即食品药品安全部

药企向健康保险回顾和评价服务机构（HIRA）提交的新药申请报告，一份是临床疗效报告，包括治疗效果、药品替代能力及治疗的必要性；另一份是成本-效果经济学报告，包括成本水平、增量成本效果比值（ICER）及资料的质量。前份报告由肿瘤审议委员会审议，后份报告由经济评价分会审议。然后根据医疗保险基金费用，由国家健康保险部（NHIS）进行药价谈判，最后由卫生福利部（MoHW）做出决策。

2006 年，韩国引入药品报销目录后，卫生费用呈快速增长的趋势。2014 年起引入风险分摊机制，主要是针对药品目录中一些仍在使用的没有成本-效果的药物或循证证据不够充分的药物，如罕见病药物、低收益利润的药物、价格谈判没有成功的药物等。药品进入医保目录的推荐率为 69.2%，其中抗肿瘤药物入选率较低，在 51.6% 左右。

韩国正在推进效益增强计划，包含 4 种情况：进口药品、孤儿药、抗肿瘤药物、建立 CED 组织采用资金返回和支付封顶等方法。目前，韩国有 11 种药品采用风险分担的定价方法，包括氯法拉滨（clofarabi）、艾库组单抗（eculizumab）、西妥昔单抗（cetuximab）、利那度安（linalidomide）、恩扎鲁胺（enzalutamide）、克唑替尼（crizotinib）和凡德他尼（vandetanib）等。从 2007 年起，韩国开始采用新的技术评估方法，对一些新的医疗程序不管带有或不带有医疗设备均需要对其安全性和有效性进行系统回顾。包括对已有的技术（16.6%）、新的卫生技术（37.8%）、早期的医疗技术和尚处于研究阶段的技术（34.5%），均要评估。目前，采用的多部门同时评审的一站式服务系统，将评估时间缩短了半年。

四、日本：价格评价新体系将引入成本-效果分析

2012年5月，日本厚生省成立了成本-效果分析（CEA）委员会，inVentiv Health副总裁Bruce Crawford在会上介绍，该委员会在2014—2015年内部会议中对成本-效果评价分析方法进行了讨论，由药企提供成本效果评价结果。2016年起，日本开始实施对药物进行成本-效果分析的要求，并提出了纳入和排除标准。2017年3月，要求药物和器械公司提供成本-效果分析资料；同年10月后开始讨论如何将成本-效果分析结果用于新药定价系统中，建立成本-效果评价的相关组织，并鼓励第三方对药物的成本-效果进行再评价。预计在2018年4月后，成本-效果分析的结果将被系统地应用到新的价格评价体系中去。但是，不同的利益集团对以成本-效果分析为基础的卫生技术评估的作用的认识存在分歧：医保方面认为，成本-效果分析只能用于药品的降价或保持价格，不能用于提高价格；药企的观点是，成本-效果分析既能用于降价，也能用于提高价格，降价会阻碍药品创新，市场价格不能真正反映出药品的价值。

日本成本-效果分析委员会提出一些创新思路，例如，如何调节QALY的阈度。以前曾提出6个伦理和社会标准：①从公共卫生角度来体现效用，如防控传染病；②在公共卫生领域，除了成本-效果分析外还有附加成本；③治疗严重疾病，尽管不一定能明显提高生活质量，但可以延长生存时间；④无改良的治疗方法；⑤创新治疗方法；⑥儿科治疗。最近建议放弃第5条和第6条。日本CEA委员会认为，单纯用ICER值来评价有一定局限性，从公共卫生角度考虑，以后还应该考虑伦理和社会因素。当用ICER值来评价时不能是固定的值，原则上ICER值是与意愿支付的程度有关（willingness-to-pay），不能简单地认为成本-效果是好还是不好，应对ICER值进行分层，如果1个QALY定为500万日元时，应该属于1~2级（segment），如果1个QALY为1 000万日元，应该属于2~3级（segment）。按5%贴现率计算。

也可用日本真实世界研究的结果与国外HTA的结果进行比较，以支持卫生技术评估的决策。50%的日本人的支付意愿为4 850万日元；英国NICE的终

末期治疗的阈度定为 5 万英镑，相当于 7 270 万日元。

第 3 种情况是英国 NICE 认为可接受的水平应在 2 万～3 万英镑，相当于 4 360 万日元。所以日本将小于 500 万日元的阈度作为第 1 级，其药价不需要调整。500 万～1 000 万的阈度作为第 2 级，药价需要根据 ICER 值调整。如果 QALY 值大于 1 000 万日元的话，属于第 3 级，这些药物的价格就需要下降到一定的程度。

五、中国台湾地区：药品市场准入分为 2 个阶段

CC. Chang 教授在报告中介绍了中国台湾地区采用两阶段药品市场准入过程。药品企业要求将一个新药列名的话，需要提交评价新药的建议，向中国台湾"健保局"申请，证明新药的价值（value of pharmaceutical product, VOPP），需要经过卫生技术评估（表 8 - 2）。第一阶段提交材料到药物效益委员会，由专家评审，召集会议并提出 HTA 报告；第二阶段由药品效益和补偿委员会（PBRS）来审批。公布会议纪要，如果取得共识，会提出支付条件或签订价格数量协议，并将结果提交"卫生署"年度公布结果。如果没有取得共识，也可将结果提交"卫生署"。一种可能性是发回"健保局"重新修改，另一种可能性就是新药被否定，则申报过程到此结束。

表 8-2 中国台湾地区对申报新药要求提供的资料

排名	新药申请的步骤	需要准备的材料
1	药品简介	临床比较效果
2	申报新药的信息	
3	疗效和价格的参考比较	成本-效果分析
4	新药和参比药物在 10 个国家的价格资料	预算影响分析
5	其他国家对该新药最近的支付规则	
6	提供新药在中国台湾地区的临床资料（伦理和安全性）	参考英国、澳大利亚、加拿大 HTA 结果
7	中国台湾地区药物经济学的研究资料	

(续表)

排名	新药申请的步骤	需要准备的材料
8	总结新药在英国、澳大利亚、加拿大的HTA报告	HTA的应用
9	总结新药成本效益分析的文献报告	
10	新药的预算影响分析资料	国际参考价格
11	提供突破性新药的显著临床改进的证据	

中国台湾地区的新药定价也很有特色。首先，台湾地区的药品定价是参考10个国家（A10），包括美国、加拿大、日本、澳大利亚、英国、法国、德国、瑞典、瑞士及比利时。中国台湾地区将申请的新药分成3类：Ⅰ类为创新药物；ⅡA类药物具有中度效果的改善；ⅡB类药物与现有市场上已有的药物具有相同的临床效果。一般来讲，一个新药大约平均需要3.9个月通过专家会议评估后即可获得补偿。

中国台湾地区的新药参考定价按类别分成肿瘤药和非肿瘤药。一般来讲，创新药物可以有高定价，ⅡA和ⅡB类药物则呈梯度下降。在参考定价时可以取A10国家的最低价或中位价，药企也可提出建议的价格，但最后由"健保局"提出批准的价格。总的趋势是，批准价格相当于A10国家中位数价格的60%或最低价格的90%（表8-3）。

表8-3 中国台湾地区新药定价结果

项 目	批准价格/药企建议价格	批准价格/A10国家中位数价格	批准价格/A10国家最低价格
所有新药平均	82%	60%	89%
Ⅰ	100%	88%	99%
ⅡA	85%	71%	117%
ⅡB	80%	52%	73%
肿瘤药平均		68%	86%
Ⅰ	100%	89%	98%
ⅡA	96%	71%	100%
ⅡB	91%	56%	71%

(续表)

项 目	批准价格/药企建议价格	批准价格/A10国家中位数价格	批准价格/A10国家最低价格
非肿瘤药平均	80%	59%	89%
Ⅰ	100%	87%	100%
ⅡA	83%	71%	120%
ⅡB	78%	52%	74%

中国台湾地区对药品的评估一般要经过4个步骤：首先是通过文献检索和收集评价标准，目的是了解新药的结构；第2步是通过10个专家的访谈，包括决策者、临床专家及患者组织，了解新药的合理性和治疗指标；第3步是网站连线调查研究；最后通过10个专家焦点组访谈取得共识。

新药评价的结构包括4个部分：①总临床效益，包含临床效能、安全性、效果比较、临床疾病负担、临床未满足的需要和治疗的创新性；②从患者角度考虑可及性、可负担性、选择性和生活质量；③经济价值，包括疾病成本、增量成本-效果比值（ICER）、预算影响评价；④对卫生系统的可行性，包括组织的可行性和卫生系统的价值。

《医药经济报》2018年2月8日

算好社会意愿支付价这道题

药品价格的制定不仅要考虑药品的制造成本、研发成本、药企的期望利润,还要考虑患者的意愿支付,这也是医保部门开展药价谈判的理念和理论依据。晚期婴儿型神经元蜡样质脂褐素沉积病(late infantile neuronal ceroid lipofuscinosis type 2,CLN2)为一种超罕见病,多在 2~4 岁时发病,是一种常染色体隐性遗传性疾病,患儿有发作性的共济失调症状,对语言、运动和视力带来影响。此病在欧盟 5 个国家中共有 245 例,每年大约有 17 例新增病例。对于此类价格高昂的孤儿药,尤其需要注意社会意愿支付。

如何计算社会意愿支付的价格?社会意愿支付的价格既可以通过直接定量计算的方法获得价格,也可以用社会调查的方法,比较不同人群对一种药物或治疗方法的意向,定性或定量地作出决策。这些方法对医疗保险决策者十分有用。

一、方法 1: 离散选择实验法

社会意愿支付可有 2 种测定方法:第 1 种是采用离散选择实验法(discrete choice experiment,DCE)测定社会公民的意愿支付(DCE - WTP)。它是一种随机效用理论的偏好测量方法,通过受访者调查,判断其对不同属性的偏好。先用多目标决策分析的方法(MCDA)获得各变量(包括年龄、疾病患病率、生活质量、健康状况、治疗效果和症状改善状况等)成分的相对权重,并在一定财政预算范围内测定边际（增量）意愿支付值（marginal WTP）（表 8-4）。

表 8-4　采用 DCE-WTP 的方法测定各种因变量的边际意愿支付值

因变量	平均受访者的边际（增量）意愿支付（英镑）	p 值	95%可信限范围
儿童期望寿命	32	<0.01	
生活质量			
没有影响	187	<0.01	166~208
能控制发作	123	<0.01	109~137
仍多次发作	96	<0.01	65~86
治疗效果			
缓解	123	<0.01	111~139
好转	149	<0.01	132~166

英国的研究中采用了 20 000 英镑的预算分配。Harry Telser 等专家在英国先通过 286 名一般公众的随机邀请完成预调查后，最终对 4 009 例社会公民进行网上电子表格调查。抽样群体的性别、年龄分组与 2011 年的英国人口普查的分布结果相符，认为这次调查具有代表性。结果证明，临床效果改善越好，社会意愿支付越高。

瑞士也进行过类似研究。采用 DCE-WTP 方法评价罕见病的卫生保健干预措施。结果显示，每增加 1% 患病率，边际 WTP 会增加支付 32 瑞朗（CHF），每增加一个生命年，边际意愿支付为 41CHF，每改善一个分值的生活质量，边际意愿支付 62CHF，但对治疗超罕见病的结果是负值。说明社会公众更倾向于支付费用去改善生活质量和延长寿命。选择新疗法的概率高低取决于患者对象的年龄以及是否要提高医疗保险费用。

二、方法 2：提出假设测定 RS-WTP

另一种方法是测定相对的社会意愿支付（relative social willingness to pay，RS-WTP）。这种方法，事先研究者会提出几种假设，请受访者选择打分，采用 5 分制的 Likert 评分方法。1 分表示对这种假设完全不同意，5 分代表对这种解释完全同意,强烈地同意或不同意分别用 4 分或 2 分表示,一般同意或不同意则用 3 分表示。

曾有一项调查,邀请社会公众对以下 3 个假设进行评价:第一个假设是在干预治疗罕见病时,对每个患者使用较高费用的孤儿药时是可以接受的;第二个假设是如果孤儿药的费用对医疗保险预算影响不大时,也是可以接受的;第三个假设是对治疗罕见病采用高昂价格的孤儿药是不能接受的,因为可以用这笔钱去治疗更多的常见病。在欧盟 5 个国家中采访 4 009 例后的结果见表 8-5。

表 8-5 欧盟 5 个国家的民众对罕见病孤儿药治疗的意见

评分	使用较高费用的孤儿药是可接受的	使用较高费用的孤儿药对医保经费影响不大时是可以接受	对高昂价格的孤儿药是不能接受的,可用于治疗其他更多的常见病
1(完全不同意)	45(2.9%)	25(1.6%)	105(6.5%)
2	59(3.8%)	35(2.3%)	94(6.1%)
3	94(6.1%)	108(7.0%)	294(19.0%)
4	214(13.8%)	321(20.8%)	423(27.3%)
5(完全同意)	1 124(72.7%)	1 042(67.4%)	601(38.9%)
不详	11(11%)	16(1.0%)	30(4.9%)

结论说明:第 1 种假设下,72.7%的人是完全同意的。也就是说,所有人对医疗保健应该有相等的可及性,无论其费用高低。对于昂贵的治疗罕见病的孤儿药,社会公民是可以接受的。在第 2 种假设下,有 67.4%打出 5 分,说明具有罕见病的患者应该有与其他人同样权利治疗,即使治疗费用很贵,在医疗保险基金可承受情况下,还是可行的。第 3 种假设情况打分的频率比较分散,46.3%的访问者打分在 3~4 分,只有 38.9%的人为 5 分,说明将治疗罕见病的高昂的费用用在更多人受益的疾病的做法,大部分人并不同意。

三、结语

社会意愿支付给我们提供了一个新的概念,在药物经济学评价时不能仅仅从传统的成本-效用分析的角度去评价一个新药或新技术是否应该被列入到医疗保险报销目录中去，还需要考虑社会公众群体的支付意愿以及药品的成本价值。

医疗保险部门代表公众和患者的利益与药品企业开展价格谈判或带量采购的举措是基于社会支付的意愿。后者可以通过大量的受访调查进行科学及定量地获得边际（增量）的意愿支付的阈值，也可以定性地听取社会公众的意见和呼声。在一定医疗保险基金预算的范围内制定社会意愿支付的标准和采购的价格。

《医药经济报》2020年5月7日

进不进医保，性价比和支付能力说了算

一种药品或者医疗技术是否应该纳入医保目录，要考虑哪些因素？我们现在制定医保目录时，通常会听取临床医生的首选用药，也会组织专家组共同讨论，但是各种遴选方法有3个关键因素是一定绕不过去的：首先，药物是否安全；第二，药物的疗效（功效）如何；第三，经济成本。这3个内容是决定哪些药品进入目录的最基本的因素。

决定一种药品或医疗技术能否进入医保目录，既要有短期考虑（预算影响分析），也要有长期考虑（货币的价值）。短期来看，某种药物进入目录后，医保基金能不能承受，这需要结合基金收支情况做医保基金的预算影响分析，属于药物经济学的内容；从长期来看，某种新药或疗法进入医保目录是不是物有所值，这就我们需要进行卫生技术评估（HTA），包括增量成本-效果的分析和比较临床效果分析，还有其他一些对效益不利的因素的综合分析得出结论。

一个新药问世以后，如果新的药物疗效是 A，老药药效是 B，它增加成本是多少？增加效益又是多少？这就要看它能不能延长患者生命，以及它的毒性、对患者生活质量的影响、利用的便捷性和使用依从性等，把这些指标综合起来，就会得到一个评价指标，即质量调整生命年（QALY）。除了 QALY 指标，还要结合经济发展水平，看患者或者社会上有没有意愿支付，也就是患者能拿出多少钱来买这种药。这样两方面要结合起来，考察一种药品或医疗技术是否应该纳入医保目录。

按照新增成本-质量调整生命年的评价体系，我们可以把药物划分到 4 个象限中：效果好价格低、效果好价格高、效果差价格低及效果差价格高。质优价廉的药品毫无疑问是一定要入选的，质次价高的药也肯定会被淘汰，这 2 种情况可以不去研究。问题在那些处于"对角线"上的药品：效果好、价格高的药品和技术，其价格水平在什么程度可以被医保接受？世界卫生组织提出的建议是，药品的 QALY 值应该在 1~3 个人均 GDP 范围以内，当然小于 1 个人均 GDP 的话更好，这时候医保目录是可以接受的，价格超过 3 倍人均 GDP 的药品考虑不纳入医保目录。

《健康报》

第九篇

真实世界研究

真实世界大数据分析已成未来研究方向

刚刚落幕的第 22 届国际药物经济学与结果研究大会是历年来规模最大的一次。会议期间，举办了 24 个问题小组（issue panel）专场、24 个专题讨论会（workshop）、12 个论坛（forum）和 9 个教育座谈会（educational symposia）。从大会的主要报告内容可以看到药物经济学的最新研究动向，包括：真实世界的证据、价值评估的框架、比较效果研究；临床结果评价；患者的呼声、偏好和参与的模型；经济学评价；卫生政策在决策中的应用，21 世纪的治疗和药物定价等。相关内容详见本版的后续报道。

一、美国卫生政策走向何方

第 1 个大会主题报告是探讨美国卫生政策走向。来自哈佛、麻省理工学院、美国企业研究所、HOPE 基金会的 4 位著名的卫生经济学家针对美国未来的卫生保健政策进行了探讨。内容包括美国未来的健康保险，在撤销奥巴马平价医保法案（ACA）后的卫生保险立法问题，正在考虑有关的药品定价和卫生费用增长的趋势，以及在执行支付制度改革和服务体系改革后的挑战和带来对患者、支付方和政策决策者的影响。

共和党专家的观点认为，卫生改革的目的是降低成本和增加选择，但以往改革的实际是正在向减少患者的选择性发展。尽管目前共和党提出的新健保法案对原有平价医保法案的替代情况还不太清晰，但任何改革均不能将穷人扔到一边。而且美国以雇主为基础的保险也不可能会一夜之间改变,制度的改变是一个缓慢的过程。提高卫生服务效率的说法其实是一种托词,因为美国的服务效率不是在提高,而是在降低。由于消费者担心高额的医疗费用。因此,美国国民正在提出要建立一个单一的医保支付制度,或向建立像英国那样的模式靠拢,通过公共的项目获得广泛的卫生保健覆盖。而那些有支付能力的人可以购买公共项目,通过不同的计划选择更加复杂的保障内容。

民主党专家的观点则认为,对奥巴马的平价医保法案有被废除的可能,但私立部门的创新能力正在继续,公共部门的研发费用已经在显著地减少,比30年前减少了将近2亿美元。不同医疗卫生服务的网络正在形成,意图控制卫生保健的成本,这些计划的执行并没有给健康结果带来不好的影响。最令人担心的是,最近美国获得医疗保险覆盖的人群由于特朗普新政策的实行而使2 300万人的医保得而复失。这不仅是对个人的影响,也是对整个社会的影响。关于美国是否会走向单一支付方(single payer system)的体系,民主党的观点是,美国贫困人口的保险(medicaid)制度就是单一的支付。要强调的是从卫生保健中获得的价值,而不是强调有多少GDP投入到卫生总费用中去。消费者获得医疗服务的便捷性和做出对良好健康的决策值得关注。

二、 网络干预对健康的影响

第2个大会主题报告由耶鲁大学人类自然实验室Nicholas Christakes教授介绍社会网络干预对人群健康的影响。他回顾了20年来对真实社会网络的研究,肥胖群体与分离度的关系,由于归纳、同质性和环境因素的影响,造成相似的群体集聚在一起。社区网络原则的应用是为了改变人群的行为,涉及许多健康问题,如对肥胖、戒烟、病原体和药物选择的认识,以及卫生行为的改变。他提出两类社会网络干预的方式,包括离线和在线网络。前者如曾在多个国家开展现场研究:在洪都拉斯进行了维生素、水净化、妇婴保险研究;在印度开展了疫苗接种、妇女教育研究;在乌干达进行了HIV治疗等。

后者如人们经常选择其朋友、邻居和同事进入一个面对面的社会网络,包括网络圈。应用这种社会网络的结构和功能去干预和改造世界，通过人群之间的联系使不同的思想和行为在大型群众间散播，即以社会传染（social contagion interventions）的干预方式对健康产生影响。社会网络的功能类似于社会的放大镜，会影响社会的各种健康或不健康的行为。报告中还提到了利用医生的网络，分析医生对治疗糖尿病的磷酸西格列汀片（januvia）的处方行为。

三、什么时候需要进行随机对照试验

第 3 个主题报告是"我们什么时候需要进行随机对照试验？"

一般认为，随机对照试验是研究设计的"金标准"和 A 级证据，它比观察研究的设计有更强内部可信度。但随着医疗文献、电子病史、医疗设备检查项目、医保报销数据及基因组学信息的急剧增加，现在已进入大数据的时代，它会改变观察研究证据的强度以及如何影响随机化类型的研究。

如今 80% 的生物医学数据是非结构型的。观察研究和随机对照双盲试验正面临着巨大的挑战，如病例的纳入和排除标准复杂、试验的样本量有限、观察时间短、试验的监测要求高、高额的研究成本、临床功效和效果的比较等都会是问题。观察性研究设计并非每次都会得到相同的结论，上述的多种信息来源会影响随机试验和观察研究的可信度、因果联系、样本的偏移和结果的可重复性。因此，这个主题报告是讨论大数据在卫生政策决策中的应用，以及争论大数据提供的证据能否使随机对照试验失去作用及存在的挑战。

传统循证医学的证据呈三角形状态，最基础的证据是病例或病例系列报告，再上一层的证据依次为病例-对照研究、队列研究、随机对照试验，最顶尖的是系统文献回顾和荟萃分析。Murad 等提出，现在这些证据的重要性正在发生变化，各层研究设计和证据之间呈现出波浪形的变化（wavy lines），边界模糊。Cochrance 合作中心曾收集 28 种疾病，1 583 篇荟萃分析文献，比较了 14 种观察分析与随机对照试验的差别，结果 11 种（79%）文献证明两者在比率（rate）和比值比（odds ratio，OR）之间的差异很小。美国《21 世纪治愈法案》中要求 FDA 发展一个指导真实世界药品研究的证据评价的框架，在药品法

的基础上评价真实世界证据的指南,帮助已批准上市的药物进行上市后研究和开发新的适应证,通过真实世界患者经验的学习,可以更好地在众多的利益相关者中做出卫生决策。真实世界的研究包括前期药品研发中了解未满足的需要以及上市后评价的临床和政策决策。

真实世界的研究是一种广谱的研究,证据的收集包括3种情况:一是通过实际的临床试验;二是利用回顾性的医疗保险报销数据库或电子病例的信息收集的准实验设计;三是前瞻性的非随机观察试验。

证据的收集是一个连续系统,第1步是上市的注册准许,第2步是卫生技术评估(HTA),第3步是医疗保险第三方的决策,第4步是医疗服务提供者和患者的决策。

循证决策通常可以根据传统的早期临床试验、临床诊疗指南、绩效测量、结果评价等提出。一个学习型的卫生系统可以经过政策设计、执行政策、评价政策及调整政策等管理循环,通过政策研究来影响改革实践,又通过改革实践来影响政策研究,如此周而复始。随着信息技术的发展,到2020年综合人工智能将会将数据库储存在云端,机器学习会进一步认识问题。

Califf 的报告中对卫生数据的应用提出了一个完全不同的观点。他认为卫生系统需要学习系统外的 Google、Apple 和 WalMart 等公司是如何通过研究影响其实际工作的。卫生系统自身也应该是一个学习型的组织。PICORnet 是一个美国以患者为中心的结果研究网络数据库,它是美国以患者为中心的结果研究所(PICORI)的一个创新,主要用于比较临床研究,提供更强有力的临床医学证据。它包含 20 个患者强化研究网络(Patient Powered Research Network,PPRNs)和 13 个临床数据研究网络(Clinical Data Research Network,CDRNs)。通过大数据的分析为临床疾病的治疗提供更真实的数据。该网络被誉为"研究的社区",将人群、临床学家和卫生系统结合起来,建立一个全美国的证据系统,包含近 5 年来美国 21 亿患者的临床数据,共有 4 255 万的临床试验和 8 313 万的观察研究。

Goodman 的报告认为,无论是观察研究,还是大数据分析,均要在方法学上进一步研究。很难说两者孰优孰劣,应该取决于需要解决问题的性质。我们需要一个学习型的卫生保健系统,同样需要发展一个学习型的研究系统。Schneeweiss 报告以心血管疾病为例,认为需要发展指南帮助增加研究设计和研究方法的自信性,避免在研究中发生错误,研究的透明化是良好研究的基础。

四、启示

以往药物经济学评价的研究是建立在成本-效果分析的基础上,通过随机对照临床试验或观察分析的方法,比较新药与对照参比药品或标准疗法的临床疗效和成本差异,通过增量效果-成本比值(ICER)来评价新药是否值得列入医疗保险来补偿。药物经济学研究一般伴随临床 II 期或 III 期试验进行。近年来,随着大量创新药物的上市,以及可能出现的药物安全性问题,上市后临床预期的研究得到了重视,从临床功效(efficacy)的研究进入临床效果(effectiveness)的研究,也就是所谓药物上市后的真实世界的研究,从大数据分析中来收集真实世界的证据(RWE)。

真实世界研究常用于评价治疗效果和伴随药品的不良反应。由于这类研究的数据挖掘缺乏随机性和透明度,因此对结果出现的重复性缺乏信任度。因此,大会呼吁需要制定规范和指南来指导真实世界的研究,以减少结果的偏倚。总之,真实世界的大数据分析已成为未来药物经济学的研究方向。

《医药经济报》2017 年 6 月 8 日

真实世界证据拐点？数字健康的作用

过去 10 年，数字健康数据呈指数增长，包括电子健康记录（eHRs）、医保就诊和报销记录（claim data）、患者就医和医疗设备检查生成的海量数据等。同时，人们也越来越意识到传统的临床是十分昂贵和耗时的，且没有充分研究个体患者（如年龄、性别、种族及伴随疾病）的治疗偏好。而现实世界的证据则以低成本、高质量（包括保留随机化）、近乎实时的、广覆盖、可监管等特点，正在许多转型和创新项目中得以应用。

目前，在实现真实世界和数字健康方面正处于一个转变期。不久前在 ISPOR 会议上，来自美国国家卫生技术协调评估系统中心的专家对当前使用真实世界证据的障碍及未来发展进行了介绍。

一、数字医疗的用处及障碍

数字医疗的价值正在不断体现，其使用工具包括多个方面，如邮件、疾病管理 APP、手机 APP、可穿戴设备、生物传感器、智能手机摄像头、临床试验患者信息收集工具、家庭联网虚拟助手、远程医疗与虚拟医生门诊、基于 Web 的交互式程序等。数据显示，2017 年，全球数字医疗 APP 已增加到 31.5 万个，APP 的应用已从财富管理转向健康管理，后者在 2017 年已占总量的 40%，内容包括特殊疾病、妇女健康和妊娠、药品信息、医疗服务提供者和保险信息管理。位于疾病领域 APP 前 5 位的是精神卫生、糖尿病、神经系统、肌肉骨骼系统和肿瘤。

数字健康涉及患者的整个健康过程，包括预防、就医、诊断、疾病教育和管理、治疗。此外，还有临床试验。移动医疗商业应用已有几百上千家，但真正有健康结果研究的只有 10 余家。究其原因，主要还是研究工作的质量问题，如研究时间短、随机化不够，以及试验患者的随访脱落率较高、研究进度跟不上快速技术的发展等。

因此，目前数字医疗亟待加强研究的科学性，包括重视健康结果的研究、加强经济学成本分析、动员患者和相关利益部门参与、提高人群的文化观念。美国在数字健康方面已进行了 2.6 亿美元的投资，开展 116 个研究项目，包括远程医疗、移动医疗和远距健康照护。数字健康研究的成败关键在于临床医生、患者、医疗保险支付方和整合医疗系统各方面的接受程度。

二、人工智能与精准医疗

这次 ISPOR 会议还讨论了人工智能与精准医学的关系。

人工智能可用于疾病诊断、风险因素的预测并对卫生经济学产生影响。现实生活中，人工智能已应用于皮肤癌、心律失常、肺癌及观察糖尿病视网膜病变以预测心血管病的危险因素等。人工智能是在收集大量数据的基础上得出的结论，根据已有的症状帮助医生做出诊断。但其仍面临着五大挑战：一是需要创造一个新的伦理标准；二是在人工智能快速发展过程中得到启示；三是医生应该深化学习并应用到实践中去；四是患者需要有一个习惯和适应的过程；五是决策者需要评价人工智能的效果。

人工智能作为技术工具和作为产品是有区别的。它可通过分析诊断、治疗和利用医学数据模型来预测病情的进展，尽可能减少人为因素导致的错误的临床决策。但人工智能的使用仍然存在争议，主要是担心患者的隐私问题、人工智能算法的验证及其有效性问题。

当人工智能用于个人疾病诊断，如要估计心血管病的患病风险，就要收集各种风险因素作为参数，计算各种概率以及危险比值（hazard ratio）及其可信限范围，如吸烟者患心血管疾病的风险要比不吸烟者高出2倍。

有些疾病的发生是由多维度因素引起的，这时人工智能就要有一个深度学习的过程。以皮肤癌检测为例，美国每年约发生540万例皮肤癌病例，每年有1万病例死亡。其中只有5%皮肤癌患者属于黑色素瘤，如能早期发现，患者的5年生存率可以达到90%。如果确诊时已是晚期，那么，5年生存率只有14%。美国收集了13万皮肤癌患者的临床影像学证据并将其分成9类，采用一种简单的图像处理技术，每个图像都转化为一系列像素方阵，再将每个像素转化为数字，每个像素成为一个预测器，测试结果诊断的正确性优于医生的诊断，可以减少诊断的假阳性和假阴性结果。英国也证明用人工智能的AliveCor心脏监护器和AliveECG APP可以减少房颤患者的费用，增加更多的质量调整生命年（QALY），节省医疗成本。2018年，美国FDA已批准首个人工智能的软件用于疾病诊断，但这些人工智能的医疗用品目前还不能报销，均由患者自付。

三、偏好研究的优点及局限

医保研究正越来越多地寻求患者对治疗方案的看法（如对危害、风险、利益等的相对愿望）。本次会议亦讨论了偏好研究的优点和局限性，以及患者对医疗治疗的效益-风险权衡的看法对监管决策的影响程度。

美国FDA药物评价和研究中心（CDER）和设备与放射卫生中心（CDRH）采取了不同方式，但可用互补的方法来整合患者的观点。CDRH致力于了解定量偏好的方法，以确定患者对医疗产品的效益和风险的看法。CDER则集中于定性偏好启发的方法。偏好研究者认为，当仔细执行时，所陈述的偏好和患者关于危害、风险、效益以及与治疗方案的实际偏好是不同的，但可产生有效的科学证据。

CDRH的愿景是让美国患者能获得世界上公共健康首要的高质量、安全和有效的医疗设备。医疗仪器的整个生命周期是根据患者的需要发明创造的，然后进入临床使用，根据患者的效益风险分析的信息而上市，并进行上市后的监测。从患者的观点看，医疗器械的应用有一定风险。在研究方面首先需要有患者偏好的信息，如对药物、医疗器械、设备和生物制剂的偏好。有定性的和定量的结果和治疗终点的指标，包括上市前和上市后的效益和风险2个方面的评估，在特定治疗方案下患者的相对可取性或可接受性。患者偏好的信息有助于厂商试验设计，包括使用设备的效益-风险的权衡，是未来研究的新思路和新模式。

其次需要患者报告的结果，通过量表测定了解患者的生活质量。FDA还提出了厂商撰写PPI的指南要求，设备审批时还要包含其他临床和非临床的、安全性和效果的资料，如对家用透析设备患者偏好的质量情况也要说明。PPI已成为医疗设备产品评价的科学依据。

美国FDA用户收费协议（MUDFA Ⅳ和PDUFA Ⅵ）要求FDA开发系统的方法来建立适合上述目的的工具以收集有意义的患者信息输入，这些信息可纳入监管审查。患者是FDA工作的核心，多年来，医学关注的是一个人生命的长度，只有在真正倾听患者的意见之后，才开始关注他们的生活质量信息。患者对健康干预的权衡往往与监管者有不同的看法；具有不同特征的患者对这些权衡也有不同的看法。一个偏好调查发现，临床医生和患者、照护者之间对疾病特定终点的重要性有很大差距，说明临床医生和患者信念之间是有差距的，他们往往有不同的价值观。偏好研究的目的就是为了更好地理解这些价值观究竟是什么。

四、结语

一个新技术的诞生需要经过创新、法规、编码、定价、覆盖、责任、临床实践及培训的过程。一个医疗器械的决策需要多种来源的证据，如随机对照试验、病例登记、电子健康档案、申报报销材料及药物反应报告等信息，以及采用新方法，通过分析真实世界的数据来支持医疗用具的上市前和上市后的规制决策。

本次ISPOR大会偏重医药卫生服务研究未来的新方向，随着数字健康和人工智能、互联网+健康的发展，药物经济学和结果研究以及卫生技术评估都面临着大数据、真实世界研究等一系列新问题和新挑战。近来，美国为加速发展安全的卫生新技术、提升真实世界研究和创新研究，已成立了国家卫生技术评价系统合作中心，其中还成立了医疗器械创新共同体组织并组成治理委员会来推动真实世界证据的产生，强调数据质量和研究方法的标准化。ISPOR 也新成立了 HTA 中心，用以支持卫生技术评估，有助于弥合卫生经济学和成果研究（HEOR）和其他有关 HTA 及卫生保健决策的学科之间的鸿沟。

《医药经济报》2018 年 6 月 7 日

第十篇 卫生事业改革

三大主题透视亚太卫生保健现状

9月中旬,第6届亚太地区药物经济学与结果研究大会在日本东京举行。本次大会以"行动起来:为亚太地区提供政策和加强卫生保健系统"(Moving into Action: Informing Policy and Strengthening Healthcare Systems in Asia Pacific)为主题,有来自全球的1 500余位代表参会,口头报告与墙报展示者共有950余人,论文数量较2016年在新加坡举行的前次大会增加了38%。大会主席由东京大学公共政策研究院卫生政策和技术评估项目负责人镰江伊三夫教授担任,我国国家健康委员会卫生发展研究中心赵琨教授为大会副主席之一。

本届大会共有3次全体会议,第1个主题会议讨论了如何通过卫生保健的转型和利用数字健康来促进亚太地区获得更好的健康水平,第2个主题就亚太地区真实世界证据展开讨论,内容包括真实世界研究所处的形势、区域卫生决策中真实世界证据的准备以及可能的价值、我们如何最大限度地利用真实世界的证据;第3个主题是一些国家在风险分担合同应用中的经验、挑战和教训。

一、更好地利用医疗保健和数字健康

第一场全体大会邀请了来自泰国、新加坡等国家和地区的专家,就数字健康在本国的预防保健、初级卫生保健、急性病住院、长期照护等方面的利用情况进行讨论。

  1. 新加坡:搭建信息互通平台,减少数据碎片化 新加坡的战略是医疗服务从医院走向社区，使新加坡人能在社区得到适宜的服务。据介绍，新加坡现有初级卫生保健诊所 2 991 个、公立和私立医院 26 家及 189 个社区医院、护理院、日间服务中心和家庭服务提供中心，其通过 IT 技术紧密联系，建立起各种平台，减少了卫生系统的碎片化。

例如，建立统一的国家电子健康记录平台（NEHR），包括医院、护理院、临床实验室、影像、全科医生、专科医生、齿科和肾透析的各种信息数据，促进人群健康和精准医疗的发展。建立了商业研究分析的洞察网络系统（BRAIN）平台，为居民建立卫生信息枢纽（health hub）使居民无论何时何地均可查阅自己的健康信息。建立门诊药房自动化系统（OPAS），以减少人力和工作量以及患者等待的时间，有利于创新和研究。

数字健康给医患均带来了很大的效益，如药师检查处方从过去的 51 分钟缩短到 7 分钟，护士在住院病房中配药从以往花费 90 分钟缩短到目前的 30 分钟，并且缩短了患者门诊等候的时间等。

2. 澳大利亚：数字健康应用范围越来越广　澳大利亚墨尔本东南部 Monash 地区有 8 个三级和二级医院，2 200 个床位。随着创新药物和外科机器人的出现，人工智能在医学领域已广泛应用。

数字健康的应用体现在 4 个方面：①远程医疗，包括远程照护（如活动和跌倒的监测、远程会诊和录像会诊）、远端长期处方的管理合作等；②移动模式：包括可穿戴设备和应用，如医疗 APP 和健身 APP；③健康分析：包括基因组、精准医学、数据分析；④数字卫生系统：包括患者端和患者端 2 个层面。其从 20 世纪七八十年代的远程医疗和远程健康开始，到 20 世纪 90 年代进一步发展为电子健康（e-health），又从 2010 年的远程健康（mhealth）发展到 2015 年的数据健康（digit health）。

3. 泰国：不断增长的卫生费用使健康 IT 业挑战加大　尽管泰国的 GDP 在不断增长，但不断增长的卫生费用也使其健康 IT 业面临挑战。2012 年，泰国卫生费用占 GDP 的 4.2%，近 5 年来卫生总费用平均年增长率为 6%。泰国共有 4 种医疗保险制度：UC（全民覆盖保险，面向居民）、SSS（强制性社会保障保险，面向私人部门职工）、CSMBS（面向政府公务员、退休人才以及家属的医疗保险）以及商业私人保险。2018 年，泰国人均医保费用已达 97 美元。

泰国的互联网运用和大数据系统正在不断成熟，47％的人口已被医疗保险覆盖。目前，泰国卫生部建立了大数据库，包括患者数据库（MOHPP）、患者管理云服务（SMART Health ID）以及个人 H4U 数据库，可以查询包括患者登记的基本信息、处方分析、治疗信息、公立医院信息、实验室检查结果以及医生预约结果等。泰国在经历了农业、轻工业和重工业发展，步入目前创新和以价值为基础的工业发展的 3.0 版经济发展阶段，同样面临着中等收入国家常见的不平等和不平衡的状态。

二、搭建亚太真实世界数据库

1. 日本：逐步完善真实世界数据库 据日本明治药科大学的 Akazawa 教授介绍，日本的真实世界数据库有以下几种。

（1）厚生劳动省的日本健康保险结算和体检的数据库（NDB）。该数据库现有从 2009—2017 年的 148 亿条数据记录。2011 年起共有 229 个研究计划利用此数据库的信息，最终有 50％的科学研究项目获得批准。

（2）医疗信息数据库网络（MID-NET）。数据来源于日本 23 个医院，涉及 400 万例患者的病史信息、药物不良反应信息、促进药物使用的安全性信息等。

（3）日本健康保险数据库（JMDC），包括住院、门诊和药房的数据，覆盖了 100 个健康保险的支付基金。该数据库从 2005 年开始累计收集 560 万名参保者基本信息，能追踪患者在不同医疗机构就诊的医疗费用、疾病诊断及医疗服务等方面的数据。但这类报销数据也有缺点——没有 75 岁以上老年人的记录，且临床信息十分有限。

（4）医学数据视觉界（MDV），包括 369 个急性病医院的住院门诊医保数据，共有 922 万例病例资料，且包含了 65 岁以上年龄组的资料、血液检查资料和出院小结资料。缺点是没有入院前和出院后的材料、没有医院的地理位置和只收集急性住院者的资料。

2017年5月,日本颁布个人情报保护法,并成立个人信息保护委员会（MC）,规定取消个人敏感的信息。2018年5月,日本颁布了医疗大数据法,促进临床数据的研究和应用。

2. 中国:数据来源广泛,协作和研究能力待提升　四川大学华西医院孙鑫教授就我国真实世界证据的实践、挑战和发展做了介绍,获得与会者的好评。2000年前后,中国开始注意结果研究和大数据,并在2010年后引入真实世界证据的概念,2016年后,ISPOR华西分会系统地开展真实世界证据框架的研究。2009年以后,我国通过病例登记和回顾性数据库分析的文献报告数量明显增加,真实世界数据被不同行政部门广泛应用,如药品监管部门将其应用于药物审批、上市后药品的监测和评价、药品不良反应监测、成立药品评价中心（CDE）;医保部门将其应用于疾病负担、成本-效果分析、药品预算影响分析方法于药品的覆盖方面;国家卫生健康委员会则将其广泛应用在卫生技术评估、卫生保健质量和安全监测方面;而医疗提供方则用于制定中国的临床指南。

中国真实世界数据的来源广泛,如地区性电子健康信息档案、医疗机构的电子病例档案、疾病病例登记（如肿瘤、胸痛）、医保病例报销数据等,但中国真实世界证据的研究仍处于初级阶段,尚缺乏协作和研究的能力。

台湾大学陈建炜教授在报告中认为,真实世界数据与患者有关的健康状态可从电子病例档案、健保结算、通过网络或APP报告的患者健康结果中获得。他列举了中国台湾地区早年应用真实世界健保数据库研究干扰素d治疗慢性乙型肝炎和药物洗脱支架治疗低度冠状动脉疾病的临床结果,并对真实世界数据的优点和局限性进行了讨论。韩国、日本和中国香港地区均有利用医疗保险数据库进行糖尿病、心血管病、健康检查等方面经济学评价的报告。美国FDA等部门还发布了药品企业指南指导如何应用真实世界的证据进行立法规制。在他看来,亚太地区已有不少真实世界的研究数据,包括医保资料、电子病例,还有家庭监测设备的应用以及前瞻性的病例登记制度,应用这些资料对决策者制定政策有一定的帮助,但仍有一些障碍需要克服。

三、风险分担合同在亚太地区的应用

1. 亚太：风险分担合同应用尚不普遍　美国辉瑞公司肿瘤市场部全球总监 Zlateva 女士在会上指出，建立风险分担合同的推动因素是大量创新药物的涌现和医保预算的压力，患者要求有好的治疗结果，以及数字化健康。

目前，医疗市场正在经历着快速变化的时代，从以数量为基础转变为以价值为基础。过去患者很少能接触到健康数据，服务合同的基础是服务数量以及药品价格，处方也是基于收入的模式。现在医疗技术的整合已是无缝衔接，以人群健康为基础，药品定价也以价值为基础。药企也以解决健康问题为基础，建立可靠的合作关系，增加在数据库和技术方面的投资。

风险共担合同（RSA）可以被认为是一种以价值为基础的合同。共同目标是使创新药物能够及时地提供和使用，减少临床结果和财务方面的不确定性，使风险在药品制造商和患者之间共同承担。尽管最后的结果未必是减少成本，但可使成本和结果最优化。

风险分担合同有 3 种类型：一是以财务为基础的合同（financial-based agreements），药品价格或补偿的水平是根据财务考虑而不是临床的绩效。比较常见的类型有价格-用量合同、总费用封顶、非价格的折扣。第 2 种类型是以结果为基础的合同（outcomes-based agreements），包括临床结果、疗效、药物耐受性、效益、生活质量及临床应用等，比较常见的类型有保证健康结果、依从性的监测。第 3 种是证据发展覆盖的合同（CED），指在补偿前还要进行若干附加的临床试验。常用于美国老人医疗保险（medicare）和低收入人群的医疗保险（medicaid）的决策，如是否提供某项服务或医疗设备。

从全球情况来看，2016 年以财务为基础的风险分担合同占 74%，以绩效为基础的风险合同占 17%，不能区分方案的合同有 9%。肿瘤药、肌内骨骼系统和心血管疾病的药物制定风险分担的合同最多，英国的比例为 67%，其次是美国和澳大利亚各占 10%，波兰占 7%，而亚太地区对抗肿瘤药物的补偿往往比较缓慢。由于风险分担合同比较复杂。因此，目前尚不普遍。只有进一步做好患者私密性数据保护、制定数据收集方法以及完善风险分担的立法问题，才能促进风险分担合同的推广（表10-1）。

表10-1 亚太地区部分国家开展风险共担合同的情况

类　型	澳大利亚	韩国	新西兰	合计
结果为基础的风险分担合同	21	—	—	21
证据为基础	3	—	—	3
财务为基础	33	3	5	41
混合型（价格和临床结果）	41	—	—	41
病种				
肿瘤	29	—	2	31
炎症	28	—	1	29
传染病	7	—	—	7
肺动脉高压	7	1	1	9
其他	27	2	1	30
技术种类				
药品	95	3	5	103
医疗器械	3	—	—	3
合计	98	3	5	106

2. 澳大利亚：财务为基础的风险分担合同最普遍　目前，澳大利亚全年药品花费为90亿澳元，药企根据药品经济学评价、成本-效果分析和成本最小化等结果向药品福利咨询委员会（PBAC）提出申请。PBAC对风险共担合同提出了具体做法，包括：①估计需要治疗的患者人数；②估计没有补偿的患者总人数；③风险分担协议需要在药企和政府之间进行谈判和签订契约；④药企的风险取决于药品的种类及其所占的市场份额。契约中还要包含风险分担的封顶额、返还的计算方法、如何管理保密的信息、分歧解决和终止合同的方法等。

2010年，澳大利亚为支持新药的发展和定价，提出了管理准入过程（managed entry process）。如果药品定价高的话，需要提供附加的临床和成本-效果的证据、高度的临床需要。迄今已有24个新药签订了财务风险的分担协议。

澳洲医药协会根据 PBAC 的建议实行药品风险分担合同在澳大利亚比较普遍，常用的方法是成本最小化和成本-效果分析。药品风险共担合同主要针对一些具有风险和不确定性的新药，帮助支付方控制使用新药的风险并能早日应用于患者。从现有的情况来看，主要还是以财务为基础的风险分担合同为主，而以结果为基础的风险分担合同使用的相对较少，其原因主要是收集患者的治疗结果需要药企花费大量的投入。

《医药经济报》2018 年 9 月 20 日

新医改 10 年的回顾与展望——战略、政府、市场、激励

新一轮医药卫生体制改革（新医改）从 2009 年开始，迄今已经整整 10 个年头了。过去 10 年我国的医药卫生体制改革在困难中砥砺前行，成绩斐然；未来 10 年，我国的医改在探索具有中国特色社会主义的医药卫生体制改革的道路上任重道远，前途光明。医药卫生体制改革是全球性的难题，不可能用一种模式来解决所有国家的问题。我国的医改面临的问题更为复杂，只有结合国情，从健康中国的战略角度出发，找到一个合适的创新制度，才能取得实效。

一、 新医改理论基础的发展

新医改的 10 年，正好经历了中国共产党的十七大、十八大和十九大，也是我国从"十一五"规划末期到"十二五""十三五"发展规划的整个过程。新医改 10 年来取得了巨大的成就，这是不言而喻的。随着综合国力的不断增强、人民经济收入和生活水平的不断提高，正如党的十九大报告提出的"中国特色社会主义进入新时代，我国社会主要矛盾已经转化为人民日益增长的美好生活需要和不平衡不充分的发展之间的矛盾"。新的奋斗目标是从全面建成小康社会到社会主义现代化强国。医疗卫生方面也不例外，要实施健康中国战略，要完善国民健康政策，为人民群众提供全方位、全周期的健康服务。

目前，我国面临着医疗卫生服务需求的日益增长，2018 年全国门急诊量已

高达83.1亿人次,居民平均年就诊次数为6.0次,住院25 453万人次,年住院率增加到18.2%,全国医院病床使用率达到84.2%。人们对医疗卫生服务的质量和医药产品的创新要求越来越高,已经从改革初期的"逐步实现人人享有基本医疗卫生服务的目标"发展到"为人民群众提供全方位、全周期的健康服务"。经济学的基本原理告诉我们,卫生资源总是有限的,不能满足医疗卫生服务的无限需求,这就构成了当前医疗卫生改革的基本矛盾。

2009年,新医改的目标是非常明确的,即"到2020年,覆盖城乡居民的基本医疗卫生制度基本建立。普遍建立比较完善的公共卫生服务体系和医疗服务体系、比较健全的医疗保障体系、比较规范的药品供应保障体系、比较科学的医疗卫生机构管理体制和运行机制,形成多元办医格局,人人享有基本医疗卫生服务,基本适应人民群众多层次的医疗卫生需求,人民群众健康水平进一步提高"。目前,新医改提出的5项工作任务也已基本完成,包括推进基本医疗保障制度建设,建立国家基本药物制度,健全基层医疗卫生服务体系,促进基本公共卫生服务逐步均等化和推进公立医院改革。

2003年,启动实施的新型农村合作医疗制度解决了农村居民的基本医疗保障问题。通过10年探索,目前我国已建立了覆盖城镇职工和城乡居民的统一的基本医疗保险制度,正积极开展大病保险、长期护理保险等试点并探索各种形式的补充保险、商业医疗保险、医疗救助等,形成了多层次的医疗保障制度,覆盖率达到了98%以上。

2018年,全国医保当年筹资总量已达到21 090亿元,累计结余22 867亿元,其中38.4%来自个人账户的结余。2018年3月,我国成立了新的国家医疗保障局,集医保支付和补偿、药品招标、价格谈判和监督管理于一体。在全国没有形成统一的医疗保险制度之前,取消门诊个人账户、建立门诊统筹,以及解决好异地就医及时结算,逐步提高统筹层次和补偿比例,做好医保基金的监督和管理工作。

在建立国家基本药物制度方面:2009年后,已先后3次动态修订基本药物目录。目前,基本药物已增加到685种,其中西药417种、中成药(含民族药)268种;目前基本药物已纳入医疗保险药品甲类目录,满足临床治疗基本需要。为推行分级诊疗、实施延伸处方，调整了最初基层医疗机构只能配备和使用基本药物的政策，有利于患者下沉到社区治疗；同时统一全国基本药物目录，不再由各省增补基本药物目录，增强国家基本药物目录的权威性。

在健全基层医疗卫生服务体系方面：在坚持保基本、强基层、建机制政策的指引下，社区卫生服务体系有了蓬勃的发展，家庭医生签约制度的完善和全科医生规范化培训的实行，大大提高了基层医疗卫生服务机构的医疗水平。优质医疗资源的下沉和社区首诊、双向转诊、急慢分治等整合性医疗政策，促进了在基层接受诊疗服务患者比例的提高。按人头支付的医疗保险和按绩效分配的工资制度调动了基层医务人员的积极性。

在促进基本公共卫生服务逐步均等化方面：几年来政府按人头投入公共卫生服务的资金不断增加，由最初的人均公共卫生费用补助 15 元增长到 2018 年的 55 元，经济比较富裕的地区甚至可以达到 100 元左右。基本公共卫生服务项目和重大公共卫生项目的制定使人人能公平地享受基本公共卫生服务。慢性病的社区防治和全生命周期的医疗卫生服务已成为未来医疗卫生改革的理念。

在推进公立医院改革方面：推行法人治理结构，建立现代化医院管理制度；实行药品和医用耗材的零加成，实行招标采购，加强医院成本管理和医疗服务价格的调整；改变运行机制，提高医院信息管理、方便患者就医，改善患者就医的体验和满意度已成为医院评级的目标；建设城市医疗集团、县域医疗共同体和建立专科联盟、远程医疗已成为现在中国医疗服务体系改革的重要模式。在此基础上还将建立国家医学中心和区域医疗中心，对提高医疗服务质量和价值，改善资源的规划和布局将会带来重要的影响。

二、10 年来医药卫生体制改革取得的成就

通过 10 年的医改，不断进行政策的调整，有时貌似政策的反复，其实是政策实施和评估后的改进，是政策执行的循环提升。

总结起来有 3 个方面的成就：一是健康中国的战略和行动的形成；二是找到了正确发挥政府和市场在医疗卫生体制改革中的作用和方式；三是如何运用

好激励机制,调动政府、各相关行政部门、医药企业、卫生工作者和广大人民群众对卫生改革的积极性。

1. 明确健康中国战略 医改 10 年的最大成就是明确了健康中国的战略。目前,中国已进入了一个医药卫生体制改革发展的新阶段。医改的最终目标是提高人民健康水平,实现国民健康长寿,基本实现健康公平。把健康放在优先发展的战略地位,将健康的理念融入到公共政策制定的全过程,将健康融入到所有政策,消除从各部门利益出发、各自为政、各项政策互不联动的机制障碍。在提供医疗卫生服务上从片段式治疗发展到整合性医疗,从提供数量转变为注重质量和价值,从疾病管理发展到健康管理,从发展"医疗联合体"转变为发展"健康联合体"。卫生系统将以提供全方位、全生命周期服务作为主要目标。

卫生事业的发展要以人民为中心,医院服务以患者为中心,不断提高服务水平,包括提高人民群众就医的便捷度和满意度、减少疾病的负担和因病致贫的风险、体现医疗卫生服务的公平性,而不是盲目扩大床位和发展高新技术,不顾医疗费用的不合理增长。

2. 明确政府在医改中的作用 10 年来,在新医改的环境下,国家财政对卫生事业的支持力度有了明显的增加。在最初的 3 年中(2009—2011 年)新增投入 8 500 亿元,其中,中央政府增加投入 3 318 亿元(39%)。按照 2 个"逐步提高"(逐步提高政府卫生投入占卫生总费用的比重,逐步提高政府卫生投入占经常性财政支出的比重)的基本要求,不断地加大政府对卫生的投入。卫生总费用中政府的卫生支出由 2009 年的 4 816 亿元(占卫生总费用的 27.5%)增长到 2017 年的 15 206 亿元(28.9%)。同期政府卫生支出占财政支出的比重也由 6.31%增加 7.49%。此外,社会医疗保障经 5 957 亿元(占卫生总费用的 34%)增加到 20 320 亿元(占卫生总费用的 38.63%)。明确了中央和地方财政对卫生的事权,特别是对公共卫生服务政府实行全额保障,人均基本公共卫生补助标准已由最初的人均 15 元,增加到 2018 年人均 55 元,在经济发达地区补助的标准更高。从 2018 年起已降低肿瘤药物进口关税和增值税。建立医疗机构公共卫生服务经费保障机制,并对公立医疗机构取消医用耗材加成后将给予合理收入补偿是 2019 年正在落实的重点工作。同时，完善中国特色的医疗保障制度改革方案，为未来医保改革发展做好顶层设计。

2019 年 5 月，世界卫生组织在第 72 届世界卫生大会上提出，为实现全民健康覆盖需要创造一个更健康、更安全和更公正的世界。会议讨论了 3 个重点问题：一是健康与政治有关，要求各国政府对全民健康覆盖作出具体承诺；二是健康与伙伴关系有关，要求利用《人人享有健康生活和福祉全球行动计划》框架的集体力量实现可持续发展目标；三是健康与人有关，将通过关于社区卫生工作者等决议和决定在社区扎下根来。回顾中国的医药卫生体制改革取得的成就与政府的支持和承诺是紧密相关的。中国国务院于 2006 年 9 月成立 11 个部委组成的深化医药卫生体制改革协调小组，国家发展改革委员会主任和卫生部部长出任组长，共同研究和协调体制改革等重大问题。很多重要的政策文件的出台不仅由各政府部门负责制定，甚至有的通过国务院办公厅颁发或由国务院医改领导小组秘书处负责起草。

3. 明确市场在医改中的作用　医药卫生体制改革需要充分发挥政府和市场两只手的作用。通过市场竞争降低药品价格是很好的例证。药品通过招标采购或是带量采购可以促使生产同类产品的药品企业之间开展价格竞争。反之，如果以最低价的药品或独家产品作为唯一中标企业的话，就会形成垄断现象，即使扩大到 2~3 家中标企业也会引起寡头垄断。要使药品降价到一个合理、公正、透明的价格，既要考虑药品价格的可承受性，又要考虑药品研发和生产需要的成本，有利于药品的进一步创新。药品的价格涉及各方面的利益部门和群体，需要统筹协调，将新药审批与使用衔接起来，注意药品的质量、供应、药款结算和回款。同样，在促进社会办医、发展商业保险方面也要充分发挥市场机制的作用，并加强政府的监督管理，使其规范发展。

4. 明确调动激励机制，确保医改的可持续性　在 2009 年新医改前，医院医疗劳务价值很低，经营效率是依靠药物的批零差价或诱导需求来提高医院的收入，这种刺激的结果是"大检查、大处方"，损害了患者的利益。这是一种负向的积极性，造成医疗卫生服务资源的大量浪费。2009 年新医改后，首先在基层医疗机构中实行基本药物零差率销售，2019 年后进一步规范医用耗材的使用，实行零差率销售，并通过提高医疗劳务价值，如提高医生服务费、药师服务费、专家门诊费用、手术费用和中医诊疗技术等医疗服务的收费标准等来增加医院的收入。因此，这些措施可以说是正向的激励机制。

此外，还通过薪酬制度的改革，对城市三级和二级以下医疗机构的院长和医务人员实行绩效考核，实行绩效工资和奖金，调动了医生的积极性；甚至还通过医疗保险支付方式的改革，如对家庭医生实行按人头付费、医院实行以按病种分类支付的前瞻性付费为主的多元支付方式改革，医疗费用结余归医院所有，其中部分节余的费用还可用劳务补贴，调动了医院控费的积极性。

上述做法还存在着很多政策和实践的障碍，但在目前制定的《深化卫生专业技术人员职称制度改革》和《公立医院薪酬制度改革》文件中，已创造性地落实了"两个允许"政策，即允许医疗卫生机构突破现行事业单位工资调控水平（绩效工资水平）和允许医疗服务收入扣除成本，并按规定提取各项基金后，可主要用于人员奖励。这些政策的实施会大大提高卫生人员的薪酬待遇，起到稳定医疗卫生的专业队伍的作用。

总之，医药卫生体制的综合改革需要各部门的联合行动，特别是医保、医疗和医药部门的"三医联动"。任何改革都需要有经济的激励机制，也会涉及利益的重新分配，只有调动社会、政府、医疗卫生服务行业以及老百姓各方面的积极性，才能做到共建和共享医药卫生改革的成果。

三、医改发展中需要继续强调的几个问题

1. 继续坚持"保基本、强基层、建机制"的改革方针　医药卫生改革中实施初级卫生保健的信念是不能动摇的。医药卫生体制改革的最终目标是人人享有基本卫生服务，进一步提高人民群众的健康水平。提高基层医疗卫生服务的综合能力是衡量一个国家的卫生系统是否具有绩效的重要标志。近年来，在公立医院改革中，提出了组建城市医疗联合体，在农村组建县域医共体，其目的不是为了大力发展国家医学中心和区域医疗中心，而是为了加强城乡地区的整合性医疗服务体系，使患者能够就近预防和治疗疾病，使90%以上

的患者能留在当地医疗，使更多的患者能够首诊在基层，通过双向转诊等机制，合理地分流患者。这样就要求提高全科服务的质量，提供优质服务的网络体系，将医疗联合体转变成健康联合体，解决"看病难"的问题。

2. 通过顶层设计，提高医疗保险的保障能力　从现有的医疗保障待遇来讲，患者医疗费用的负担仍然是比较大的。大部分实行社会医疗保险制度的国家或地区，医疗保险的费率在工资总额的5%～11%，长期护理保险的筹资在工资总额的1.5%～3%。

尽管我国现行城镇职工基本医疗保险筹资在8%左右，但保障的水平与其他国家和地区相比还有很大的差距，这就要在医疗保险制度设计和支付制度方面做一个总体的规划，未来的改革方向要向以家庭为单位的全民健保制度方向发展。还要逐步提高医保经费的统筹层次，目前的异地结算只是一个过渡性的方案，只有达到建立一个全民医疗保险制度才能提高公平性和提高补偿能力，才能彻底解决"看病贵"的问题。

为了降低药品、医用耗材的费用，使患者在经济上能有可承受性，不仅需要通过各种政府或市场的措施和手段降低产品的价格，而且还需要通过合理使用和建立与国情和经济状况相匹配的医疗保险报销目录并建立动态调整机制。由于医疗保险的筹资水平是有限的，需要实行所谓的"腾笼换鸟"政策，将那些临床无效、毒副作用比较严重的药物制剂、或只能起到辅助治疗的药品从现有的基本药物目录和医疗保险药物目录中剔除出去，留出空间来增补一些创新和有显著临床疗效的药品和医用耗材。

3. 全面实施健康中国规划纲要和行动计划　2016年发布的全面实施《"健康中国2030"规划纲要》主要涉及提高健康公平性。在普及健康生活、优化健康服务、完善健康保障、建设健康环境、发展健康产业5个方面，提出了实现目标和13个具体的指标。在2019年6月国务院印发的《深化医药卫生体制改革2019年重点工作任务》中也提到了将要制定关于实施健康中国行动计划的意见，包括《健康中国行动（2019—2030年）》、健康中国行动组织实施和考核方案的内容。这些文件的出台，目的是号召全国人民行动起来，共建共享健康中国。因为"健康中国"既是一个战略思想，又是一项复杂的系统工程，必须调动各方面的积极性，聚焦影响健康的重要因素、重点疾病和重点人群，实施一批健康行动。争取到 2030 年我国人民的人均期望寿命达到 79 岁，婴儿死亡率下降到 5‰，孕产妇死亡率降低到 12/10 万。

通过后 10 年医药卫生体制改革的继续奋斗，最终使我国人民的健康水平能够达到中上经济发达国家的水平。

参考文献

[1] 中共中央、国务院. 关于深化医药卫生体制改革的意见（中发〔2009〕6 号）[EB/OL].（2009-04-06）[2019-06-09]. http://politics.people.com.cn/GB/1026/9083057.html.

[2] 中共中央、国务院. "健康中国 2030" 规划纲要 [EB/OL].（2016-10-25）[2019-06-09]. http://www.gov.cn/zhengce/2016-10/25/content-5124174.htm.

[3] 习近平. 决胜全面建成小康社会，夺取新时代中国特色社会主义伟大胜利——在中国共产党第十九次全国代表大会上的报告 [EB/OL].（2017-10-18）[2019-06-09]. http://cpc.people.com.cn/n1/2017/1028/c64094-29613660.html.

[4] 国家卫生和健康委员会. 2018 年我国卫生健康事业发展统计公报 [EB/OL].（2019-05-22）[2019-06-09]. http://www.nhc.gov.cn/guihuaxxs/s10748/201905/9b8d52727cf346049de8acce25ffcbd0.shtml.

[5] 三胜产业研究中心. 2018 年我国基本医疗保险基金总收入 21090.11 亿元 [EB/OL].（2019-03-04）[2019-06-09]. http://www.china1baogao.com/data/20190304/5317367.html.

[6] 马晓伟. 求真务实继往开来，奋力开创卫生健康改革发展新局面——2019 年全国卫生健康工作会议上的报告 [EB/OL].（2019-01-08）[2019-06-09]. http://www.gov.cn/xinwen/2019-01/08/content-5355783.htm.

[7] 国务院办公厅. 关于印发深化医药卫生体制改革 2019 年重点工作任务的

通知（国办发〔2019〕28 号）［EB/OL］. （2019 - 06 - 04）［2019 - 06 - 09］. http：//www. gov. cn/zhengce/content/2019-06/04/content-5397350. htm.

［8］ 国家卫生健康委卫生发展研究中心. 2018 中国卫生总研究报告［E］. 北京，2019.

［9］ 谭德塞. 世界卫生组织总干事谭德塞博士的讲话［EB/OL］. （2019 - 05 - 20）［2019 - 06 - 09］. http：//www. who. int.

《卫生软科学》2019 年第 33 卷第 8 期

爱国卫生运动是永不过时的传家宝

"要广泛发动和依靠群众,同心同德、众志成城,坚决打赢疫情防控的人民战争""爱国卫生运动是我们党把群众路线运用于卫生防病工作的成功实践"……在抗击新冠肺炎疫情的伟大斗争中,习近平总书记多次强调要大力开展爱国卫生运动。

爱国卫生运动是如何持续开展的?此次疫情防控中爱国卫生运动的情况如何?怎样进一步开展爱国卫生运动?对此,本报记者专访了复旦大学公共卫生学院教授、国家新型冠状病毒肺炎专家组成员胡善联。

一、 运动主题始终与人民群众健康紧密相连

记者: 如何评价新中国历史上爱国卫生运动持续开展的情况?

胡善联: 爱国卫生运动是人类卫生发展史上的一项伟大创举和成功实践,世界卫生组织称之为"新中国的卫生奇迹"。这项中国独创的运动,将中国的政治优势、组织优势、文化优势特别是群众运动优势转化为不断增进人民群众健康福祉的具体行动。

新中国成立之初,医药卫生资源缺乏,群众卫生保健知识不足,疟疾、血吸虫病等传染病肆虐。1952年,抗美援朝战争期间,第二届全国卫生会议召开。毛泽东题词号召:"动员起来,讲究卫生,减少疾病,提高健康水平,粉碎敌人的细菌战争。"大会把"卫生工作与群众运动相结合"确立为新中国卫生

工作四大方针之一。同年，中央防疫委员会成立，后更名为中央爱国卫生运动委员会。这阶段以除"四害"为中心，以卫生工作为抓手开展。

作为公共卫生体系的重要组成部分，20世纪80年代起，爱国卫生运动提倡"五讲四美"，致力于改变群众卫生习惯，树立讲文明的新风尚。国家推出多项卫生城镇评价标准，发动全国各地进行评选创建。进入21世纪，尤其是第九届全球健康促进大会发表《上海宣言》后，城市绿化标准、居民健康教育等概念更多融入爱国卫生运动中，创建卫生城市转化为探索建设健康城市。《"健康中国2030"规划纲要》的出台，也将爱国卫生运动逐渐提升到健康中国建设高度。

回首近70年的爱国卫生运动，随着重点环境卫生问题、群众认识水平、社会经济基础的变化，其内涵、方式也不断变化，每个阶段都有特定的历史使命。但从当年的"除四害""五讲四美"，到2020年的"防疫有我，爱卫同行"，爱国卫生运动主题始终同人民群众健康紧密相连。如今，疾病防治、公共卫生安全关系到国家安全问题，疾病防控是全社会共同责任，爱国卫生运动的内涵也随之发生变化。

二、打好"软硬件"组合拳，涵养文明素质

记者：爱国卫生运动在这次新冠肺炎疫情防控中发挥了怎样的作用？

胡善联：自防控新冠肺炎疫情以来，不论奔赴地方考察调研，还是召开会议研究部署，习近平总书记多次就爱国卫生运动作出重要指示。各地深入贯彻落实党中央、国务院决策，将爱国卫生运动与疫情防控紧密结合。爱国卫生运动打好"硬件""软件"组合拳，在疫情防控阻击战中发挥了持续且重要的作用。

从"硬件"来看，中央多次作出专门部署，推出硬举措、硬办法。中央农办、农业农村部出台农村人居环境整治工作要点，明确21个部门11个方面50项举措，推动建立健全长效保洁机制。全国爱卫办印发《关于深入开展爱国卫生运动　强化市场环境整治的通知》，要求进一步明确"属地、部门、单位、

个人"四方责任，适时对环境卫生脏乱差的场所等进行曝光。国务院联防联控机制联络组不止一次赴湖北调研督导医疗卫生体系建设和爱国卫生运动工作，并组织相关座谈，加快推动中央一揽子卫生健康政策落地。

此外，各地持续推进爱国卫生运动实践。如江苏省张家港市把建设健康城市引入爱国卫生运动中，促使张家港市户籍人口基本实现电子健康档案"一人一档"，惠及百万市民。制定出台有利于健康方方面面的政策，将健康工作真正融入各项政策中，需要多部门协同。

"软件"方面，爱国卫生运动进一步转化为与个人健康相关的行为自觉。习近平总书记5月24日参加十三届全国人大三次会议湖北代表团审议时指出："出门佩戴口罩、垃圾分类投放、保持社交距离、推广分餐公筷、看病网上预约等，正在悄然成为良好社会风尚。这些健康文明的做法要推广开来、坚持下去。"

近年，日常生活尤其是这次疫情防控中，网上预约看病、消费线上支付、勤洗手戴口罩、保持社交距离、分餐制用公筷等做法在各地日渐流行，不仅有利于切断疾病传播，而且有助于涵养文明素质。

记者：这次新冠肺炎疫情防控实践为爱国卫生运动积累了哪些经验和启示？

胡善联：爱国卫生运动是我国防控重大传染病永不过时的"传家宝"，新形势赋予其新经验。这次新冠肺炎疫情防控，体现为政府牵头、多部门合作和全民广泛参与的群众性卫生运动，爱国卫生运动发动群众、群防群控的功能和特点被进一步放大。

一方面，全国爱国卫生运动委员会各有关部门、机构组织开展了一系列改善环境卫生的活动。3月，山西省提前启动第32个爱国卫生月活动，重点将爱国卫生工作融入复工、复产、复业、复学后的联防联控。4月，北京市爱国卫生运动委员会办公室等联合发出环境卫生大扫除倡议书，当月就组织发动308万余人次参与周末大扫除等活动。相关部门以城乡垃圾、污水、厕所等为重点加强公共卫生环境设施管护，以农贸市场、城市老旧小区、城中村、社区等为重点，开展环境卫生集中清理整治。

另一方面，突出开展爱国主义、集体主义教育，强化群众卫生意识和维护健康的社会责任感。这次把好疫情防控"第一道关口"的社区临时纳入不少下沉干部、居民志愿者力量，为疫情防控宣传、居民生活保障提供了实实在在的帮助。越来越多志愿力量投入到爱国卫生运动中，在浙江省海宁市，"银立方"老干部志愿服务队协同社区工作人员对建筑工地垃圾、河道整洁等环境卫生进行地毯式排查并记录。6月以来疫情出现反弹的应对成效，也反映出全民抗疫、人人关心的意识显著提高。

从过去更多以行政指令、组织评比等方式自上而下开展，到现今将"每个人是自己健康第一责任人"的理念植入心中，爱国卫生运动的群众路线经验、社会动员模式，亟待进一步总结和发扬。

三、融入群众生活，"老传统"焕发新生机

记者：防疫背景下如何丰富爱国卫生工作内涵、创新爱国卫生方式方法，深入开展爱国卫生运动？

胡善联：爱国卫生运动为疫情防控奠定了良好的环境基础和全社会群防群控的社会氛围，掀起了全民关注健康、维护自身健康、保护他人健康、共建共治共享健康的爱国卫生运动新高潮。接下来，爱国卫生运动要更加融入群众生活，用更具渗透性的方式发挥长效作用，有几点需要注意。

其一，提高政策在相关工作方面的精细度。如对疫苗预防接种问题，将好的计划免疫制度固定，不断巩固和提高接种率，对做得不够的地区加强监管。对某地区卫生环境工作，要细化属地部门、社区居委会、家庭的各方责任。对垃圾分类工作相关的垃圾运输、销毁及塑料质地垃圾污染等问题，可在各地探索实践的基础上明确具体方案。

其二，利用技术手段创新管理方式。爱国卫生运动的真正目标是维护人民健康。现在流行的大健康概念要求全生命周期管理，把个体在各个年龄阶段的疾病预防、治疗、康复、健康促进等问题都纳入管理。可充分利用大数据、互联网等手段分析城镇卫生情况，了解个体健康状况，提升群众参与度。

其三,将抗疫时形成的良好卫生习惯转化为健康生活方式。爱国卫生运动的内涵从环境卫生治理向全社会健康转变,在当下转变进行时,行业与个体要承担公共卫生治理责任,提高防病能力,自觉参与卫生环境整治工作。比如,餐饮服务行业要对厨师与服务员加强健康知识培训。

爱国卫生运动这项"老传统"必将彰显新内涵、焕发新生机。

*《人民日报海外版》*2020 年 7 月 14 日

图书在版编目(CIP)数据

药物经济学知识传播/胡善联著. —上海:复旦大学出版社, 2020.12 (2021.3 重印)
ISBN 978-7-309-15377-4

Ⅰ.①药… Ⅱ.①胡… Ⅲ.①药物学-卫生经济学-文集 Ⅳ.①F407.7-53

中国版本图书馆 CIP 数据核字(2020)第 221132 号

药物经济学知识传播
胡善联 著
责任编辑/王 瀛

复旦大学出版社有限公司出版发行
上海市国权路 579 号 邮编:200433
网址:fupnet@ fudanpress.com   http://www.fudanpress.com
门市零售:86-21-65102580   团体订购:86-21-65104505
外埠邮购:86-21-65642846   出版部电话:86-21-65642845
常熟市华顺印刷有限公司

开本 787×1092 1/16 印张 20.25 字数 308 千
2021 年 3 月第 1 版第 2 次印刷
印数 4 101—6 200

ISBN 978-7-309-15377-4/F·2751
定价:88.00 元

如有印装质量问题,请向复旦大学出版社有限公司出版部调换。
版权所有 侵权必究